STUDY ON REALIZATION MECHANISM FOR
CHINA'S MODERATE SCALE MANAGEMENT
OF AGRICULTURE

中国农业适度规模经营
实现机制研究

吴振方　著

社会科学文献出版社
SOCIAL SCIENCES ACADEMIC PRESS (CHINA)

自 序

中国是传统农业大国，素有"以农立国、以农治国"之传统，孕育了悠久厚重的农耕文明，创造了辉煌灿烂的农耕文化，博大精深，影响深远。世界经济发展表明，农业文明转向工业文明、农业社会转向工业社会、农业国转变为工业国是人类社会发展演进的一般规律，"以农立国"转向"工业强国"是大势所趋。西方自英国率先完成工业革命以来，实现工业化便成为实现现代化的必要旨归，建设现代工业国成为传统农业国纷纷追赶的"移动靶标"。嘉道以降，中国封建统治腐朽没落，长期采取闭关锁国的政策。1840 年爆发鸦片战争后，西方列强敲开了封闭已久的国门，掀起了瓜分中国的狂潮，中国逐渐沦为半殖民地半封建社会，山河破碎、产业凋敝、民不聊生，严重阻碍了中国的工业化进程和现代化发展，极大地拉开了中国与世界先进国家的差距，国穷民弱饱经沧桑。无数仁人志士，睁眼看世界，挽救民族危亡，掀起了一波又一波救亡图存的革命运动。中国共产党一经诞生，就把为中国人民谋幸福、为中华民族谋复兴确立为自己的初心和使命。历经百年沧桑，一代代中国共产党人顽强拼搏和团结奋斗，推翻了"三座大山"，建立了新中国，中国式现代化飞速发展，取得了举世瞩目的伟大成就。新中国成立后，中国逐渐实现了从"农业立国"到"农业大国"的转变，并正向"农业强国"迈进，中国农业适度规模经营由"设想"日益变为"现实"。

新中国成立之初，国民经济一穷二白，基础差，底子薄，农业是国民经济恢复发展的重要基础。1949 年，中国的城镇化率仅为 10.64%，人均收入只有 27 美元，低于亚洲 44 美元的平均水平，不足印度（57 美元）的一半。[1] 1952 年，中国的国内生产总值为 679.1 亿元，人均国内生产总值仅为 119 元，三大产业产值占国内生产总值的比重分别为 50.5%、20.8%、28.7%，三大产业就业人数占总就业人数的比重分别为 83.5%、7.4%、9.1%。[2] 当时，中国是一个以农业生产为主、农业劳动力和农村人口占绝对比重的典型传统农业大国，农业生产力水平十分落后，农业生产以畜力和人力为主，机械化水平很低，缺少农田水利设施，农民靠天吃饭、生活饥寒交迫，商品经济很不发达，具有明显的自然经济特征。在这种境况下，党和政府为了尽快实现国民经济发展和建设，为了保障广大贫苦农民有饭吃有衣穿，为了集中力量办大事、调动人民的生产积极性，对农业进行了社会主义改造，办起了人民公社。虽然这种生产关系与当时我国生产力之间的矛盾日益加剧最终导致人民公社解体，但不可否认的是，这一时期的农业为工业发展提供了强大支持和大量积累，为后来我国经济改革和工业发展奠定了坚实基础。

1978 年，党的十一届三中全会拉开了中国改革开放的序幕，标志着中国开始由计划经济体制向市场经济体制转轨、由农业社会向工业社会转型、由乡土中国向城乡中国转变。始于农村改革的家庭联产承包责任制的实施，极大地解放了农业生产力，调动了广大农民的积极性、主动性和创造性，粮食总产量由 1978 年的 30476.5 万吨，快速提高到 1984 年的 40730.5 万吨，粮食单位面积产量由 1978 年的 2527.34 公斤/公顷，增加到 1984 年的 3608.18 公斤/公顷。[3] 20 世纪 80 年代末期，在市场机制的影响下，东部沿海地区的乡村工业如雨后春笋般兴起，形成了"苏南模式""温州模式""珠江模式"等独具特色的工业化和城镇化路径。2001 年加入世界贸易组织（WTO）后，中国进一步加速了改革开放进程，加快了工业化和城镇化步伐，快速由传统农业国向现代工业国转型。1978 年，中国

---

① 转引自林兆木《新中国 70 年经济社会发展伟大成就》，《宏观经济管理》2019 年第 9 期，第 10~12 页。

② 根据国家统计局数据整理计算获得，https://data.stats.gov.cn/easyquery.htm?cn=C01，最后访问时间：2023 年 5 月 16 日。

③ 根据国家统计局数据整理获得，https://data.stats.gov.cn/easyquery.htm?cn=C01，最后访问时间：2023 年 5 月 16 日。

国内生产总值为 3678.7 亿元，人均国内生产总值为 385 元，三大产业产值比重分别为 27.7%、47.7%、24.6%，三大产业就业比重分别为 70.5%、17.3%、12.2%，城市化率为 17.9%。2012 年，国内生产总值增加到 538580 亿元，人均国内生产总值提高到 39771 元，三大产业产值比重优化为 9.1%、45.4%、45.5%，三大产业就业比重调整为 33.5%、30.5%、36%，城市化率提升到 53.1%。① 由此可见，从 1978 年改革开放至 2012 年党的十八大召开，国内生产总值增长了 145.4 倍，人均国内生产总值增长了 102 倍，城市化率提高了 35.2%，农业就业比重下降了 37%，农业产值比重下降到 10% 以内，经济高速增长，城市化率快速提高，工业长足发展并进入了工业化后半段。经过这一时期的经济建设和发展，中国已是世界第二大经济体、世界第一大贸易国和世界第一大外汇储备国，综合国力显著增强，人民生活水平发生了翻天覆地的变化，实现了从"温饱不足"到"总体小康"的伟大转变。农业总产值由 1978 年的 1117.5 亿元增长到 2012 年的 44845.72 亿元，增长了近 40 倍；粮食总产量由 1978 年的 30476.5 万吨增长到 2012 年的 61222.62 万吨，翻了一番，实现了中国农业改革与发展的"第一个飞跃"。②

党的十八大以来，中国特色社会主义进入新时代，以习近平同志为核心的党中央更加关注"三农"发展，把解决好"三农"问题作为全党工作的重中之重，持续深化农村改革，实施乡村振兴战略，促进城乡融合，着力解决城乡发展不平衡和农村发展不充分的突出问题，加快推动农业农村现代化进程，致力于实现农业改革与发展的"第二个飞跃"。如今，中国已实现全面建成小康社会的第一个百年奋斗目标，2022 年国内生产总值超过 121 万亿元，人均国内生产总值达 85698 元，城市化率达 65.2%，三大产业产值比重优化调整为 7.3%、39.9%、52.8%，粮食总产量达 68653 万

---

① 根据国家统计局数据整理计算获得，https://data.stats.gov.cn/easyquery.htm? cn = C01，最后访问时间：2023 年 5 月 16 日。

② 根据国家统计局数据整理计算获得，https://data.stats.gov.cn/easyquery.htm? cn = C01，最后访问时间：2023 年 5 月 16 日。

吨，农村居民人均可支配收入增长到 20133 元。[①] 整体而言，如今我国工业化进入后期阶段，城市化进入巩固提高阶段，人均收入进入中等收入国家行列，正日益向建成富强民主文明和谐美丽的社会主义现代化强国的第二个百年奋斗目标迈进。

不过，不能忽视的是农业农村依然是我国现代化建设的短板，户均经营规模只有 7 亩多的"大国小农"的农业经营状况依然没有根本改变，当前我国最大的发展不平衡是城乡发展不平衡，最大的发展不充分是农村发展不充分。[②] 我国长期实行的工业化偏向和城市化倾斜发展政策导致城乡"二元结构"矛盾突出，"三农"问题长期积累，再加上农村"人人分田，户户种地"的承包经营模式，农业生产经营出现了"碎片化""兼业化""老龄化"的突出特征。尤其是 21 世纪以来，受工业化、城市化、市场化的影响，家庭联产承包责任制的制度红利与边际效应递减，农业生产的成本高企、资源环境趋紧、国际竞争力下降、经营风险提高，农民收入过低等问题集中凸显。由此，人们产生了"谁来种地？怎样种地？"的现实思考，发展农业适度规模经营也就成了理性选择。因此，在坚持农业基本经营制度不变的前提下，深化土地制度改革，推动农地流转、集中，发展壮大农业新型经营主体，发展适度规模经营，才能实现中国农业改革与发展的"第二个飞跃"。

"两个飞跃"论是邓小平于 1990 年提出的指导中国社会主义农业改革与发展的长远战略规划，为我国农业现代化发展指明了前进方向。自"两个飞跃"论提出以来，政府对农业适度规模经营的理论研究、政策指导和实践探索就从来没有停止过，尤其是随着新农村建设和全面取消农业税政策的实施，中国政府在历年中央一号文件、重大会议和重要政策中都开始加紧鼓励有条件的地方发展多种形式的适度规模经营。2008 年党的十七届三中全会明确提出发展适度规模经营的必要性及相关配套措施。2014 年 11 月，中共中央办公厅、国务院办公厅印发的《关于引导农村土地经营权有

---

① 根据国家统计局数据整理计算获得，https://data.stats.gov.cn/easyquery.htm?cn=C01，最后访问时间：2023 年 5 月 16 日。

② 韩长赋：《认真学习宣传贯彻党的十九大精神大力实施乡村振兴战略》，《中国农业会计》2017 年第 12 期，第 54 页。

序流转发展农业适度规模经营的意见》指出，"坚持农村土地集体所有，实现所有权、承包权、经营权三权分置，引导土地经营权有序流转，坚持家庭经营的基础性地位，积极培育新型经营主体，发展多种形式的适度规模经营，巩固和完善农村基本经营制度"①。2015 年 7 月，财政部在《关于支持多种形式适度规模经营促进转变农业发展方式的意见》中提出："财政支持发展多种形式适度规模经营，要以提高农业要素配置效率为目标，以培育新型农业经营主体为载体，以健全农业生产社会化服务体系为支撑，以体制机制创新为动力，统筹整合相关涉农资金，运用支农政策组合拳，充分调动市场主体的积极性，为丰富适度规模经营形式、提升适度规模经营水平增添新动力，为转变农业发展方式、推动农业现代化注入新活力。"② 2017 年，党的十九大报告提出："构建现代农业产业体系、生产体系、经营体系，完善农业支持保护制度，发展多种形式适度规模经营，培育新型农业经营主体，健全农业社会化服务体系，实现小农户和现代农业发展有机衔接。"③ 2022 年，党的二十大报告指出："巩固和完善农村基本经营制度，发展新型农村集体经济，发展新型农业经营主体和社会化服务，发展农业适度规模经营。"④ 一系列政策文件的出台，充分表明了当前发展农业适度规模经营的必要性和重要性，也使农业适度规模经营的"规划设想"日益走向"实践创新"。

理论界对于农业适度规模经营的研究可谓由来已久，集中表现在农业经营的规模大小之争方面。在理论研究中，农业规模经营问题是经济学领域的一个历史性和世界性问题，相沿不辍，历久弥新。从国外研究成果来看，主张大规模农业发展的主要有法国重农学派的"大规模农业论"、英

① 《关于引导农村土地经营权有序流转发展农业适度规模经营的意见》，《人民日报》2014 年 11 月 21 日，第 3 版。

② 财政部：《关于支持多种形式适度规模经营促进转变农业发展方式的意见》，《当代农村财经》2015 年第 11 期，第 33 页。

③ 习近平：《决胜全面建成小康社会 夺取新时代中国特色社会主义伟大胜利——在中国共产党第十九次全国代表大会上的报告》，人民出版社，2017，第 32 页。

④ 习近平：《高举中国特色社会主义伟大旗帜 为全面建设社会主义现代化国家而团结奋斗——在中国共产党第二十次全国代表大会上的报告》，《人民日报》2022 年 10 月 26 日，第 1 版。

国圈地运动时期的"大农优越论"、经典马克思主义的"大农发展观"等，主张小规模农业论的主要有恰亚诺夫的"实体化小农"、舒尔茨的"形式化小农"、黄宗智的"社会化小农"等。从国内研究成果来看，专家学者们立足于我国的基本国情，结合本地区的发展实际，重点围绕农业适度规模经营的意涵、农业适度规模经营的必要性、农业适度规模经营的条件、农业适度规模经营的动力、农业适度规模经营的特征、农业适度规模经营的保障等，探索出了适合我国国情、农情的农业适度规模经营理论，这些多视角的研究成果为本书提供了丰富的思想养料。

无论从实践来看，还是从理论反思，农业规模经营问题的确存在，但基于农业生产特性，农业经营规模既不是越大越好，也不是越小越好，而是适度规模。那么，什么是农业适度规模经营？农业适度规模经营何以实现？农业适度规模经营的"适度"如何衡量？这一系列理论问题，在我国目前加速实现农业现代化、力推农业适度规模经营之时，亟待给予理论澄清和理论解释，以有效指导我国农业适度规模经营健康发展。因此，研究中国农业适度规模经营的实现机制，探究中国式农业现代化之路，具有重要的理论价值和深远的实践意义。2013 年 12 月 23 日，习近平总书记在中央农村工作会议上的讲话中提出："中国要强，农业必须强；中国要美，农村必须美；中国要富，农民必须富。"[1] 习近平总书记在党的二十大报告中明确提出"全面推进乡村振兴"[2]。作为农民之子，笔者怀有对农业、农村、农民特殊的感情，身处在农业农村大变革大发展的乡村振兴新时代，抱着为此尽绵薄之力的心情，怀揣建设农业强国的梦想，尝试构建了一个"农业适度规模经营实现机制"的理论分析框架，旨在比较系统、全面、深入地研究我国农业适度规模经营实现机制的系列重要问题。

吴振方

2023 年 5 月 16 日

---

① 《习近平关于"三农"工作论述摘编》，中央文献出版社，2019，第 3 页。
② 习近平：《高举中国特色社会主义伟大旗帜　为全面建设社会主义现代化国家而团结奋斗——在中国共产党第二十次全国代表大会上的报告》，《人民日报》2022 年 10 月 26 日，第 1 版。

目　录

绪　论

一　问题缘起

20世纪是世界农业生产力和农业生产突飞猛进的世纪，它把人类从传统农业带向现代农业。当今世界，新一轮科技革命和产业变革加速推进，以大数据、云计算、互联网、物联网、虚拟现实、量子信息、区块链、人工智能等为代表的新一代信息技术突飞猛进并得到广泛应用。数字经济以不可阻挡之势破茧而出、强势崛起，迅速从微观经济现象转变为宏观经济现象，极大地改变了人类生产生活方式和社会治理方式，成为重组全球要素资源、重塑全球经济结构、改变全球竞争格局的关键力量。[①] 随着云计算、大数据、物联网、人工智能等新技术在农业生产经营管理中的运用，智慧农业、智慧乡村、智慧物流等新产业、新业态、新模式不断涌现并蓬勃发展，我国农业产业体系、生产体系、经营体系正加速实现全产业链的改造升级，我国农村社会正朝着高质量发展方向前进。农业生产活动有万年以上的历史，历经原始农业、传统农业、近代农业和现代农业四个主要时期，每一次在技术和劳动工具上的突破，都会使农业生产力水平提升到一个新的台阶。[②] 新一轮的技术革命将会使农业生产力、农业生产关系和农业生产方式产生革命性变化。由于各国历史因素、资源禀赋、制度环境、社会基础等的不同，一些发达国家率先实现了农业现代化，大量的发展中国家在不同的历史节点和起跑线上跟进，不同国家在农业现代化过程

[①]　参见许先春：《习近平关于发展我国数字经济的战略思考》，《中共党史研究》2022年第3期，第17页。

[②]　石元春：《现代农业》，《中国农业科技导报》2002年第6期，第7页。

中展现出不同的发展特征。如今，我们党团结带领全国各族人民正意气风发迈上全面建设社会主义现代化国家新征程，向第二个百年奋斗目标进军，以中国式现代化全面推进中华民族伟大复兴。借数字经济发展之机加快农业技术进步和制度创新，对全面推进乡村振兴、加快农业农村现代化和建设农业强国至关重要。

世界经济发展表明，农业文明转向工业文明、农业社会转向工业社会、农业国转变为工业国是人类社会发展进步的一般规律，农业适度规模经营是世界农业发展的大势所趋。纵观西方发达国家可以发现，在推进工业化、城镇化和农业现代化进程中，它们大多选择了规模化现代农业发展方式，充分利用本国发达的市场体制和完善的农业社会化服务体系，通过财税、信贷、社会保障等政策支持，积极探索适合本国国情的农业规模化经营和现代化发展道路。① 从产业发展角度看，规模经济效应不仅存在于工业生产领域，也存在于农业生产领域，农业经营规模的适度扩大既有利于降低成本增加效益，也能够促进农业生产力水平的提高，但农业经营规模过小或者过大不仅会导致规模不经济，还会降低效率、破坏农业生产力发展。从国际贸易角度看，现代化的国际分工体系对农业现代化发展提出了更高的要求，封闭的农业开始走向开放，农业生产成为国际分工体系中的重要组成部分，农产品贸易自由化导致国外大量廉价农产品涌入国内市场，对农业生产经营的成本和收益产生了重要影响。这无疑使发展农业适度规模经营、提高农业现代化水平成为增强农业国际竞争力的战略选择。

中国是传统农业大国，素有"以农立国、以农治国"之传统。早在1990年3月，邓小平在谈到我国农业长远发展战略时指出："中国社会主义农业的改革和发展，从长远的观点看，要有两个飞跃。第一个飞跃，是废除人民公社，实行家庭联产承包为主的责任制。这是一个很大的前进，要长期坚持不变。第二个飞跃，是适应科学种田和生产社会化的需要，发展适度规模经营，发展集体经济。这是又一个很大的前进，当然这是很长

---

① 蒋和平、蒋辉：《农业适度规模经营的实现路径研究》，《农业经济与管理》2014年第1期，第6页。

的过程。"① 这就是邓小平提出的我国农业长期发展的"两个飞跃"思想。我国历经人民公社制、家庭联产承包责任制等农业生产经营方式的变革，在工业化、市场化、城镇化的影响下，农业发展取得了巨大成效。城市化率由 1949 年的 10.6% 提高到 2022 年的 65.2%，人均国内生产总值由 1952 年的 119 元提高到 2022 年的 85698 元，三大产业产值比重由 1952 年的 50.5%、20.8%、28.7% 调整到 2022 年的 7.3%、39.9%、52.8%，粮食产量由 1949 年的 11318.4 万吨提高到 2022 年的 68653 万吨，农村居民人均可支配收入由 1978 年的 134 元提高到 2022 年的 20133 元。② 整体而言，经过新中国 70 多年特别是改革开放 40 多年的发展，我国实现了"从站起来、富起来到强起来的历史性飞跃"，实现了传统农业国向现代工业国的转变、"乡土中国"向"城乡中国"的转变、城乡分割向城乡融合的转变、传统小农向职业农民的转变。但值得注意的是，自 20 世纪 80 年代末开始，家庭联产承包责任制的边际效应递减，典型的传统小农经济的局限性及农村土地产权不明晰的制度缺陷等许多深层次问题相互交织，农业发展和农民增收困难，主要表现在：第一，农户小规模分散经营不利于现代生产技术和机械设备的使用，土地产权制度限制了土地流转，组织化和社会化程度难以提高，规模经济效应难以实现；第二，由于经营主体分散，经济实力、市场预测和市场开拓能力较弱等，农户小规模分散经营难以有效规避农业经营的风险；第三，典型的传统小农经济难以享受分工专业化所带来的益处，农业生产结构僵化；第四，典型的传统小农投资能力和投资激励不足，不利于农业基础设施和固定资产的投资；第五，农民"老龄化""兼业化"严重，农业的社会保障功能很难改变；第六，农地流转范围有限，流转面积较小，流转方式简单，不利于农业经营主体的培育和发展。另外，农业现代化与工业化、信息化、城镇化相比较为滞后，城乡"二元结构"问题依然突出，城乡收入差距、消费差距依然较大，城乡发展不平衡和农村发展不充分成为我国社会主要矛盾的突出

---

① 《邓小平文选》（第 3 卷），人民出版社，1993，第 355 页。
② 根据国家统计局数据整理计算获得，参见 https://data.stats.gov.cn/easyquery.htm? cn = C01，最后访问时间：2023 年 5 月 16 日。

表现。因此，这种"人人分田、户户种地"的分散化、碎片化经营方式阻碍了农业适度规模经营的实现和土地资源配置效率的提高，已成为制约农业发展和农民增收的一个重要问题。在乡村振兴、城乡融合发展和"双循环"新发展格局等战略协同背景下，坚持和完善农村基本经营制度，加快发展多种形式的适度规模经营，既是转变农业发展方式，实现农业"第二个飞跃"，促进农业增效、农民增收的重要途径，又是实现农业现代化的重要途径。

农业适度规模经营，不仅是邓小平高瞻远瞩对我国农业未来发展所擘画的蓝图，也是国内外农业长期发展所形成的实践指向。但何为"农业适度规模经营"、如何衡量"适度"、怎样才能实现适度规模经营成为问题焦点。一般而言，根据规模经济的内涵，在一定范围内通过扩大经营规模，增加劳动力投入、资本投资、技术运用，进行大规模生产，可使生产要素资源配置趋于优化，降低平均生产成本，增加收益。但是规模并不是越大越好，若经营规模过大，平均成本将趋于上升，规模收益降低，产生规模不经济。由此可见，农业领域规模经营并不是主张规模无限扩张的大规模经营，也不是局限于不能充分利用机械设备、科学技术，资源配置效率低下的小规模经营，而是根据现有自然条件、社会经济条件和制度环境等，综合考量农业生产力水平和生产关系发展状况，利用现代化的科学技术、现代化的管理方法、现代化的经营组织方式优化配置农业生产要素的"适度规模经营"。

从政策层面来看，我国对农业适度规模经营的认识过程经历了从发展设想到推动实践、从单一政策到配套互补、从感性认识到理性选择的历史过程。1986年中央一号文件就曾指出，"随着农民向非农产业转移，鼓励耕地向种田能手集中，发展适度规模的种植专业户"[①]。1986年颁布的《中华人民共和国土地管理法》允许集体所有土地的使用权可以依法转让，[②] 这一规定使农地开始小范围流转，出现了"转包制""转租制""两

---

① 《中共中央国务院关于"三农"工作的一号文件汇编（1982—2014）》，人民出版社，2014，第68页。

② 《中华人民共和国土地管理法》，http://ccrs.ccnu.edu.cn/List/H5Details.aspx? tid = 1390，最后访问时间：2022年5月18日。

田制""股份制""代耕制""抵押制""反租倒包"等农地流转形式。伴随工业化、城市化的发展和农业劳动力的持续转移，经济发达地区、次发达地区与落后地区均出现了不同程度的土地撂荒现象，造成了土地资源的闲置和浪费，产生了明显的消极影响。① 1990 年邓小平在讲到我国农业发展时提出了"两个飞跃"思想，把农业适度规模经营确立为我国农业长期发展的战略目标。为稳定土地承包关系，防止耕地规模不断缩小，1993 年11 月出台的《中共中央、国务院关于当前农业和农村经济发展的若干政策措施》对土地承包期和经营方式进行了规定，指出"在原定的耕地承包期到期之后，再延长三十年不变……在坚持土地集体所有和不改变土地用途的前提下，经发包方同意，允许土地的使用权依法有偿转让……可以从实际出发，尊重农民的意愿，对承包土地做必要的调整，实行适度的规模经营"②。2002 年，党的十六大报告中提出"统筹城乡经济社会发展""走中国特色的城镇化道路""建立健全农业社会化服务体系""有条件的地方可按照依法、自愿、有偿的原则进行土地承包经营权流转，逐步发展规模经营"。③ 2006 年，农业税全面取消，延续了 2600 多年的"皇粮国税"退出历史舞台；2007 年，党的十七大报告指出"要加强农业基础地位，走中国特色农业现代化道路""加强农村基础设施建设，健全农村市场和农业服务体系""有条件的地方可以发展多种形式的适度规模经营""培育有文化、懂技术、会经营的新型农民"。④ 2010 年中央一号文件指出"加快农村集体土地所有权、宅基地使用权、集体建设用地使用权等确权登记颁证工作""加强土地承包经营权流转管理和服务，健全流转市场，在依法自

① 冉明权、杨经纶：《土地撂荒的现状、原因与对策——湖北、湖南、浙江和江苏农村调查》，《农业经济问题》1985 年第 3 期，第 15 页。
② 《中共中央、国务院关于当前农业和农村经济发展的若干政策措施》，http://www.ce.cn/xwzx/gnsz/szyw/200706/07/t20070607_11637806.shtml，最后访问时间：2022 年 5 月 18 日。
③ 江泽民：《全面建设小康社会，开创中国特色社会主义事业新局面——在中国共产党第十六次全国代表大会上的报告》，https://fuwu.12371.cn/2012/09/27/ARTI1348734708607117.shtml，最后访问时间：2022 年 5 月 18 日。
④ 胡锦涛：《高举中国特色社会主义伟大旗帜　为夺取全面建设小康社会新胜利而奋斗——在中国共产党第十七次全国代表大会上的报告》，http://www.scio.gov.cn/tp/Document/332591/332591.htm，最后访问时间：2022 年 5 月 18 日。

愿有偿流转的基础上发展多种形式的适度规模经营"。① 2013 年中央一号文件指出："坚持依法自愿有偿原则，引导农村土地承包经营权有序流转，鼓励和支持承包土地向专业大户、家庭农场、农民合作社流转，发展多种形式的适度规模经营。"② 2014 年 11 月，中共中央办公厅、国务院办公厅印发《关于引导农村土地经营权有序流转发展农业适度规模经营的意见》，首次提出了"三权分置"改革，指出，"伴随我国工业化、信息化、城镇化和农业现代化进程，农村劳动力大量转移，农业物质技术装备水平不断提高，农户承包土地的经营权流转明显加快，发展适度规模经营已成为必然趋势。实践证明，土地流转和适度规模经营是发展现代农业的必由之路"③。2020 年中央一号文件提出，要 "加快物联网、大数据、区块链、人工智能、第五代移动通信网络、智慧气象等现代信息技术在农业领域的应用""重点培育家庭农场、农民合作社等新型农业经营主体，培育农业产业化联合体，通过订单农业、入股分红、托管服务等方式，将小农户融入农业产业链"。④ 伴随改革的深化和我国市场经济体系的完善，上述中央政策在农业适度规模经营问题上从最初局部的、个别的、单项的政策，逐渐转变为整体性的制度安排，从而使我国农业适度规模经营从政策要求逐渐走向现实可行。

基于以上认识，本书试图从整体上构建一个农业适度规模经营实现机制的理论框架，尝试性地回答影响农业适度规模经营的因素有哪些、怎样实现农业适度规模经营、实现农业适度规模经营的内在机制是什么、国内外有何经验可资借鉴、如何衡量农业适度规模及效益等理论和实践问题。众所周知，中国是一个人多地少且具有多样的地理地貌和气候特征的发展

① 《中共中央国务院关于"三农"工作的一号文件汇编（1982—2014）》，人民出版社，2014，第 212~213 页。
② 《中共中央国务院关于"三农"工作的一号文件汇编（1982—2014）》，人民出版社，2014，第 260 页。
③ 《中共中央办公厅、国务院办公厅印发〈关于引导农村土地经营权有序流转发展农业适度规模经营的意见〉》，http://www.moa.gov.cn/gk/zcfg/qnhnzc/201411/t20141121_4246421.htm，最后访问时间：2022 年 5 月 18 日。
④ 《中共中央国务院关于抓好"三农"领域重点工作确保如期实现全面小康的意见》，人民出版社，2020，第 13 页。

中国家，地区经济差异较大。经过 70 多年的发展，新中国的农业现代化路径与西方发达资本主义国家的农业现代化路径截然不同，因此，以农业适度规模经营实现机制为旨趣，系统梳理中国农业改革与发展的历史过程，深入研究中国农业现代化与工业化、城市化和市场化的相互关系，探究中国式农业现代化的方法和路径，不仅有利于丰富中国式农业现代化实现路径的理论研究，而且有利于发展规模化、市场化、科技化、集约化和智慧化的现代农业，助力乡村振兴、推动城乡融合，实现共同富裕的宏伟目标。

二　研究现状

（一）国外农业适度规模经营研究概况

国外对农业经营规模大小的争论早已有之，比较著名的有大规模农业论、小规模农业论和"中庸"规模农业论。这些研究的理论价值和时代意义并没有因时间的流逝而被历史所淹没，时至今日对农业适度规模经营的探讨仍然具有一定的启示意义和参考价值，故分别详述如下。

1. 大规模农业论

主张大规模农业论的主要有法国重农学派的魁奈和杜尔哥、英国古典农业经济学家阿瑟·扬、马克思和恩格斯等。

（1）法国重农学派的"大规模农业论"

18 世纪法国重农学派思想家并未落入早期重商主义所主张的流通过程创造货币财富的"窠臼"，创造性地提出了"生产领域才是价值源泉"的科学判断，并且把当时法国经济增长的动力归结于"农业生产"，研究了农业生产过程中的价值创造和价值分配。处在封建社会向资本主义社会过渡时期的法国，面临着农业生产经营方式的理论和实践双重挑战。这一时期的重农思想家为了解决法国当时农村破败、国家面临财政危机、社会动荡和阶级矛盾等社会问题，同时也为了矫正当时盛行的重商主义忽视农业的弊端，提出了"大农业发展观"。法国重农学派思想家中，影响最大的当属魁奈和杜尔哥。

重农学派代表人物弗朗斯瓦·魁奈（Francois Quesnay）可谓最早提出

"大农业发展观"的经济学家。他认为，"农业的利益多半决定了土地要集中于大农场，富裕的农场主能将其经营到最佳状态"，"正是这些农场主的财富，才是国家的生活资料和人民福祉的真正源泉，是保证国家、土地所有者和僧侣的收入的真正源泉，还是人口增长、国家实力和繁荣的真正源泉"。① 在魁奈所在的时期，"大农经营"即使用马拉犁进行的资本主义经营，这种经营方式的"原预付"和"年预付"（大体相当于农业的固定资本和流动资本）充足，纯产品率（农业生产率）高；与其相对，"小农经营"的特征是资金不足，通常只能使用牛拉犁，纯产品率较低。魁奈着重强调农业对国家的重要性，强调大农场的重要地位，同时也对当时法国政府实行的重商主义政策只重视商业和工业忽视农业发展进行了批评。在纯产品学说中，魁奈把"纯产品"定义为农业盈余，并把这一盈余视为财富的唯一来源，从而得出农业是财富的唯一源泉的结论，这一结论具有明显的局限性，但却具有启迪后人的作用。他吸取了英国和法国北部先进省份资本主义农业经营的经验，对采用先进的生产技术和方法、雇佣农业工人、租佃地主土地②进行面向国内外市场的大农经营的优越性给予充分肯定，集中体现了魁奈对资本主义农业经营方式的深刻洞见。

重农学派的总结者、完善者和实践者安·罗伯特·雅克·杜尔哥（Anne Robert Jacques Turgot）也指出"土地永远是所有财富最初及唯一的来源"③，大农场对农业生产是有利的。他认为，"由于富裕耕种者的境况能为土地提供更多的劳力和肥料，从而大大增加了土地的产量和收入，这种方法是最有利的"④。他在任州长和财政大臣期间主张整顿税制、废除徭役、谷物买卖自由，鼓励发展大农场。杜尔哥承认土地产权的分配不平等，并把承包制视为最合理和最有效的生产方式。他认为"富裕的农场主，不仅

---

① 《魁奈〈经济表〉及著作选》，晏智杰译，华夏出版社，2006，第58页。

② 黄前明：《重农学派理论中的18世纪法国大农场制——理论与历史的考察》，《贵州社会科学》2008年第9期，第118页。

③ 〔法〕安·罗伯特·雅克·杜尔哥：《关于财富的形成和分配的考察》，唐日松译，华夏出版社，2007，第24页。

④ 〔法〕安·罗伯特·雅克·杜尔哥：《关于财富的形成和分配的考察》，唐日松译，华夏出版社，2007，第21页。

仅是耕耘土地的人，还是一个通过他的知识和财富来掌握和管理土地的企业家"①。他把农场主视为追求利润的"经济人"，把大农场主视为资本家，在对资本主义大农场的认识上较魁奈略胜一筹。

（2）英国圈地运动时期的"大农优越论"

英国是世界上最早进行工业革命的国家，也是率先实现农业现代化的国家。17世纪晚期，英国的耕种技术和耕种方式仍十分落后，然而在18世纪英国兴起了"议会圈地"雇工农场"大农业"经营体制，推动英国农业飞跃式发展。19世纪上半叶，英国的农业家庭经营体制基本消失，"大农业"体制得以确立。② 因此，在这一时期出现了大批主张"大农场优越论"的经济学家。

圈地运动时期的英国农业经济学家大都持"大农场优越论"的观点，其中影响最大的农业经济学家要数阿瑟·扬（Arthur Young）。阿瑟·扬认为"只有大农场能进行资本密集性耕作"③。他在1770年出版了《农业经济论》一书，最早对农业生产规模与农业生产效率之间的关系问题进行了较为深入细致的研究，并提出资本主义大农场远优于小农经营的观点。阿瑟·扬在英国考察旅行并对收集的数据进行了仔细研究，认为敞田制④是农业进步的敌人，敞田制下的农业生产与中世纪的水平相差无几，大农场制则能有效配置、利用资源，大幅提高农业单位面积产量，极大提高农业

① 〔法〕安·罗伯特·雅克·杜尔哥：《关于财富的形成和分配的考察》，唐日松译，华夏出版社，2007，第20页。
② 徐正林、郭豫庆：《近代英国"大农业"体制新论》，《历史研究》1995年第3期，第148页。
③ A. Young, *The Farmer's Guide in Hiring and Stocking Farms* (London: London Press, 1970), p. 118.
④ 敞田制（open field system）是中世纪英国除西北、西南之外大多数地区曾经采用的一种田制。著名农史学家琼·瑟斯克将敞田制归纳为四要素：第一，耕地和草地划分为条田，每个农户占有若干分散的条田；第二，在收获后和休耕期，耕地和草地要敞开用于公共放牧；第三，有公共牧场和荒地，条田占有者享有在那里放牧以及拾柴火、泥炭等物的权利；第四，上述活动由庄园法庭或村民会议统一规定并管理。英国农史研究的奠基人厄恩利勋爵认为，敞田制是落后的，不利于提高农业劳动生产率。因此，通过圈地将敞田制中的公田变成个人可以自由支配的私田，是农业技术进步和乡村经济发展的必要前提。转引自向荣《敞田制与英国的传统农业》，《中国社会科学》2014年第1期，第181~182页。

生产力，因此，他极力支持圈地运动，被认为是圈地运动的鼓吹者和宣传者。[1]

继阿瑟·扬之后，许多史学家如保尔·芒图（Paul Mantoux）、阿诺德·约瑟夫·汤因比（Arnold Joseph Toynbee）、厄恩利（Lord Ernle）等都接受了阿瑟·扬的观点，对这一观点极力宣传并加以补充。他们认为使小农场合并为大农场的圈地运动是一种农业革命：一是可以科学耕作；二是可以商品化生产；三是可以进行不断的农业技术改进；四是可以改进生产组织方式，提高经营效率。敞田制耕作规模小，生产工具落后，不利于农业技术改进、农业商品化、组织效率提高，耕作方式极为落后，对农业生产力发展造成了很大阻碍，必然被资本主义大农场所取代。[2]

以阿瑟·扬为代表的英国大农场论者遭到了后来诸多经济学家的质疑和批评，如罗伯特·阿伦（Robert C. Allen）在《圈地运动和自耕农》一书中就借助于详细的资料对大农场的优越性提出了质疑，认为大农场并不必然优越于传统小农。欧弗顿（M. Overton）在其 1991 年主编的《土地、劳动和牲畜：欧洲农业产出的历史研究》论文集中提出大农场并非农业高产的先决条件，小农的生产在多数情况下产量更优。虽然有关批评不绝于耳，但是反观历史我们发现，圈地运动在英国工业革命资本原始积累过程中发挥了巨大作用，大规模耕作方式在当时的历史条件下的确推动了农业革命和工业革命，意义重大。

（3）经典马克思主义[3]的"大农业发展观"

马克思、恩格斯从分工和生产力与生产关系矛盾运动角度，深入系统

---

① 文礼朋：《英国对近代农业革命和农业资本主义的研究》，《世界历史》2007 年第 2 期，第 119~121 页。

② 叶明勇：《英国议会圈地后农场经营问题的讨论——以埃伦〈圈地和纽曼〉为例》，《武汉大学学报》（人文科学版）2004 年第 2 期，第 176~182 页。

③ 借鉴李萍、盘宇章关于"经典形式、传统形式和现代形式"的提法，经典马克思主义主要是指马克思和恩格斯的经典著作和理论，这一形式确立了马克思主义经济学的本质特征和分析框架，奠定了马克思主义经济学的理论基础；传统马克思主义是指与传统社会主义经济模式和经济理论相适应的，20 世纪五六十年代流行的苏联政治经济学教科书是这一形式的系统表达；现代马克思主义是运用马克思主义经济学的方法论研究当代社会经济生活的产物，是马克思主义经济学基本理论在当代的继承、发展与创新。转引自李萍、盘宇章《中国马克思主义经济学主流地位的嬗变：比较的视角》，《学术月刊》2011 年第 1 期，第 63 页。

研究了资本主义农业发展的历史演变过程，得出了"传统小农→资本主义大农业→合作式大农业"的发展规律，论证了传统小农的消亡过程，预见了未来农业的发展趋势。这一科学研究和预测为社会主义农业现代化发展奠定了理论基础，指明了发展道路，对当代农业发展具有重要的理论和实践指导意义。

深挖马克思、恩格斯的经典论述可知，他们认为传统小农自身的特点难以适应社会化大生产的发展要求，对农业生产力的发展形成了极大的阻碍。马克思、恩格斯所认为的小农生产方式，包括自耕农、封建制度下的小农和早期公有制下分种小块土地的农民所从事的农业经营活动。[1] "这种生产方式是以土地及其他生产资料的分散为前提的。它既排斥生产资料的积聚，也排斥协作，排斥同一生产过程内部的分工，排斥社会对自然的统治和支配，排斥社会生产力的自由发展。它只同生产和社会的狭隘的自然产生的界限相容"[2]，并且小农人数众多且相互隔离、彼此封闭，耕种小块土地不容许进行任何分工、应用任何科学，完全依靠自然自给自足，像一袋马铃薯独立集成一样[3]缺乏分工协作。随着分工的发展、社会生产力水平的提高，资本主义生产方式逐渐渗透到农业部门，"使农业合理化，从而第一次使农业有可能按社会化的方式经营"[4]；大工业通过它不断更新的生产革命，使商品的生产费用越降越低，并且无情地排挤掉以往的一切生产方式，使自给自足的农民家庭的小生产和自然经济走向绝路。机器大工业的发展，一方面促进了农业劳动生产力的提高，另一方面对劳动力产生极大排斥，农民被迫放弃农业进入城市。[5] 因此，传统小农经济由于自身的特点难以适应市场化、工业化和社会化大生产的发展要求，最终消亡，被资本主义大农业经济所取代。

在资本主义大农业生产方式中，"实际的耕作者是雇佣工人，他们受

---

① 屈炳祥：《从马克思对传统农业的评述看我国社会主义农业发展》，《经济学家》2009年第4期，第44页。

② 《资本论》（第1卷），人民出版社，1975，第830页。

③ 《马克思恩格斯选集》（第1卷），人民出版社，1972，第693页。

④ 《资本论》（第3卷），人民出版社，1975，第697页。

⑤ 盛秀婷、姚慧琴：《辩证看待现代化农业和小农经济的发展——基于马克思农业资本论的思想视角》，《未来与发展》2014年第1期，第26页。

雇于一个只是把农业作为资本的特殊使用场所，作为在一个特殊生产部门的投资来经营的资本家即租地农场主。这个作为租地农场主的资本家，为了得到在这个特殊生产场所使用自己资本的许可，要在一定期限内（例如每年）按契约规定支付给土地所有者即他所使用土地的所有者一个货币额"[1]，形成了由雇佣工人、产业资本家、土地所有者构成的资本主义大农业生产的"三维架构"。对于农业产业资本家来说，"只要他还能自己支配自己的资本，他总是使自己的生产规模同他所能支配的资本相适应。他所关心的是在市场上占到尽可能大的地盘。如果生产过剩了，他不会归咎于自己，而是归咎于他的竞争者。资本家个人可以用扩大市场本身的办法，也可以用在现有市场上占有较大份额的办法，来扩大自己的生产"[2]。由此可见，农业资本家和工业资本家在追逐利润的意图和手段上如出一辙。不可否认的是，资本主义大农业颠覆了以往自给自足依靠自然的生产模式，采用新型技术，扩大经营规模，进行组织创新，极大地促进了农业生产力水平的提高。

马克思、恩格斯认为资本主义生产方式具有先天的弊端，农业资本家"噬利"的本性必然肆无忌惮疯狂榨取农业资源，"资本主义农业的任何进步，都不仅是掠夺劳动者的技巧的进步，而且是掠夺土地的技巧的进步，在一定时期内提高土地肥力的任何进步，同时也是破坏土地肥力持久源泉的进步"[3]。资本主义大农业一方面促进了生产力发展、生产方式变革和社会进步，另一方面又破坏了农业生产的物质基础和人与自然之间的物质变换，打破了人与自然之间的平衡，阻碍了社会的进一步发展，终将走向尽头。[4] 在分析了传统小农和资本主义大农的诸多弊端之后，马克思、恩格斯认为农民合作是未来农业发展的方向。对于继资本主义之后的"未来社会"，"社会运动将作出决定，土地只能是国家的财产。把土地交给联合起来的农业劳动者，就等于使社会仅仅听从一个生产者阶级的支配。

[1] 《资本论》（第3卷），人民出版社，1975，第697~698页。
[2] 《资本论》（第3卷），人民出版社，1975，第758页。
[3] 《资本论》（第1卷），人民出版社，1975，第552~553页。
[4] 屈炳祥：《从马克思对传统农业的评述看我国社会主义农业发展》，《经济学家》2009年第4期，第47~49页。

土地国有化将使劳动和资本之间的关系彻底改变，归根到底将完全消灭工业和农业中的资本主义生产方式"①。恩格斯在《法德农民问题》一文中指出："我们对于小农的任务，首先是把他们的私人生产和私人占有变为合作社的生产和占有，但不是采用暴力，而是通过示范和为此提供社会帮助。"② 恩格斯的"合作社"构想为马克思主义的进一步发展奠定了思想基础。

2. 小规模农业论

改造传统农业是农业现代化转型的中心任务，也是实现国家现代化的重要内容。从经营方式来看，小规模家庭经营是传统农业的经典模式和普遍现象。改造传统农业并非只有消灭小农户进而走大农业这条唯一路径，小规模家户经营也有实现农业现代化的可能。比如实体化小农、形式化小农、社会化小农等思想，从不同侧面论证了小农在社会转型时期有其存在的必然性和合理性。

（1）恰亚诺夫的"实体化小农"

俄国经济学家恰亚诺夫（А. Чаянов）是实体化小农学派最重要的奠基人和开创者，他以俄国丰富的理论和实践经验为基础，率先跳出古典政治经济学的窠臼，转而从农民的心理状态和组织形态出发研究农民的经济行为，构建了一套完整的农民家户经济的组织理论③，论证了小农存在的合理性，质疑马克思等人主张的小农与市场经济格格不入必然消亡的结论。该理论依赖于两个理论基础：一是来源于边际主义的劳动消费均衡理论，二是来源于"生物学规律"的家庭周期说。④ 恰亚诺夫认为，"要研究劳动农场组织，就必须从考察农场的主体即作为农场经营者的家庭入手，首先全面分析构成农民家庭的组成成分和规律。……事实上，家庭结构首先决定了家庭经济活动规模的上限和下限。家庭农场劳动力的状况完全取

① 《马克思恩格斯选集》（第 2 卷），人民出版社，1972，第 453~454 页。
② 《马克思恩格斯选集》（第 4 卷），人民出版社，1972，第 310 页。
③ 马良灿：《理性小农抑或生存小农——实体小农学派对形式小农学派的批判与反思》，《社会科学战线》2014 年第 4 期，第 167 页。
④ 吴晓燕：《现代小农经济的一种解释——兼评恰亚诺夫的〈农民经济组织〉》，《生产力研究》2007 年第 6 期，第 146 页。

决于家庭中能够从事生产的成员的数量。家庭农场经济活动能否达到其可能达到的最大规模，要视家庭劳动力能否以最大强度和最高利用率提高劳动量而定……农场经济活动规模的下限亦取决于家庭维持生存所绝对必需的物质利益的数量[①]。家庭经济组织是一个由劳动、资本、土地等构成的组织系统，劳动力的既定、要素组合的限定等使这一组织系统具有稳固性，随劳苦度一同增加的规模扩张是情非所愿的，因此农户在家庭消费需求与家庭劳动力的平衡关系中维持生计。然而，这种小农的生命力是有限的，自给自足经济时期生产力水平较低，其生存仍有足够的土壤，随着市场经济日益发展，难以逃脱被市场扼杀的命运。[②]

（2）舒尔茨的"形式化小农"

如果说恰亚诺夫是站在新古典政治经济学的对立面论证小农存在的合理性的，那么美国著名经济学家西奥多·舒尔茨（Theodore W. Schultz）则利用新古典政治经济学"以子之矛攻子之盾"的方式论证了小农存在的合理性和可能性。舒尔茨认为传统农民是典型的"理性小农"，他曾指出："全世界的农民在权衡成本、收益和风险时，心中都会有一本账。在闭塞的、孤立的、分散的范围以内，他们都是精打细算的'经济人'。尽管农民因接受的教育、健康和经验不同，观察、理解以及对新信息的反应能力也有所不同，但他们具有关键的一种天赋，即企业家精神。"[③] 他还认为小农经营并不存在效率低下和隐性失业，"在传统农业中，生产要素的培植，效率低下的情况是比较少见的。传统农业应该被视为一种特殊类型的均衡状态……传统农业意味着对所有生产活动都有长期形成的定规"[④]。因此，他肯定了传统小农与市场经济相容的观点，并开出了向农业提供现代投入品和对农民进行人力资本投资等改造传统农业的"药方"。

① 〔俄〕A. 恰亚诺夫：《农民经济组织》，萧正洪译，中央编译出版社，1996，第 20~21 页。

② E. Hobsbawm, *The Peasantry in History* (Oxford: Oxford University Press, 1980), p. 244.

③ Theodore W. Schultz, "Nobel Lecture: The Economics of Being Poor," *The Journal of Political Economy* 4 (1980): 639-651.

④ 〔美〕西奥多·舒尔茨：《改造传统农业》，梁小民译，商务印书馆，2006，第 24~29 页。

（3）黄宗智①的"社会化小农"

黄宗智可谓实体化小农和形式化小农的综合派，他认为小农既是一个追求利润者，又是维持生计的生产者。② 在《华北的小农经济与社会变迁》《长江三角洲小农家庭与乡村发展》和《中国的隐性农业革命》中，他提出了"内卷化""过密化""过密型增长""过密型商品化"等概念，深刻分析了我国商品化、市场化渗入乡村部分领域和农业生产环节以后的小农行为与动机，认为在工业化、市场化和城市化进程中，中国农业社会向工业社会转变的特点是制度化了的"半工半耕"过密型农业，农民既是维持生计者也是追求利润者。

华中师范大学徐勇和邓大才教授则认为黄宗智所刻画的只是"商品小农"，社会化小农是社会化程度比较高的小农户，即"社会化+小农"，或者说与外部世界交往密切、融入现代市场经济、社会化程度比较高但经营规模较小的农户。社会化小农既不同于排斥社会化、拒绝市场、对强权具有依附性的传统小农，也不同于采取企业化经营的大农场。③ 笔者认为，黄宗智教授所刻画的社会化小农是我国工业化、城市化初期，生产力水平不高、分工不发达，市场经济不够完善的条件下小农生产半社会化的理性选择；而徐勇和邓大才教授所刻画的社会化小农是随着我国市场化、工业化、城市化的发展和完善，农业分工深化、农业现代化、农业生产日益社会化时小农的理性选择。

3. "中庸"大规模农业论

大规模农业论和小规模农业论者在农业生产要素聚集程度上立场鲜

---

① 黄宗智系著名历史社会学家和近现代经济史学家。美国加利福尼亚大学洛杉矶分校（UCLA）历史系教授，1991 年晋升为"超级教授"，2004 年荣休。《近代中国》季刊（*Modern China*）创办编辑，曾任中国研究中心创办主任（1986~1995 年）。现为中国人民大学长江学者讲座教授，主要学术兴趣为明清以来社会史、经济史和法律史。主要著作有《法律、习俗与司法实践：清代与民国的比较》《清代的法律、社会与文化：民法的表达与实践》《中国研究的规范认识危机》《长江三角洲小农家庭与乡村发展》《华北的小农经济与社会变迁》等。

② 邓大才：《社会化小农：动机与行为》，《华中师范大学学报》（人文社会科学版）2006年第 3 期，第 11 页。

③ 徐勇、邓大才：《社会化小农：解释当今农户的一种视角》，《学术月刊》2006 年第 7 期，第 6 页。

明，然而"中庸"规模论者却从生产要素配置效率角度出发，认为规模大小程度与生产效率相比居于次要地位。如效率规模论者威廉·罗雪尔（Wilhelm Georg Friedrich Roscher）认为判断大规模、中规模还是小规模孰优孰劣的标准是生产效率的高低。罗雪尔认为大、中、小规模的农场都有其存在的合理性以及存在的价值。[①] 瑞丁杰通过对菲律宾农业经营规模与产出效率关系的研究发现，随着小农场经营规模的扩张，农业生产效率与农场规模扩张二者关系呈倒 U 特征。小于 0.5 公顷的经营规模效率非常低，随着规模扩大生产效率呈递增之势，这一趋势一直持续到 4 公顷，4公顷的经营规模是经营效率的最高点，继此之后农业生产效率随着规模的进一步扩大呈递减之势。这一发现证明了农业生产效率并不是随着农业规模扩张持续提高的，换句话说，农业生产规模也不是越大越好。[②]

（二）国内农业适度规模经营研究概况

人民公社时期，我国粮食增产较为缓慢，1958 年粮食总产量创新中国成立以来最高，达 19766.3 万吨；而后波动较大，增速缓慢，1978 年粮食总产量达 30476.5 万吨，与 1958 年相比增加了 10710.2 万吨；而改革开放后 1984 年的粮食总产量增长到了 40730.5 万吨，创历史新高，与 1978 年相比增加了 10254 万吨，家庭联产承包责任制的制度优势得到释放和彰显。[③] 但是到 20 世纪 80 年代末期，我国粮食总产量开始徘徊不前，家庭联产承包责任制这种"人人分地、户户种田"的小规模均田制模式与市场化和现代化转型难以对接的矛盾日益突出，引发了社会各界对这一经营方式的重新思考。专家学者们立足于我国的基本国情，结合本地区的发展实际，探索出了适合我国国情、农情的农业适度规模经营理论和指导原则。多视角的研究成果为本书的研究提供了丰富的思想养料，其中最有借鉴价值和启迪意义的研究成果主要集中在以下几方面：农业适度规模经营的内

---

① 〔德〕威廉·罗雪尔：《历史方法的国民经济学讲义大纲》，朱绍文译，商务印书馆，1981，第 61~63。

② 张士云、江激宇、栾敬东、兰星天、方迪：《美国和日本农业规模化经营进程分析及启示》，《农业经济问题》2014 年第 1 期，第 102 页。

③ 根据国家统计局数据整理计算获得，https://data.stats.gov.cn/easyquery.htm? cn = C01，最后访问时间：2022 年 5 月 16 日。

涵特征、农业适度规模经营的必要性、农业适度规模经营的前提条件、农业适度规模经营的基本动力、农业适度规模经营的主要模式、农业适度规模经营的主要保障等。

1. 关于农业适度规模经营的内涵特征研究

自 1990 年 3 月邓小平提出"适度规模经营"这一概念以来，我国学者便从不同侧面展开了对农业适度规模经营概念和特征的研究，逐渐深化了对农业适度规模经营的理论认识和实践探索。对于农业适度规模经营的理解，主要包括三种观点：一是土地适度规模经营论；二是要素适度规模经营论；三是规模经济论。

（1）土地适度规模经营论

由于我国人均耕地面积仅有一亩三分，户均不到十亩，这种分散化、碎片化的土地经营模式难以运用现代化的机械和技术，因此学者们认为只有通过土地流转集中，实行土地的规模化种植，才有利于先进生产技术的运用和生产力水平的提高，才能提高农业劳动生产率，使农业生产实现提质增效。例如，侯征、宋斌成、白永秀、任净就把农业适度规模经营定义为"在一定的技术条件下农业生产单位所能获得最佳经济效益的经营规模。其本质是通过生产要素的最优组合（主要是适时适度地相对集中原来分散搭配的土地），降低生产成本，提高土地产出率和劳动生产率，使从事种植业的农民收入达到或略高于其他行业同等劳动者的收入水平，从而获得最佳的经济效益、社会效益和生态效益"[1]。郑少峰认为，土地规模经营是指在一定的技术经济条件下，经营者为获取土地规模效益而采用的一种经营方式。[2] 这一定义明显强调土地适度规模经营即农业适度规模经营。贺书霞认为，"农业适度规模经营是指在具体实际的基础上通过适度增加经营规模而达到土地生产资料中土地、资本、劳动力等相关要素配置相对合理，以实现相对最佳经营效果"[3]。曾福生认为，农业适度规模经营就是指改变中国现行小规模农户兼业经营格局，加快土地流转与相

---

[1]　侯征主编《农业适度规模经营探索》，天则出版社，1990，第 81 页。

[2]　郑少峰：《土地规模经营适度的研究》，《农业经济问题》1998 年第 11 期，第 8 页。

[3]　贺书霞：《外出务工、土地流转与农业适度规模经营》，《江西社会科学》2014 年第 2 期，第 61 页。

对集中，扩大农业生产经营单位的土地经营规模，并提高经营集约化水平，以优化土地、劳动、机械、资金的组合，取得规模经济效益的农业经营方式。①

（2）要素适度规模经营论

要素适度规模经营论分为单一要素适度规模经营论和综合要素适度规模经营论。单一要素适度规模经营论者认为构成农业生产活动的要素即资本、劳动力、土地、技术等都可通过适当扩大实现规模经营，其中研究成果最多、影响最大的就是土地适度规模经营。综合要素适度规模论是被学术界普遍认可的农业适度规模经营理念，是指在既定生产力水平和经营条件下，为获得最佳产出规模而投入适量生产要素，并使生产要素合理组合和充分利用，以获得最佳经济效益。② 如李忠国认为，农业适度规模经营是投入适量生产要素，使生产要素合理组合并得到充分利用，以获得最佳经济效益的最佳产出规模。③ 蒋和平和蒋辉认为："农业适度规模经营是指以提升农业生产效率和经济效益为目标，在既定的社会、经济和技术条件下，强调对土地、劳动力、资金、设备、技术等生产要素的优化配置和产前、产中、产后诸环节合理组织的同时，通过适当扩大生产经营规模，从而取得最佳综合效益的农业生产经营和组织形式，其核心是实现各种生产要素的协同效应，使其发挥各自最大的生产潜力。"④

（3）规模经济论

规模经济论者认为，农业经营与企业经营类似，既存在单个经营者通过重新配置生产要素使生产要素配置最优化利用以提高生产效率的"内部规模经济"，也存在经营者之间互助合作、协调配合、联合生产从而延长产业链、提升价值链的"外部规模经济"。如董杰指出农业适度规模经营

---

① 曾福生：《推进土地流转发展农业适度规模经营的对策》，《湖南社会科学》2015 年第 3 期，第 154 页。

② 倪志远：《论我国农业适度规模经营的主要约束条件和实现途径》，《数量经济技术经济研究》1999 年第 1 期，第 75 页。

③ 李忠国：《农业适度规模经营实现形式若干问题的思考》，《农村经营管理》2005 年第 11 期，第 20 页。

④ 蒋和平、蒋辉：《农业适度规模经营的实现路径研究》，《农业经济与管理》2014 年第 1 期，第 5~6 页。

不仅包括由农户构成农业生产单位的内部规模经营，还包括由不同经营主体通过产业链之间的功能联系，在地域上集中配置产生集聚效应和聚合规模的外部规模经营。^① 王悦洲认为，农业适度规模经营包括外延式规模经营和内涵式规模经营，前者是通过扩大土地面积、增加资本、劳动力数量而实现的规模经营；后者是指调整和改变生产结构、提高技术水平和经营水平、加强生产的深度，并使生产经营与市场环境相适应的规模经营。它们的核心内容都在于资源的合理配置与利用。^② 许庆等认为，适度规模经营来源于规模经济，指的是在既有条件下，适度扩大生产经营单位的规模，使土地、资本、劳动力等生产要素配置趋向合理，以达到最佳经济效益的活动。^③

2. 关于农业适度规模经营的必要性研究

邓小平把发展农业适度规模经营上升到中国社会主义农业改革和发展的"第二个飞跃"的高度，为我国农业现代化发展指明了方向。我国学者从我国经济社会背景出发，从农业经营发展现状、农业经营面临的突出问题和农业现代化转型的目标任务等方面阐述了农业适度规模经营的重要性和必要性。

农业适度规模经营是改造传统农业的迫切需要。农业现代化是建设现代化国家的重要内容和主要方面，也是衡量一国现代化水平的重要指标。因此，改造传统农业是实现农业现代化的重要任务。例如，曾福生较早认识到了实行农业适度规模经营的现实紧迫性。他认为我国"人人分地、户户种田"的小规模传统经营格局，在解决农民温饱问题上的历史功绩是不可磨灭的，但随着农村市场经济改革的深入，这一农业经营模式暴露了诸如劳动生产率低、商品量和商品率低、资本积累能力弱、不利于新技术的采用等问题，导致了农业兼业化和副业化等特点，农业成为经济发展的阻滞，因此实行农业适度规模经营具有现实紧迫性。^④ 欧阳峣认为，无论从

---

① 董杰：《农业产业化与农业适度规模经营》，《农业经济》2000年第10期，第35~36页。
② 王悦洲：《关于农业适度规模经营的思考》，《农村经济》2003年第9期，第5页。
③ 许庆、尹荣梁、章辉：《规模经济、规模报酬与农业适度规模经营——基于我国粮食生产的实证研究》，《经济研究》2011年第3期，第62页。
④ 曾福生：《农业发展与农业适度规模经营》，《农业技术经济》1995年第6期，第42~43页。

国际农业现代化发展经验来看，还是从我国农村现代化转型的实践来看，推进农业适度规模经营是大国农业现代化转型的必由之路。[①]

农业适度规模经营是破解"三农"难题的有效途径。由于农业生产高度依赖于气候土壤、植物生长特性等，农业与工业相比具有投资周期长、经营利润低、生产效率低等特点，这种天然差异导致农业现代化远落后于工业现代化，农村远落后于城市，这是任何一个农业国向工业国转型过程中都必然经历的过程，也是难以规避的问题。因此，小规模家户经营在与社会化大生产对照下反映出的弊端成为争论的焦点。例如，朱海雄认为，小农生产方式是"三农"问题的症结所在，农业适度规模经营是"三农"问题的破解之策。实行农业适度规模经营需要注重两点，一是合理配置生产要素进行专业化生产经营；二是把专业化生产经营纳入社会化分工与协作体系之中。[②] 夏益国和宫春生认为，农业适度规模经营既是工业化的产物，也是规模经济的要求，之所以要实行农业适度规模经营是因为农业适度规模经营有利于维护国家粮食安全，有利于降低经营成本实现农民增收，有利于城镇化、农业现代化、职业农民发展，是破解"三农"之困的切入点。[③]

农业适度规模经营是实现农业现代化的重要途径。改造传统农业的过程也就是农业现代化的过程，也是把工业化的成果如先进的生产机械、生产技术、农药化肥、经营理念等更好地运用于农业，使农业逐步实现科技化、市场化、规模化和智慧化的过程。这种工业化成果的运用是否与农业经营规模相关、与什么样的经营规模相适应成为学者们研究的重要问题，并且引发了激烈的讨论，但学界对于农业适度规模经营是实现农业现代的重要途径这一点已基本达成共识。例如，陈俊梁认为农业适度规模经营是农业现代化的必由之路，是市场经济条件下解决我国农村小生产与大市

① 欧阳峣：《论后发大国的农业适度规模经营》，《人民论坛·学术前沿》2018 年第 12 期，第 71 页。
② 朱海雄：《农业适度规模经营是破解"三农"难题的路径》，《中南民族大学学报》（人文社会科学版）2006 年第 51 期，第 166 页。
③ 夏益国、宫春生：《粮食安全视阈下农业适度规模经营与新型职业农民——耦合机制、国际经验与启示》，《农业经济问题》2015 年第 5 期，第 57~58 页。

场、小规模与现代化、社会效益与经济效益等一系列深层次矛盾的重要途径。[①] 旷红梅认为农业适度规模经营是农业现代化的必然步骤和最终走向。[②] 蒋和平认为农业适度规模经营是农业现代化的重要途径，核心是发挥各种生产要素的协同效应，使各要素发挥各自最大的生产潜力，发展集约化、标准化、品牌化的现代农业。[③]

3. 关于农业适度规模经营的前提条件研究

根据农业生产的特点和农业发展的规律，农业适度规模经营是随整个社会生产力水平提高而不断调整的动态演变的过程。农业生产过程中所需土地、生产工具、生态气候、生产技术等，随生产力水平的不断提高不断重新配置和优化，从而达到规模经营的适度或最优，然而这种逐渐实现农业适度规模经营的过程是受自然资源、经济发展水平、生产力水平和农民素质等条件制约的。张海亮和吴楚材考察了发达地区的农业适度规模经营状况，认为适度规模经营较为稳定的地区，基本具备如下条件：一是农村第二、三产业比较发达，从事第二、三产业的农村劳动力占总劳动力数量的80%以上，非农收入是农民的主要收入；二是农村中的非农经济与农业经济的社会化联系体系健全；三是农业生产技术具有机械化耕作、科学化管理、产业化经营的现代化特征；四是基层政府的有效管理和干预。[④] 张侠等认为，推动农业适度规模经营是需要前提条件的，这些条件主要包括土地资源禀赋（土地规模、人地比例、耕作制度、经营对象等），经营环境（经济发展水平、社会化服务完善程度、自然风险、市场风险和政策风险的承受能力、政策性配套措施、市场发育程度等），生产力水平（农业技术装备水平、机械化水平、信息化水平等），劳动者素质（受教育程度、科学技术水平、管理能力等）。[⑤] 龚见新通过分析江苏省海门市的农业适度

---

① 陈俊梁：《农业适度规模经营的再思考》，《山西高等学校社会科学学报》2005年第5期，第22页。

② 旷红梅：《适度规模经营：农业现代化的必由之路》，《传承》2008年第10期，第48页。

③ 蒋和平：《适度规模经营是农业现代化的重要途径》，《农经》2013年第2期，第11页。

④ 张海亮、吴楚材：《江浙农业规模经营条件和适度规模确定》，《经济地理》1998年第1期，第85~86页。

⑤ 张侠、葛向东、彭补拙：《土地经营适度规模的初步研究》，《经济地理》2002年第3期，第351~352页。

规模经营发展状况，认为推进农业适度规模经营的条件有七个，分别是：农村劳动力转移支持、产业结构支持（农民收入主要来自非农产业）、财政资金支持、农村社会保障体系建立、务农人员"断层"的现实呼唤、农村基础设施的提升支撑、农业适用机械的装备助推。[①] 朱长明在考察了河南省信阳市的农业适度规模经营状况之后，认为推进农业适度规模经营应具备政策制度不断完善、农村劳动力转移进程加快、社会保障水平逐步提升、农业机械化水平不断提高、农业社会化服务体系日益健全等条件。[②]

4. 关于农业适度规模经营的基本动力研究

国外农业发展经验和我国农业生产实践均表明，发展农业适度规模经营是我国社会主义现代化农业发展的必然趋势，也是实现农业现代化的必由之路。工业化、城镇化是推动我国农业适度规模经营发展的主要动力，同时政策的引导作用及市场的推动作用也加快了新型农业经营体系的形成和发展。如曾福生认为农业适度规模经营是由紧密联系、互为一体的三大机制构成的，即微观动力机制、中观发育机制、宏观导向机制。从微观动力机制来看，实行农业适度规模经营是农民追求最大收益的客观要求；从中观发育机制看，工业化、城市化促进了农业劳动力转移，形成了农业适度规模经营的启动机制，土地产权改革促进了土地流转集中，形成了农业适度规模经营的加速机制；从宏观导向机制看，市场机制作用的发挥和政府通过政策、法律等开展的有意识的干预和引导共同促进了农业适度规模经营的发育。[③] 国家农业综合开发办公室为深入贯彻中央农村工作会议精神和《关于引导农村土地经营权有序流转发展农业适度规模经营的意见》，认真落实财政部党组关于财政支农工作的安排部署，确立了"以建设高标准农田为平台、以推进农业产业化为抓手、以发展农业社会化服务为支撑、以简政放权和正向激励为动力"的"四轮驱动"新思路，力推适度规

---

① 龚见新：《在家庭承包制基础上实现适度规模经营——海门市推进农业适度规模经营的实践与思考》，《上海农村经济》2009 年第 7 期，第 39～41 页。
② 朱长明：《信阳农业适度规模经营的动因及基本条件分析》，《信阳农林学院学报》2015 年第 1 期，第 43 页。
③ 曾福生：《农业适度规模经营与中国农业发展》，湖南出版社，1996，第 95～176 页。

模经营。① 刘倩认为，农业技术的进步、土地流转面积的增加和新型城镇化的推进促进了农业适度规模经营的实现。②

5. 关于农业适度规模经营的主要模式研究

我国学者对农业适度规模经营模式的研究主要是从农业适度规模经营的发展阶段、主要特征和新型农业经营主体等方面展开的，涉及粗放式、内涵式、资源主导型、资本主导型、技术主导型、土地规模型、合作规模型和服务规模型等。如王凤霞紧扣黑龙江省省情，认为农业适度规模经营应分阶段渐次推行，不应急于求成，据此把农业适度规模经营划分为近期模式（资源投入主导型模式）、中期模式（技术投入主导型模式）、远期模式（资金投入主导型模式）。③ 邓启明和王景辉总结了推进农业适度规模经营的四种模式：土地集中基础上的农地适度规模经营（其中比较典型的模式有"两田制"模式、村办农场模式、市场流转模式、土地经营权入股模式）；统一耕种、分户管理、连片种植模式；内涵型农业适度规模经营；农业产业化经营。④ 伍崇利把农业适度规模经营的实现模式分为两大类：一类是通过农地集中实现农业适度规模经营的模式，另一类是通过产业化和专业合作社实现农业适度规模经营的模式。前者包括承包经营权的转让、转包、出租实现的规模经营，集体反租倒包实现的规模经营，集体机动地的规模经营，承包权股权化实现的规模经营，土地股份制实现的规模经营；后者包括通过农民专业合作社实现的规模经营和农业产业化实现的规模经营两种。伍崇利通过对比分析各种模式的优劣，认为发展农民专业合作社是实现适度规模经营的理想模式。⑤ 韩喜平则认为在我国粮食供求发生根本变化的新形势下，要实现农民增收，进行土地适度规模经营是必然趋势，并且提出了家庭农场、土地股份合作制、集体农场、租赁制与拍

---

① 国家农业综合开发办公室：《农业综合开发"四轮驱动"力推适度规模经营》，《中国财政》2015 年第 19 期，第 20 页。

② 刘倩：《农业适度规模经营的必然性及实现路径》，《农业经济》2020 年第 2 期，第 14 页。

③ 王凤霞：《黑龙江农业适度规模经营模式研究》，《学术交流》1996 年第 3 期，第 32~34 页。

④ 邓启明、王景辉：《现阶段推进农业适度规模经营的动力、模式与对策》，《农业系统科学与综合研究》2000 第 4 期，第 306~308 页。

⑤ 伍崇利：《论农业适度规模经营之模式选择》，《特区经济》2011 年第 3 期，第 184~186 页。

卖制四种土地适度规模经营形式。① 李宪宝基于农业经营主体经营决策行为的视角把农业适度规模经营的实现路径划分为三种：土地集中型、社会服务型、合作经营型。② 蒋和平和蒋辉通过大量调研，概括了六种路径模式，分别为：龙头企业带动型、政府推动型、种养大户（农场）、农业社会化服务组织带动型、龙头企业与农户合作型、农民专业合作社。③

6. 关于农业适度规模经营的主要保障研究

当前，我国农业生产经营仍面临生产规模小、社会化服务程度低、生产技术水平不高、生产的规模效益不高等问题，学者们主要从政策制度等方面提出了保障实现农业适度规模经营的基本思路。如张怀英和蒋辉首先肯定了农业适度规模经营对于促进经济社会发展、推进农业现代化以及破解"三农"问题的重要作用，然后指出土地流转、户籍制度、社会保障、财政支持等政策供给不足对农业适度规模经营有效推进的严重影响，最后从土地政策（土地产权政策、土地流转政策、备案和调纠政策）、职业农民培育政策、保障政策（户籍政策、社会保障政策、就业政策）、社会化服务体系扶持政策、财政金融政策（财政支持政策、信贷政策、农业保险政策）、农业科技政策（科技创新政策、技术推广政策）六个方面进行了初步的政策设计。④ 李海涛等认为，适度规模经营是提高农业收益、增加农民收入的重要途径。全国范围内多种形式的适度规模经营仍在不断探索创新之中，仍需要强化土地权能、探索多样化服务、健全法规政策、培育新型主体，完善农业适度规模经营的服务保障体系。⑤

（三）文献研究简评

一些发达国家工业化起步较早，最先完成了改造传统农业的历史任务，

---

① 韩喜平：《实现适度规模经营的路径选择》，《税务与经济》2009 年第 2 期，第 1~5 页。

② 李宪宝：《沿海地区适度规模现代农业实现路径研究——基于农户分化的视角》，博士学位论文，中国海洋大学，2012，第 42 页。

③ 蒋和平、蒋辉：《农业适度规模经营的实现路径研究》，《农业经济与管理》2014 年第 1 期，第 7~8 页。

④ 张怀英、蒋辉：《农业适度规模经营的政策保障体系研究》，《甘肃社会科学》2013 年第 5 期，第 186~188 页。

⑤ 李海涛、傅琳琳、黄祖辉、朋文欢：《农业适度规模经营的多种形式与展望》，《浙江农业学报》2021 年第 1 期，第 166~167 页。

实现了农业现代化，为发展中国家加快实现农业现代化提供了诸多经验启示。早在 18 世纪，法国重农学派思想家弗朗斯瓦·魁奈和英国古典经济学家亚当·斯密等人，就展开了对农业生产规模的研究。在当时资本主义经济发展水平不高、生产力水平较为落后的条件下，大规模开垦土地、大量使用劳动力等粗放型扩张模式，不失为一种良好选择，因此，就出现了这一时期的"大规模农业论"。这种大规模生产模式既实现了资本雇佣劳动制度的经营方式，又能很好地利用现代化工业技术和成果提高农业劳动生产率并与迅速扩张的市场相适应，因此能够得到资本家和政府的维护，为资本主义国家农业现代化发展奠定了思想基础。需要指出的是，即使在这一时期，也不是规模无限扩大、规模越大越好，而是一种"适度"的大规模。马克思和恩格斯系统考察了人类社会不同时期农业发展状况，总结出了"传统小农→资本主义大农业→合作社农业"的农业发展历程，剖析了传统小农和资本主义大农业消亡的历史命运，提出了"合作式大农业发展观"。值得注意的是，马克思和恩格斯并未完全否定资本主义大农业的价值，而是对资本主义大农业经营方式对生产力水平提高的促进予以了高度评价，他们所提出的合作化大农业思想对当今农业发展仍有重要的理论指导意义。由此可见，"大规模农业论"可谓西方国家的主流思想。除此之外，国外学者也不乏"小规模农业论"和"中庸规模农业论"者，这些学者大多是研究发展中国家农业经营，基于发展中国家的国情而提出的。发展中国家一般具有经济发展落后、生产力不发达、人均耕地不足、传统农业占主导、工业化城市化水平较低等特征，农业的功能既是生存保障又是收入保障。在生产力不发达，工业化、城市化对农业劳动力的吸纳能力有限的情况下，选择小规模农业经营模式，无论是对于政府而言还是对于农业经营者而言无疑都是一种理性决策。

我国是一个历史悠久的典型传统农业大国，新中国成立之初农村人口占我国总人口的比例约为 89.4%，1978 年改革开放之初农村人口占比仍高达 82.1%。[①] 农业是我国国民经济的基础和人民生存的保障。改革开放后，

---

① 根据国家统计局数据整理计算获得，https://data.stats.gov.cn/easyquery.htm? cn = C01，最后访问时间：2022 年 5 月 16 日。

我国工业化、城市化、市场化飞速推进，小规模家户传统经营模式亟待转型。1990 年邓小平提出我国社会主义农业"两个飞跃"思想、明确"适度规模经营"发展目标后，国内学者便基于理论和实践双重视角展开了对"农业适度规模经营"的全面研究，尤其是在"农业适度规模经营"的内涵外延、重要作用、实现方式、必要性、可行性、现实性等方面进行了较为深入的研究。目前学界在农业适度规模经营是农业现代化的重要途径这一点上已基本达成共识，实现农业适度规模经营要在分析自然条件和社会经济条件的基础上，充分利用工业化、城市化的促进作用，构建较为完善的社会化服务保障体制，探索多样化的适度规模经营模式。

通过梳理国内外研究文献可知，农业适度规模经营是改造传统农业实现农业现代化的必由之路，"农业规模大小之争"早已有之，但尚未形成定论，农业适度规模经营的研究仍在进行中。从研究的理论基础来看，国外一般以规模经济理论、规模报酬理论、发展经济学理论为主，国内的研究大多集中于规模经济理论、农业经济理论等。从研究内容来看，众多专家学者对农业规模经营问题进行了多样化的研究，涉及适度规模经营的规模大小选择、适度规模经营的前提条件、适度规模经营的动力、适度规模经营的模式、适度规模经营的保障等，这些研究大多散见于浩如烟海的文献之中，尚未形成体系，尤其是"适度"的界定模糊不清、衡量标准缺失，推动农业适度规模的动力机制和实现机制等研究仍然鲜见。这些研究成果不仅为本研究提供了丰富的理论素材和思想养料，也为本研究留下了开拓空间。基于此，笔者从澄清概念、探究理论、创新方法等角度，构建集农业适度规模经营的实现条件、实现动因、实现方式、实现保障于一体的逻辑框架，系统深入地研究中国农业适度规模经营的实现机制。

三 概念界定

概念是指人类在社会发展过程中对所感受到的事物发展规律或共性特征进行的抽象概括。结构主义符号学家罗兰·巴特（Roland Barthes）在其《叙事作品结构分析导论》一文中写道："如果我们在入手时就遵循一个提供给我们首批术语和原理的模式，就会使这一理论的建立工作得到许多方便。"① 为此，接下来，本书首先阐明关键概念，探明概念的内涵和外延以及概念之间的逻辑关系，为展开研究奠定必要基础。

（一）规模经营与规模经济

规模经营与规模经济是一对既有区别又彼此联系的概念，规模经营重在强调生产全过程中的考量和把握，规模经济则重在强调经营的实际效果。为更好地理解规模经营一词的内涵和外延，我们首先对"经营"的概念略加分析。"经营"一词是经济管理学的基本概念，属于商品经济的基本范畴，与"管理"一词密切相关，常被理解为企业总体目标的确定及实现过程，也是对企业生产、销售、服务等环节的系统控制。科学管理创始人之一法约尔认为，经营包括技术、商业、财务、安全、会计、管理六个基本职能。日本《经营工学用语词典》认为经营是"经营者为实现企业经营目的所进行的有意识、有计划的活动总称"②。

"规模经营"属于企业范畴，运用在农业生产领域则是指在一定的自然条件和社会经济条件下，随着农业生产力的发展，农业生产中各要素通过一定的生产方式和组织形式相互配置、相互利用、相互结合，进而进行农业生产活动和交换活动的动态过程。规模经营既指农户或农业生产经营单位通过增加要素投入、提高农业产能实现的内部规模经营，又指不同农业经营主体之间通过供应链、产业链、价值链的功能联系而实现的整体效能。需要指出的是，规模经营可通过经营单位的生产规模和流通规模两个方面加以衡量，既是劳动者、劳动工具、劳动对象的集中程度的反映，也是劳动产品产量、流通量的大小的反映，是独立经营单位生产规模和流通规模的数量级，可分为小规模经营、中等规模经营、大规模经营。

"规模经济"是规模经营的效果反映，通过对规模经济的考察可以调整规模经营的目标和方向。《新帕尔格雷夫经济学大辞典》中"规模经济"是指："在既定（不变的）技术条件下，生产一单位单一产品或复合产品的成本，如果在某一区间生产的平均成本递减（或递增），那么就可以说

---

① 〔法〕罗兰·巴特：《叙事作品结构分析导论》，张寅德译，载张寅德选编《叙事学研究》，中国社会科学出版社，1989，第4页。
② 余惕君：《经营与管理我见》，《经营与管理》1983年第4期，第18~19页。

这里有规模经济（或规模不经济）。"[1] 该定义偏重于从技术角度来看规模经济与规模不经济。它并不仅限于生产领域，有时也扩展到整个商业活动领域（诸如商品销售、资金筹措、人员培训等）。显而易见，规模经济在技术水平、经营规模和平均成本之间存在系统关系，以在某一生产区间平均成本的递减或递增作为判断规模经济存在与否的条件，平均成本递减即规模经济，平均成本递增则为规模不经济。之所以是一个区间是因为生产要素由固定生产要素和可变生产要素构成，固定要素一般不变，可变要素与固定要素的配置比例随着规模扩大由不合理到最优配置再到不合理，形成了平均成本降低和平均成本上升的区间。需要注意的是，规模的扩大并不必然导致规模经济，而技术因素对规模经济的影响也不可小觑。由于生产的关联性，规模经济源于组织内部规模经济和组织外部规模经济效应的叠加。

规模经济问题存在于社会经济生活的各个领域，农业领域也不例外，并且该领域规模经济的变化与其他产业如出一辙，具有内部规模经济和外部规模经济的双重特征。内部规模经济是分工、专业化的发展以及配置生产要素渐趋合理导致的成本节约和效益递增。在土地规模较小的情况下，先进的机械设备和生产技术难以应用，农业生产受到抑制。如果适当扩大土地经营规模，便可采用分工、专业化的有效组织形式，优化配置土地、劳动、机械、技术等生产要素，从而极大地提高技术效率和资源利用效率，降低成本，提高产能。外部规模经济是在与农业生产相关联的产业发展带动下，农业生产成本降低，农业效能提高，一定程度上是外部效能的分享和转移。同时，外部规模经济在一定意义上也是"外部条件经济"。非农产业的发展，工业经济、城市经济、服务经济等形成的市场范围，消费结构、交通运输规模、金融渠道、信息传播要素等为农业发展提供了有利的条件，促进了农业生产和流通。除此之外，经验表明，由于世界大多数国家对农业支持和补贴有严格的规模要求，并且农业经营规模与财政、金融、税收等农业支持和补助力度正相关，经营规模扩大提高了补贴额也

---

① 〔英〕约翰·伊特韦尔、〔美〕默里·米尔盖特、〔美〕彼得·纽曼编《新帕尔格雷夫经济学大辞典》（第二卷：E—J），经济科学出版社，1992，第84~88页。

降低了农业经营成本。

（二）规模报酬递增与规模报酬递减

"规模报酬递增"是生产函数的技术表现。正如《新帕尔格雷夫经济学大辞典》中的定义："如果所有投入等比例增长能够使产出超过这个比例增长，技术表现为规模报酬递增；在单一产出的情况下，这就意味着递减的平均成本曲线。"[①] 农业生产中土地、劳动、资本、技术等生产要素之间的组织形式和配置方式构成了农业生产函数，组织形式和配置方式不同，生产函数亦不同；生产函数不同，产出亦大不相同。在农业生产函数既定条件下，全部农业生产要素的投入等比例增加，农业产量以更大的比例增加即为规模报酬递增。导致规模报酬递增的原因一般认为有以下几种：一是规模扩大有利于分工和专业化，从而提高劳动生产率；二是规模扩大有利于生产要素集中，提高集约化程度，降低成本；三是规模的扩大有利于降低资产专用性和生产要素不可分性的影响，提高生产要素的使用效率；四是规模扩大有利于降低谈判成本、运输成本等交易成本，提高利润率。

"规模报酬递减"则与"规模报酬递增"的技术表现相反，是指如果所有生产要素投入等比例增加时产量却小于这个增加比例，技术表现为规模报酬递减；在单一产出的情况下，这就意味着平均成本曲线呈递增趋势。在农业生产函数既定条件下，同时等比例的提高全部农业生产要素的投入，农业产出却低于生产要素投入比例。导致规模报酬递减的原因包括以下几方面：一是生产规模扩大使经营单位生产要素的可获得性降低，如金融获得、劳动力获得、农业技术获得等受到限制；二是规模扩大会降低管理效能，使得生产管理、生产监督、信息传递等难度加大。

（三）农业适度规模经营

"农业适度规模经营"这一概念来源于邓小平对我国农业发展前景所作的科学预见，即"两个飞跃"思想。

---

① 〔英〕约翰·伊特韦尔、〔美〕默里·米尔盖特、〔美〕彼得·纽曼编《新帕尔格雷夫经济学大辞典》（第四卷：O—Z），经济科学出版社，1992，第177~178页。

"适度规模经营"的概念提出以后，我国便从理论上和实践上开始探索，使农业适度规模经营的概念从内涵和外延两个方面得以拓展深化。其中，规模大小、适度的度量标准等方面的争论尤为激烈，尤其是主张以家庭为单位传统分散化小规模经营的学者与主张农业组织化大规模经营的学者之间的争论最为突出。诸多论述可以简单划分为三大类。第一类是土地集中规模经营论。这一观点论者认为，我国小规模兼业经营难以适应现代市场化、社会化、全球化的发展要求，其生产规模小、生产效率低、生产成本高、缺乏竞争力，是制约我国农业现代化发展的主要原因。因此，我国可通过土地产权改革，推动土地流转、集中，增加土地规模，使大型机械、先进科技等现代化生产要素得到合理配置利用，从而提高农业生产率和经营效益。第二类是生产环节规模经营论。这一观点论者认为，农业生产活动具有鲜明的空间和时间特征，农业生产过程可划分为产前、产中、产后等多个环节，土地、劳动力、资金、技术等生产要素可在各环节实现规模化配置，从而提高生产效率和综合效益。第三类是要素组合规模经营论。持这一观点论者认为，适度规模经营来源于规模经济，适度扩大生产经营单位的规模，可以使土地、资本、劳动力等生产要素规模化配置趋向合理，以达到最佳经济效益。[1] 需要指出的是，这些观点大多是基于我国"人人分田，户户种地"的"碎片化""分散化"的传统经营现实，以及农业生产要素的资源配置效率和成本收益分析而提出的，难免具有片面性。规模大小之所以成为争论焦点，关键原因在于学者们对"适度"的理解存在差异，因此为更准确定义"适度规模经营"，我们有必要先深究"适度"一词的来龙去脉，然后从经济效益、社会效益、生态效益三方面综合考虑，在生态文明新视角下重新定义农业适度规模经营。

古希腊哲学家亚里士多德最早阐述了"适度"思想，而且"适度"是他伦理学中的一个重要概念，贯穿于他的名著《尼各马可伦理学》一书中。在该书中他认为："德性是一种选择的品质，存在于相对于我们的适度之中。""生活中存在三种品质：两种恶——其中一种是过度，一种是不及——和一种作为它们的中间的适度的德性。这三种品质在某种意义上都

---

① 吴振方：《农业适度规模经营：缘由、路径与前景》，《农村经济》2019 年第 1 期，第 31 页。

彼此相反。两个极端都同适度相反，两个极端之间也彼此相反。适度也同两个极端相反。"他又把"本性上更容易爱好的那些事物看作适度品质的相反者"。由此，他把适度定义为"德性"、"中庸"和"节制"。① 亚里士多德所提出的"适度"具有很强的实践性，然而，现实中却有不少人对其产生了误读，把适度与"折中主义、平均主义、调和主义"混淆，这是极其有害的。亚里士多德所指出的"适度"标准并非绝对的而是相对的、动态的，事物千差万别、瞬息万变，衡量尺度也不应该有固定的标准、统一的尺度，"适度"是一种理性把握、科学应对、灵活应变的方法策略。黑格尔哲学和马克思主义哲学重点强调了"度"的重要性，一旦事物发展变化的量超越了一定的"度"，即质的规定性，事物的质就会发生改变。结合西方哲学和我国传统，适度也可表达为"恰到好处"。

为扩展定义的理论向度，本书结合马克斯·韦伯提出的人类理性的二维结构，即"工具理性"和"价值理性"，对农业适度规模经营进行定义。在定义之前，我们还有必要对"二维结构"的含义做简要介绍。"工具理性"又称"形式理性"，是指一种关于不同事物之间因果关系的判断，指向"实然"状态的事实存在，依据手段和程序的可计算性做判断，具有客观合理性；"价值理性"也称"实质理性"，是指一种关于不同价值之间逻辑关系的判断，指向"应然"的价值关系，其依据结果和目的的价值做判断，具有主观性。② 借鉴哲学对适度的定义和马克斯·韦伯的二维理性结构，综观世界各国关于适度规模经营的理论与实践，结合我国农业适度规模经营的实践考察，本书认为：农业适度规模经营是农业生产经营单位在一定的自然条件和社会经济条件下，根据自身的经营条件，运用先进的科技手段和科学管理方法，适量增加生产要素以优化配置充分利用，并通过产业链分工创新组织形式，适当扩大生产经营规模，从而实现最佳的经济效益、社会效益和生态效益的农业经营方式。③

农业适度规模经营这一概念还可以从以下几个方面来把握。第一，农

---

① 〔古希腊〕亚里士多德：《尼各马可伦理学》，廖申白译，商务印书馆，2003，第47~48页。
② 陈绍芳：《论理性的三维结构——对马克斯·韦伯理性"二维结构"的补充》，《中共浙江省委党校学报》2005年第6期，第50~51页。
③ 吴振方：《农业适度规模经营：缘由、路径与前景》，《农村经济》2019年第1期，第32页。

业适度规模经营不仅可以是土地的适度规模经营，也可以是生产环节和社会化服务的适度规模经营。农业经营是利用土地、资本、劳动力、技术、制度等生产要素进行的，生产要素的适度聚集和合理组合形成了适度规模经营。从产业链分工、要素聚合和产出规模之间的角度来看，农业适度规模经营包括三种：土地集中式适度规模经营（主要有土地股份合作经营、承包大户经营和产业化基地经营三种类型）、合作经营式适度规模经营（主要有农民专业合作组织带动型、产业化经营带动型等）、社会服务式适度规模经营。从要素投入方式的角度来看，农业适度规模经营包括外延型（粗放型）适度规模经营和内涵型（集约型）适度规模经营。

第二，农业适度规模经营具有动态演化和区域差异的特征。唯物主义的观点认为，事物的运动（发展）具有绝对性，静止具有相对性。农业适度规模经营是各种条件相互作用的产物，而各种条件在社会经济中处于不断变化的状态。由于各地的历史沿革、资源禀赋、社会制度、发展状况、地理生态等各不相同，因此，即使在一定条件下，不同国家和地区的农业适度规模经营也各不相同，甚至在同一国家和地区不同的发展阶段，农业适度规模经营也存在差异。由此可见，试图预设一个唯一的、不变的、各地普遍适用的农业适度规模经营标准并全面推行，是徒劳无益的甚至是极其有害的。

第三，从定性方面来看农业经营"适度规模"的衡量。从农业适度规模经营的"适度"来看，农业适度规模经营既不是肆无忌惮的规模扩张，也不是画地为牢的狭窄眼界，经营规模的大小并不是衡量适度的唯一标准。衡量农业规模经营适度的标准时，还应考虑农业适度规模经营是否能与自然环境和社会经济发展环境相适应。具体来说，农业适度规模经营要与农业生产力发展水平相适应，要与工业化、城市化和农业劳动力转移相适应，要与农业科技的进步、生产手段的改进和在农业中的运用相适应，要与农村经营主体的培育和现代职业农民的发展相适应，要与农村社会化服务体系的构建和完善相适应。除此之外，农业适度规模经营还应与促进农民增收、农业发展、农村繁荣的社会发展目标相适应，要与保护自然生态环境可持续发展的目标相适应。

第四，从定量方面来看农业经营"适度规模"的衡量。各类农业经营主体依据自身资源禀赋、农业发展的内外部环境、动态变化情境，对收益最优规模、区间最优规模、效率最优规模进行理性选择。收益最优规模是指经营主体优化配置生产要素以达到利润最大化而采用的农业经营规模；区间最优规模是指当职业农民收入介于城市最低收入和平均收入时所需经营的农业规模；效率最优规模是指农业经营主体以提高生产要素效率为目标，综合评价要素生产率，以能够提高整体效益水平为标准而确定的农业经营规模。

四　思路框架

农业是人类社会最古老的产业，伴随人类社会的变迁，农业生产经营在不同时期的不同国度呈现不同的阶段特征，规模大小并不统一，农业问题一直是国内外学者重点研究的历史问题、经济问题和社会问题。但在市场经济的社会化大生产背景下，改造传统农业、发展现代农业已成为各国实现现代化的重要任务，与市场经济相适应的适度规模或者称最优规模是农业现代化发展的主流趋势。农业适度规模经营是近现代经济学研究的重要领域之一。不过，农业适度规模经营实现机制的相关研究却鲜有所见。在农业大变革大转型大发展的时代，构建一个"农业适度规模经营实现机制"的理论分析框架，系统、全面、深入地研究我国农业现代化进程中农业适度规模经营实现机制的系列重要问题，对助力乡村振兴，构建城乡融合体制机制，推动实现农业农村现代化和共同富裕，探究中国式农业现代化，具有重要的理论意义和实践价值。本书侧重于从以下几个方面进行研究。

第一章为农业适度规模经营实现机制的理论构建。首先，梳理与本书研究内容密切相关的分工理论、生产力与生产关系理论、城乡发展理论、新制度经济学相关理论，解析理论之间的逻辑关联及其与实现农业适度规模经营的内在联系。其次，以理论分析为基础构建逻辑分析框架，并对基本框架做出必要的说明与解释，强调农业适度规模经营是随着农业生产力和生产关系的不断调整和资源配置的不断优化形成的，其实现机制主要由实现条件、实现动因、实现方式和实现保障及其互动关系构成，为后文研究的展开奠定逻辑基础。

第二章为农业适度规模经营实现机制的机理阐释。力求比较缜密而系统化地分析农业适度规模经营的实现机制，解构农业适度规模经营的实现条件、实现动因、实现方式、实现保障的内在关联。依序论证了农业自然条件、社会经济条件是驱动农业适度规模经营的前提条件，农业微观经营主体的逐利动机和工业化、城市化、市场化的"引致效应"是推动农业适度规模经营的现实动因，各类新型农业经营主体的演进融合形成了多样化的农业适度规模经营的实现方式，构建完善的社会化服务体系是农业适度规模经营的实现保障。由此，农业适度规模经营的实现条件、实现动因、实现方式、实现保障之间构成紧密相连又相互作用的统一整体，进而阐述了农业适度规模经营"初级—中级—高级"循序渐进的演化路径。

第三章为中国农业适度规模经营实践的历史嬗变。从历史发展视角出发，研究新中国成立以来农业适度规模经营在人民公社制、家庭联产承包责任制和乡村振兴新时代不同时期的发展演变。重点研究改革开放以来，市场化、工业化、城市化和农村土地制度、户籍制度、税费制度等对农业适度规模经营的影响。深入研究我国农业适度规模经营的实现条件、实现动因、实现方式和实现保障的阶段性特征，以及以上四个方面在推动我国农业适度规模经营实现过程中的相互作用，并对当前我国农业适度规模经营现状和存在的问题进行分析和总结。研究发现我国农业适度规模经营的实现机制已基本形成，且仍处于初级阶段，应规划中级和高级的试点探索，构建初级为主、发展中级、兼顾高级的发展格局。

第四章为国外农业适度规模经营实现机制的特点。根据发达国家人地矛盾的不同情况，选取美国大规模农业、英国中等规模农业和日本小规模农业进行研究，深度分析发达国家农业现代化过程中农业适度规模经营的实现特点，重点分析发达国家农业适度规模经营的实现条件、实现动因、实现方式和实现保障，总结其农业适度规模经营实现的经验。经验表明：第一，农业生产力水平提高、农业生产关系优化调整是农业适度规模经营产生与发展的根本动力；第二，工业化城市化是推动农业生产力进步和农业生产关系调整的关键，农业适度规模经营受自然条件和社会经济条件限制，发展出不同特征和模式；第三，农业适度规模经营是在一定的自然条件、社会经济条件、制度条件下，个人、集体、组织所进行的理性选择；第四，农业适度规模经营的实现与土地制度改革、工业化城市化的推动、农业经营主体的培育、社会化服务体系的完善密切相关。

第五章为中国农业适度规模经营的衡量标准及效益评价。根据我国农业适度规模经营的发展现状，把农业适度规模经营划分为三种，即收益最优规模、区间最优规模、效率最优规模，并针对三种规模给出具体测度方法。收益最优规模测度基于成本收益的利润最大化原则测算，区间最优规模基于务农收入介于城镇最低收入和平均收入等推拉理论进行测算，效率最优规模利用 DEA 数据包络分析方法进行测算。根据我国农业适度规模经营发展实际，选取农业适度规模经营的典型案例，剖析农业适度规模经营的实现情况并对其效益展开评价。

第六章为助推实现中国农业适度规模经营的政策建议。针对农业适度规模经营存在的问题，围绕我国全面推进乡村振兴、促进城乡融合、加快农业农村现代化、推进共同富裕等新的时代要求，对农业适度规模经营的实现条件、实现动因、实现方式、实现保障进行思考，在加快培育壮大农业适度规模经营主体、大力发展农业经营组织、提高组织化和社会化水平、重视农业适度规模经营的社会化服务体系建设等方面提出具体政策建议，推动我国农业适度规模经营的实现。

第一章

农业适度规模经营实现机制的理论构建

纵观发达国家农业适度规模经营的发展历史和中国农业适度规模经营的实践探索，农业适度规模经营是随着分工发展和社会生产力水平的提高，在工业革命和城市扩张的驱动之下，在市场经济影响之下逐渐产生的。农业适度规模经营可大致划分为两个时期，粗放型适度规模经营时期和集约型适度规模经营时期。在市场经济发展的初级阶段，农业生产经营分工不明确、农业生产力水平低、生产组织形式简单，通过增加劳动投入或者土地扩张形成了粗放型农业适度规模经营。随着分工专业化的发展，农业生产力水平不断提高，生产关系不断创新，生产组织形式逐渐多样化和复杂化，在工业革命、城市扩张、农业现代化发展要求的驱动之下，农业劳动力转移、土地流转、农业转型、组织制度变迁，形成以提高劳动生产率或以提高土地生产率为目标的集约型农业适度规模经营。由此观之，农业适度规模经营的形成与发展和政治经济学的分工理论、生产力与生产关系理论、发展经济学的城乡发展理论、新制度经济学的相关理论有着千丝万缕的联系，故对此进行简要梳理，为构建本书分析框架奠定理论基础。

第一节　相关理论基础

一　分工理论

分工思想最早产生于古希腊时期，这一时期的柏拉图、色诺芬等开始认识到了分工的必要性和分工对生产力提高的重要作用。古希腊伟大的哲学家柏拉图（Plato）认为，正是由于人们需求的多样性和个人能力的有限性导致了分工，分工促使个人专长，产品交换化解了需求多样性和专业化的矛盾①。柏拉图的这种分工思想是从贵族、统治者、普通劳动者职业分化的角度论述的，是脑力劳动和体力劳动的分工。古希腊历史学家、思想家色诺芬（Xenophan）开始把分工思想引入经济领域，他认为不存在精通一切技艺之人，因而分工产生，并且分工程度受市场范围、市场规模所限。②

到 17 世纪末，英国古典经济学的先驱者威廉·配第（William Petty）通过对纺织业、造船业的分工考察，认为分工有利于提高劳动生产率、降低成本、提高国际竞争力。③ 18 世纪 70 年代，古典经济学开创者亚当·斯密（Adam Smith）系统研究了分工的必要性、分工提高劳动生产率的原因和分工发展与市场广狭之间的相互作用机理（"斯密定理"）。④ 亚当·斯密认为分工起因于交换，交换发展决定着分工发展（即市场范围决定分工发展），个人能力差异不是分工的原因而是分工的结果。分工和专业化是经济增长的源泉，其因有三：一是个人专注于一种技艺可以在这一领域更为熟练；二是避免工作轮换的时间损失；三是专业化有利于机器发明和使用。亚当·斯密不仅研究了工厂内部分工还把这种分工思想进一步运用到国际贸易之中，提出了"绝对优势学说"。⑤ 英国古典政治经济学家大卫·李嘉图（David Ricardo）继承了亚当·斯密的分工思想，提出了"比较优势学说"。⑥

19 世纪的马克思在批判和继承古典经济学的基础上提出了自己独特的分工理论。马克思从社会学和经济学双重视角更为系统地研究了分工的必

---

① 〔古希腊〕柏拉图：《理想国》，郭斌和、张竹明译，商务印书馆，2016，第 59~65 页。
② 〔古希腊〕色诺芬：《经济论 雅典的收入》，张伯健、陆大年译，商务印书馆，1983，第 12 页。
③ 〔英〕威廉·配第：《政治算术》，陈冬野译，商务印书馆，1960，第 20~50 页。
④ 〔英〕亚当·斯密：《国民财富的性质和原因的研究》（上卷），郭大力、王亚南译，商务印书馆，1983，第 1~5 页。
⑤ 〔英〕亚当·斯密：《国民财富的性质和原因的研究》（下卷），郭大力、王亚南译，商务印书馆，1983，第 11~25 页。
⑥ 〔英〕李嘉图：《政治经济学及赋税原理》，郭大力、王亚南译，商务印书馆，1976，第 144 页。

要性、分工的重要性、分工的形成和发展。①分工发展促进生产力发展，是生产力发展的表现。②把分工分为工厂内部分工和社会分工，工厂内部分工和社会分工并不是彼此孤立的，而是相互影响紧密联系的，分工在这两个轨道上不断演进。③通过对人类发展历史的考察，认为分工历经原始社会的自然分工→奴隶社会和封建社会的社会分工→资本主义社会的工厂内部分工等过程，产品交换是促成分工演进的动因，工厂内部分工产生于社会分工，受制于社会分工，并且促进社会分工的进一步发展，两者在循环累积因果关系的作用下不断深化发展。④分工促进了私有制的产生，分工和私有制的互动发展机制推动了生产力和生产关系的调整，衍生了社会形态"原始社会→奴隶社会→封建社会→资本主义社会→共产主义社会"的依次更替。⑤在分工发展之时，人的劳动逐渐开始异化，专业化分工的深化使人更加片面化、畸形化，成为"机械化的人"，这种异化形态随生产力的发展必然会消失。①

19 世纪末期的新古典经济学理论体系的奠基者、英国剑桥学派创始人阿尔弗雷德·马歇尔（Alfred Marshall）把分工细化到产业分工和区域分工，研究了企业集聚、工业集中、产业集群的形成，提出了规模报酬递增的内部经济和外部经济特征。② 由于马歇尔过分强调资源配置对规模报酬递增的作用，自马歇尔之后，对分工的研究逐渐淡出主流经济学的视野。直到 1928 年，美国经济学家阿伦·杨格（Allyn Abbott Young）对分工和生产率关系研究的古典复归，重新唤起了学界对分工的研究。杨格认为分工和生产率的研究是经济学的核心问题，资源配置只是这一问题的表征。杨格提出：①规模报酬递增是分工和专业化的结果而不是规模扩张的结果；②分工和市场范围互为因果，分工发展促进了市场范围拓展，市场范围扩张促进了分工深化，反之则反是；③分工发展使产品的产业链条延伸，生产的迂回形成了迂回经济、规模经济。③

20 世纪 50 年代以来，杨格的理论得到进一步拓展，美国经济学家舒

---

① 《资本论》（第 1 卷），人民出版社，1975，第 358~550 页。

② 〔英〕马歇尔：《经济学原理》，朱志泰、陈良璧译，商务印书馆，2019，第 303~332 页。

③ Allyn Abbott Young, "Increasing Returns and Economic Progress," *The Economic Journal* 152 (1928): 527-542.

尔茨引入人力资本理论①，霍撒克（Houthakker）引入交易成本理论②，分别对规模经济和分工与市场的关系进行了研究。20 世纪 90 年代以来新兴古典经济学的集大成者杨小凯综合了从斯密到杨格等人的分工思想，认为分工是一个网状结构，分工程度受供给和需求衡量的市场网络所限。③ 分工程度取决于交易费用，分工的优越性超过交易费用之时市场范围扩张，反之，就采取自给自足的形式。杨小凯把这种"超边际分析"运用于诸多领域，进行了开创性的研究，对贸易理论、企业理论、城市理论进行了新的解释。迪克西特（Dixit）和格罗斯曼（Grossman）④、琼斯（Jones）和凯尔科夫斯基（Kierzkowski）⑤、克鲁格曼（Krugman）⑥、阿尔恩特（Arndt）和凯尔科夫斯基（Kierzkowiski）⑦ 等研究了产品内分工的形成与发展、产业的纵向联合和横向联合的机理，并对当今国际贸易方式做出了新的理论解释。至此，学界形成了较为完善的自然分工、社会分工、产业分工、行业分工、企业内分工、产品内分工、国际分工等系统的分工理论体系。

正是由于分工的发展，农业作为一个特殊产业，不断进行产业内分工、产业间分工和国际分工。产业内分工形成了林业、牧业、渔业等行业，产业间分工形成了农业生产、农业加工、农业服务三种业态，以及生态农业、观光农业、旅游农业等新型产业，农民也分化为农业产前、产

---

① 〔美〕西奥多·W. 舒尔茨：《报酬递增的源泉》，姚志勇、刘群艺译，北京大学出版社，2001，第 15～29 页。

② Hendrik S. Houthakker, "Economics and Biology: Specialization and Speciation," *Kyklos* 9 (1956): 181-189.

③ Hendrik S. Houthakker, "Economics and Biology: Specialization and Speciation," *Kyklos* 9 (1956): 181-189; Xiaokai Yang, and Jeff Borland, "A Microeconomic Mechanism for Economic Growth," *Journal of Political Economy* 99 (1991): 460-482.

④ Avinash K. Dixit, and Gene M. Grossman, "Trade and Protection with Multistage Production," *The Review of Economic Studies* 49 (1982): 583-594.

⑤ Ronald W. Jones, and Henryk Kierzkowski, *The Role of Services in Production and International Trade: A Theoretical Framework* (Oxford: Blackwell Press, 1990), pp. 31-48.

⑥ Paul Krugman, "Does Third World Growth Hurt First World Prosperity?" *Harvard Business Review* 72 (1994): 113-121.

⑦ Sven W. Arndt, and Henryk Kierzkowski, *Fragmentation: New Production Patterns in the World Economy* (Oxford: Oxford University Press, 2001).

中、产后的劳动者，国际分工形成了粮食生产的世界供给结构、肉类生产的世界供给结构等，农产品国际贸易日益加强。农业产业链条不断延展，产业链之间的分工合作使农业生产力与农业生产关系不断升级，促进了粗放型农业适度规模经营向集约型农业适度规模经营发展。

二 生产力与生产关系理论

生产力与生产关系是马克思主义政治经济学和唯物史观的一对基本范畴。关于生产力与生产关系，马克思在《1844 年经济学哲学手稿》和《哲学的贫困》这两部著作中做了比较详细的论述，对于二者的相互关系，在之后的《政治经济学批判》序言中做了进一步的经典性概述，并在《资本论》中更为翔实地加以阐发。这两部著作虽然没有给出生产力与生产关系的明确定义，但却留下了有着唯物史观指向的生产力与生产关系的一系列概念刻画。而后马克思主义学者对生产力、生产关系、生产力与生产关系的原理进行了深化研究。

（一）生产力、生产关系

1. 生产力的含义

马克思曾指出，"生产力，即生产能力及其要素的发展"[①]，"一切生产力即物质生产力和精神生产力"[②]。马克思对生产力的诸多提法，构成了马克思的生产力概念系统和范畴系统（见图 1-1）。对于这些提法，马克思既没有归类，也没给出有严格定义，而且时而"组团"出现，使人们难以准确把握生产力的概念。为准确理解马克思的生产力概念，比较流行的是利用系统论的方法对众多生产力概念进行划分，一是从内涵和外延两个层次进行概念解读；二是把"系统质"的一般层面的生产力规定与内部"要素"和"结构"、外部"环境"和"条件"等具体层面的生产力规定区别开来，前者回答的是生产力"是什么"的问题，后者回答的则是"什么是"生

---

① 《马克思恩格斯文集》（第 7 卷），人民出版社，2009，第 1000 页。
② 《马克思恩格斯全集》（第 46 卷）（上），人民出版社，1979，第 173 页。

产力的问题。①

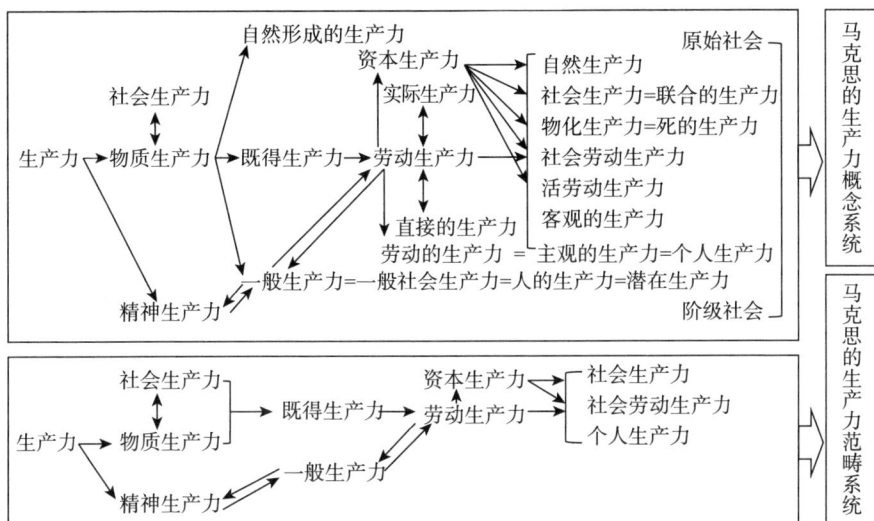

图 1-1　马克思的生产力概念系统和范畴系统

资料来源：孙喜杰、曹茵全《简论马克思的生产力系统理论》，《哲学研究》2006 年第 5 期，第 17 页。

鉴于马克思对生产力的论述，马克思主义者持续不断地深挖马克思的生产力概念，在内涵和外延上不断创新。苏联经济学家麦德维杰夫（Медведев）在苏联高等院校教科书中提出："生产的'人的因素'和'物的因素'总和以及相互作用组成社会的生产力。生产力的发展意味着越来越多地掌握自然界的力量和现象，反映在社会劳动生产率的提高、社会财富的增加上。生产力发展水平是社会进步的重要标准和最一般指标。"② 我国比较流行的政治经济学教科书，如吴树青等主编的《政治经济学（资本主义部分）》③、逢锦聚等主编的《政治经济学》④、丁宝骏主编的《现代政治经

---

① 王峰明：《生产力："是什么"与"什么是"——从"系统论"看马克思的生产力理论》，《上海财经大学学报》2009 年第 12 期，第 3~8 页。

② 〔苏〕麦德维杰夫主编《政治经济学》，周新城等译，中国人民大学出版社，1989，第 26~27 页。

③ 吴树青、卫兴华、洪文达主编《政治经济学（资本主义部分）》，中国经济出版社，1993，第 7~8 页。

④ 逢锦聚、洪银兴、林岗、刘伟主编《政治经济学》，高等教育出版社，2003，第 23 页。

济学教程》① 等，认为生产力是指人们利用自然和工具生产物质财富和精神财富的能力，包括物的因素和人的因素。

2. 实体性要素和非实体性要素是驱动生产力发展的动因

对于驱动生产力提高的因素，马克思曾说，"劳动生产力是由多种情况决定的，其中包括：工人的平均熟练程度，科学的发展水平和它在工艺上应用的程度，生产过程的社会结合，生产资料的规模和效能，以及自然条件"②。概括地讲，驱动生产力提高的因素由实体性要素和非实体性要素构成。实体性要素是生产力决定系统的物的因素，包括劳动者、劳动资料、劳动对象；非实体性要素包括科学技术、分工协作、教育、制度、信息等。

从当代社会发展来看，在促进生产力发展的作用上，非实体性要素更为突出，实体性要素往往依靠非实体性要素促进生产力的发展。在非实体性要素方面，科学技术的促进作用表现得尤为明显。"科学技术是第一生产力"，并且"现代国际间的竞争，说到底是综合国力的竞争，关键是科学技术的竞争"③。新的生产工具、新的生产工艺，都是科学技术的物化，劳动者生产技能的提高、知识水平的增长、体力和智力的强化，都离不开科学技术的武装。④ 除科学技术之外，制度、信息、教育要素对生产力的促进作用也不容忽视，分工合作、产业集聚、知识增长等都与制度、信息、教育有密切的联系。

3. 生产关系的含义

生产关系是在生产过程中结成的人与人之间的关系。马克思曾指出："生产关系……即人们在他们的社会生活过程中、在他们的社会生活的生产中所处的各种关系。"⑤ 这里的生产是指物质生产，社会生活是物质生活，生产关系是物质生产关系。马克思也认为："社会生产过程既是人类

---

① 丁宝骏主编《现代政治经济学教程》，高等教育出版社，2012，第 11 页。
② 《马克思恩格斯全集》（第 23 卷），人民出版社，1972，第 53 页。
③ 中共中央文献研究室编《十三大以来重要文献选编》（下），人民出版社，1993，第 1590 页。
④ 蔺治阳：《浅谈实体性要素与非实体性要素的矛盾在推动生产力发展中的动力作用》，《榆林高专学报》1997 年第 1 期，第 28~29 页。
⑤ 《资本论》（第 1 卷）（第 2 版），人民出版社，2004，第 994 页。

生活的物质生存条件的生产过程，又是一个在历史上经济上独特的生产关系中进行的过程，……这种生产的承担者对自然的关系，以及他们互相之间的关系，他们借以进行生产的各种关系的总和，就是从社会经济结构方面来看的社会。"① "不论生产的社会形式如何，劳动者和生产资料始终是生产的因素，但是，二者在彼此分离的情况下只在可能性上是生产因素。"② 由此，生产关系的内涵是指在社会生产过程中所结成的人与人之间的关系。

4. 生产关系的具体形式与发展演变

生产关系的内涵是指人们在物质生产和物质创造过程中所结成的人与人之间的关系。在实际的生产过程中，生产关系的外延则表现为生产要素之间、生产过程之间、各种生产之间的关系。生产要素之间的关系包括了人与人之间的关系、人与其他生产要素之间的关系；生产过程之间的关系指产业链的产前、产中、产后的衔接关系；各种生产之间的关系指物质生产和精神生产之间的关系。人与人之间的关系表现为分工协作关系、竞争与联合关系、交往与互助关系；人与其他要素之间的关系表现为人与生产资源、生产产品的所有、占有、使用、分配等的关系；除人之外的生产要素之间的关系表现为劳动产品与生产工具、劳动对象的相互渗透、相互转化关系，物质生产要素和非物质生产要素的关系；生产过程之间的关系表现为生产、分配、交换、消费之间的相互关系；物质生产和精神生产是社会发展的动力基础，二者相互联系、相互影响、相互作用。③

（二）生产力与生产关系的原理

马克思最早在 1846 年致安年科夫的信中提出了生产力与生产关系的原理。他曾写道："随着新的生产力的获得，人们便改变自己的生产方式，而随着生产方式的改变，他们便改变所有不过是这一特定生产方式的必然关系的经济关系。"④ 在 1847 年《哲学的贫困》中他再次提出："随着新生

---

① 《资本论》（第 3 卷），人民出版社，1975，第 925 页。
② 《资本论》（第 1 卷），人民出版社，1975，第 44 页。
③ 朱秀英：《生产关系范畴的解析与重构》，《齐鲁学刊》2020 年第 2 期，第 65~70 页。
④ 《马克思恩格斯全集》（第 27 卷），人民出版社，1972，第 479 页。

产力的获得，人们改变自己的生产方式，随着生产方式即保证自己生活的方式的改变，人们也就会改变自己的一切社会关系。"① 由此可见，马克思对生产力与生产关系的论述可以概括为：生产力的发展促进了生产方式的改变，生产方式的改变促进了生产关系的变革。学界对于生产方式的概念解释至今也并不一致，笔者通过研读原著认为，生产方式是指劳动者与生产资料的结合方式。

（三）分工和生产力与生产关系的联系

分工在促进生产力发展方面具有重要作用。马克思就曾指出："一个民族的生产力发展的水平，最明显地表现于该民族分工的发展程度。任何新的生产力，只要它不是迄今已知的生产力单纯的量的扩大（例如，开垦土地），都会引起分工的进一步发展。"② 马克思把分工简要划分为宏观分工和微观分工两种，并且设定前者包括国际分工、行业分工、产业间分工，后者包括企业内分工、产品内分工。宏观分工促进生产力发展主要是通过节约劳动时间、提高劳动生产率、获得规模经济效益等方式进行的；微观分工促进生产力发展主要是通过提高熟练程度、节约工作轮换时间、加强劳动强度等方式进行的。

在马克思主义经济学中，生产方式的改变主要体现为分工，分工是生产力决定生产关系的关键环节，"分工产生出密集、结合、协作、私人利益的对立、阶级利益的对立、竞争、资本积聚、垄断、股份公司"③，分工是产生人们之间经济关系的基本过程，不同生产要素按照分工协作的原理组织起来形成了现实的生产力。④ 一方面分工可促进生产力的发展，生产力的发展反过来也为分工的进一步发展创造了条件；另一方面随着分工的深化，生产关系、交换关系、分配关系、消费关系也更为复杂化，继而又促进生产关系调整。

---

① 《马克思恩格斯选集》（第1卷），人民出版社，1972，第108页。
② 《马克思恩格斯选集》（第1卷）（第2版），人民出版社，1995，第68页。
③ 《马克思恩格斯文集》（第8卷），人民出版社，2009，第53页。
④ 林岗、张宇：《生产力概念的深化与马克思主义经济学的发展》，《教学与研究》2003年第9期，第9页。

（四）农业生产力与生产关系的深化

农业生产是直接以大自然为对象的物质再生产，其生产过程是人和大自然进行物质变换的过程。地球上的各个自然圈都与农业生产密切相关，农业生产活动也是征服自然、改造自然的活动，但在农业生产活动中也必须遵守自然规律，不能反其道而行之。所以，马克思指出，"在农业上，自始就有自然力在协同发挥作用"，没有自然力就没有农业生产活动。正因如此，马克思又把农业生产过程划分为"经济再生产过程"和"自然再生产过程"，把农业生产的结果划分为"农业劳动的社会生产率"和"农业劳动的自然生产率"。① 这种划分，归根到底是源于农业生产的两要素即社会要素和自然要素，这两个要素体现了同一生产过程的两个不同侧面，即"一边是人及其劳动，另一边是自然及其物质"②。前者构成社会生产力，后者构成自然生产力。这种社会生产力是指劳动者的劳动技能、生产工具的效能等，自然生产力是土壤肥力、植物的光合作用力和动物的同化力等，社会生产力系统和自然生产力系统互相协调、配合，共同促进了农业生产力水平的提高。由此可见，农业生产力是社会生产力系统和自然生产力系统的统一，农业生产力的影响因素包括农业劳动者、农业生产工具、农业生物和农业土地等。

如果说生产力和生产关系是一对"孪生"概念，那么和农业生产力相对应的就是农业生产关系。马克思指出："人们在生产中不仅仅影响自然界，而且也互相影响。他们只有以一定的方式共同活动和互相交换其活动，才能进行生产。为了进行生产，人们相互之间便发生一定的联系和关系；只有在这些社会联系和社会关系的范围内，才会有他们对自然界的影响，才会有生产。"③ 生产关系是人们在物质生产过程中所结成的相互关系，从广义上看，指在生产、分配、交换、消费过程中结成的相互关系，从狭义上看，仅指在直接生产过程中发生的相互关系。生产关系是建立在一定的生产资料所有制基础上的，对生产资料的占有方式以及生产资料与

---

① 《资本论》（第 3 卷）（第 2 版），人民出版社，2004，第 867 页。
② 《马克思恩格斯全集》（第 23 卷），人民出版社，1972，第 209 页。
③ 《马克思恩格斯文集》（第 1 卷），人民出版社，2009，第 724 页。

劳动者的特殊结合方式,是人们进行物质资料生产的前提。由此推之,农业生产关系即在农业生产过程中所结成的人与人之间的关系,并受土地所有制、产权及其实现形式的影响。

农业生产力和农业生产关系的相互作用促进了农业生产方式的演进,促进了社会进步和农业发展。生产力和生产关系的有机统一构成社会的生产方式,生产力是生产的物质内容,生产关系是生产的社会形式。生产力和生产关系的对立统一,使生产力决定生产关系,生产关系反作用于生产力,促使生产方式不断向更高层次演进,这一矛盾运动使人类社会发生了由原始社会、奴隶社会、封建社会到资本主义社会和社会主义社会的社会形态演变。农业生产力的发展促进了农业劳动生产率的提高,农业内部分工深化、农业生产关系优化调整、农业生产方式不断进步,使农业发展历经原始农业、古代农业、近代农业和现代农业四个阶段;农业生产力和生产关系的发展使农业商品化率提高、农业产业链延伸、农业产业分化。农业生产力的发展促进了分工的深化,农业生产经营的专业化、协作化有利于劳动生产率的提高和生产关系的复杂化,进而推动生产力的进一步发展。农业分工深化使农业分化发展,农业分为种植业、林业、畜牧业、渔业、副业等,农业产业分为农业第一产业、农业第二产业、农业第三产业,农业与其他产业相关联形成了多种形式的新型业态。农业生产力与农业生产关系的相互作用形成了农业适度规模经营,并且农业适度规模经营随着农业生产力水平的提高和农业生产关系的发展,不断由较低级形态的适度规模经营方式向较高级形态的适度规模经营方式演进。

三 城乡发展理论

基于以上对分工与生产力、生产关系的分析可知,分工促进生产力和生产关系升级优化的过程具有循环累积促进的特征,而生产力水平提高和生产关系优化也会进一步促进分工发展。从宏观分工角度看,行业集聚、产业集聚也是工业化发展的结果,行业集聚、产业集聚对服务需求的增加促进了城市的形成与发展。在城市建设规划发展中形成了城市区位理论和与城市相关的农业区位理论。从微观分工角度看,企业生产会千方百计地节约成本，提高劳动生产率，促使节约人力、提高效益的技术手段、管理方法等不断创新。要素集中、生产集聚和规模扩张加强了工业化与城市化的相互作用，使农业劳动力非农化和市民化，形成了工农城乡关系理论，深度影响了适度规模经营的现代农业发展。故此，为深入研究农业现代化与工业化、城市化和信息化的协同作用，需对工业化理论、城市化理论、工农城乡关系理论、农业现代化理论进行概述。

（一）工业化理论

实践证明工业化是一国经济发展、社会进步的策略和手段，工业化是传统农业国向现代工业国转变的必然阶段。发达国家的经济发展过程表明：社会分工发展、工业形成、工业革命促进了农业国向工业国的转变，形成了"轻工业—重工业—服务业"的工业化发展模式。然而，由于各国禀赋条件、制度环境、历史遭遇等因素错综复杂，工业化并非同步，形成了现代工业化国家（极少数）和传统农业国（绝大多数）共存发展格局。传统农业国为实现向现代工业国的转变，既希望从发达国家的经验中采取"拿来主义"，又希望"独辟蹊径"弯道赶超，因而形成了极其多样的工业化理论。工业化理论主要回答了以下几个重要问题：什么是工业化？工业化如何启动和发展？工业化的阶段特征和工业化实现的度量标准是什么？

第一，什么是工业化？关于工业化的论著可谓汗牛充栋，工业化一词被频繁使用，但如果想给出一个关于工业化的广为认同的定义却绝非易事。第一种观点认为，工业化是生产方式的变革。如张培刚就认为工业化是基要生产函数连续发生变化的过程。第二种观点认为，工业化是生产结构变化的过程。如《中国产业发展报告2000》中指出，工业化是社会经济发展过程中从以农业经济为主过渡到以工业经济为主的一个特定的历史阶段和发展过程，工业化实现以后还会向以服务业为主的阶段过渡。第三种观点认为，工业化是资源配置由以农业为主转向以工业为主。如库兹涅茨和钱纳里就持这一观点。第四种观点认为，工业化是农业劳动力非农化的过程。如发展经济学家刘易斯等就持这一观点。虽然学者们对于工业化的看法不一，但是可以确定的是工业化是工业发展或工业程度不断加深的动态过程。

第二，工业化如何启动和发展？就这一问题可归结为三种答案。其一，优先发展工业战略，把农业置于次要位置。"二元结构"论者如威廉·阿瑟·刘易斯（W. A. Lewis）、拉尼斯（Gustav Ranis）、费景汉（John C. H. Fei）、托达罗（M. P. Todaro）、乔根森（D. Jogenson）等认为现代工业部门是促进经济发展的唯一重要部门，传统农业部门在促进经济发展的作用上远小于现代工业部门，农业部门生产率较低，工业部门生产率较高。农业部门和工业部门也存在较大的工资差异，农业劳动力不断向工业部门转移，优先发展工业，工业发展之后再带动农业发展，最终实现二元结构一元化的目标。其二，优先发展重工业的战略，农业为工业积累资金。这一观点主要出现在苏联时期和新中国成立初期，在工业基础薄弱，生产力水平很低的条件下，为维护国家安全和社会稳定，优先发展重工业成为处于社会主义初级阶段的国家实现经济快速发展的最优选择。其三，工业化发展的三种模式选择。一是市场经济模式，如英国、美国等；二是宏观调控模式，如日本、韩国等；三是计划经济模式，如实行计划经济时期的苏联和中国。

第三，工业化的阶段特征和工业化实现的度量标准是什么？一是配第-克拉克定理。英国经济学家威廉·配第（William Petty）和科林·克拉克（Colin G. Clark）最早对工业化的特征进行了研究，认为随着经济发展，人均国民收入不断提高，劳动力不断由第一产业向第二产业再向第三产业依次转移。二是库兹涅茨法则[①]。俄裔美国著名经济学家西蒙·库兹涅茨（Simon Smith Kuznets）在配第-克拉克定理的基础上，利用各国国民收入和劳动力产业间分布变化的统计数据进行分析，得出了"库兹涅茨法则"，即：①无论是农业部门的劳动力数量还是农业部门的国民收入在整体国民经济中都呈下降趋势；②工业部门的国民收入占整体国民收入比重是上升的，但工业部门劳动力占总体劳动力的比重大体不变或略有上升；③服务业部门的劳动力占总体劳动力的比重呈持续上升态势，其国民收入占整体国民收入的比重保持不变或略微上升。三是钱纳里"多国模型"。哈佛大学教授、著名经济学家霍利斯·钱纳里（Hollis B. Chenery）对100多个国

---

① 〔美〕库兹涅茨：《各国的经济增长》，常勋等译，商务印书馆，1999，第186~243页。

家的有关数据进行回归分析，将工业化过程分为"三大六小"阶段，最早对工业化的发展阶段进行了明确划分。"三大"即农业占主导阶段、工业占主导阶段、服务业占主导阶段；"六小"即初级产品生产阶段、工业化初级阶段、工业化中级阶段、工业化高级阶段、发达经济初级阶段、发达经济高级阶段。四是霍夫曼定理。德国经济学家霍夫曼（W. G. Hoffmann）在1931年出版的《工业化阶段和类型》一书中，利用多国工业化结构的时间序列数据，重点分析制造业中消费资料工业和资本资料工业的变化关系，即霍夫曼系数（霍夫曼系数＝消费资料工业的净产值/资本资料工业的净产值）。根据此系数，霍夫曼把工业化发展分为四个阶段：①消费资料工业占主导地位的阶段，霍夫曼系数为5（±1）；②资本资料工业的发展速度快于消费资料工业的阶段，霍夫曼系数为2.5（±1）；③资本资料和消费资料工业的产值相当阶段，霍夫曼系数为1（±0.5）；④资本资料工业规模超过消费资料工业规模的阶段。[①]

（二）城市化理论

在城市化理论中，城市区位理论是很重要的一个分支，这一理论包含了农业区位论、工业区位论和城市区位论三部分。农业区位论以德国经济学家冯·杜能为代表，工业区位论以德国经济学家阿尔弗雷德·韦伯为代表，城市区位论以德国经济学家克里斯托勒等为代表。

1. 农业区位论

冯·杜能（J. H. Von Thunen）于1826年出版了《孤立国同农业和国民经济的关系》一书，构建了土地有效利用的模型，提出了农业区位的理论范式，认为在土地肥沃程度均质的情况下，距离城市远近不同决定了农业经营的空间配置差异和农业收益差异。他在研究农业组织的空间配置差异问题时假定：①存在一个城市乡村"二维空间"，即在土壤肥力均质的沃野平原中央坐落着唯一城市；②工业品完全由该城市提供，农业品由围绕城市的平原供给；③从农村到城市的运输条件相同，城市里的农产品价格确定；④种植业主们为"经济人"且种植技术相同。在这种抽象假定前

---

① 宋小芬：《国内外工业化理论综述——兼论工业化的一般性与多样性》，《经济问题探索》2008年第4期，第1~5页。

提下，受运输费用和农产品自身（易腐易烂易变质、重量大等）特点的影响，围绕城市中心向外依次形成了自由式农业、林业、轮作式农业、谷草式农业、三圃式农业、畜牧业的同心圆结构，即"杜能圈"。杜能把运输费用和市场价格联系起来，解释了级差地租和"杜能圈"。[①]

2. 工业区位论

阿尔弗雷德·韦伯（A. Weber）于1909年出版了代表作《工业区位论》，提出了工业区位理论。韦伯主要利用运输费用、劳动成本和聚集因素分析计算，确定工业区位和工业布局，使用"区位三角形"和"等差费用线"分析运输成本对工业区位分布的影响。[②] 韦伯的理论是一种静态分析，主要以运输费用、劳动成本、聚集因素为影响区位分布的主因，忽略了政策、制度、技术、人文等因素的影响，不过仍为后人研究区位理论奠定了基础。

3. 城市区位论

德国地理学家克里斯托勒（W. Christaller）提出了中心地理论，即城市的分布源于城市等级服务分布的网络规律。他认为城市是提供商品和服务的中心，城市所提供的商品和服务的高、中、低层次特征决定了城市分布，形成了有规则的城市空间层次。德国经济学家勒施（A. Losch）吸取克里斯托勒的理论精髓，将杜能的农业区位论和韦伯的工业区位论扩展为动态的、综合的空间经济理论，系统研究了农业区位、工业区位、工厂区位、市场区位和贸易理论。

城市区位理论观点总结如表1-1所示。

表1-1 城市区位理论观点总结

	农业区位论	工业区位论	城市区位论
代表人物	冯·杜能	阿尔弗雷德·韦伯	克里斯托勒、勒施

---

① 〔德〕约翰·冯·杜能：《孤立国同农业和国民经济的关系》，吴衡康译，商务印书馆，1997，第16~56页。
② 〔德〕阿尔弗雷德·韦伯：《工业区位论》，李刚剑、陈志人、张英保译，商务印书馆，2010，第41~91页。

续表

	农业区位论	工业区位论	城市区位论
研究目的	运输成本最小化的农地分布	运输成本、劳动成本最小，集聚效应最优的工业分布	最优市场范围
前提假设	●给定单一中心市场 ●给定生产方式和成本 ●运输成本和距离正相关	●给定线性生产函数 ●给定市场价格	●家庭相同的空间分布 ●家庭均质的需求函数 ●运输诉讼费能被分配到单位货物
供给 需求	分散 本地	本地 本地	本地 分散
分析工具	租金函数 杜能圈	等差费用线 空间成本线	阶层原理 空间需求曲线

资料来源：魏伟忠、张旭坤《区位理论分析传统述评》，《浙江社会科学》2005年第5期，第187页。

（三）工农城乡关系理论

按照历史唯物主义的观点，生产力是历史发展的根本动力，以生产力和生产关系矛盾统一体所形成的生产方式的更替，表征着社会文明形态依次演进的基本图式。依此来看，城乡关系的发展演变是生产力发展的必然结果。[①] 近代开始的以工业化、城市化为特征的工业文明替代农业文明、现代农业替代传统农业、资本主义生产方式替代封建时期的生产方式，是生产力发展的结果，是历史进步的体现。在文献探索的过程中，笔者发现学界对工农城乡关系研究得最深、最多，对本书最有启发意义的有经典马克思主义工农城乡关系理论和发展经济学的工农城乡关系理论。

1. 经典马克思主义工农城乡关系理论

马克思、恩格斯所处时代正值工业革命和资本主义上升时期，马克思、恩格斯以历史的宏大视野，从分工演化与生产力发展角度切入，对城市的分离与对立机制、城乡融合机制进行了系统论述，对分工、生产力发展，工业化和城市化的内在关联、历史过程及发展趋势进行了精辟阐释，形成了较为完整的工农城乡关系理论。马克思主义认为城乡关系遵循"城乡混沌—分离对立—城乡融合"的一般规律，这也是指导我国城乡发展的

[①]　周志山：《从分离与对立到统筹与融合》，《哲学研究》2007年第10期，第9页。

根本遵循。

经典马克思主义者通过对资本主义社会发展的全面考察，深刻分析了城乡关系的演变过程，形成了丰富的城乡关系理论。一是相互依存阶段。马克思认为："生产力与生产关系的矛盾运动，是推动人类社会进步的根本动力。"[①] 基于此，他们也认为城市起源于农村，生产力和生产关系的矛盾运动促进了城乡关系的形成与发展。原始社会早期，人们改造自然的能力极低，采集狩猎，茹毛饮血，居无定所。原始社会后期，原始农业和畜牧业的产生，使人们开始选择适宜人类生存居住的场所聚族而居，出现了原始聚落。聚落规模的扩大和人口的增加形成了城市的雏形。在工业革命之前的漫长历史进程中，城市和农村相互依存，城乡关系相对稳定。二是城乡分离与城乡对立阶段。马克思、恩格斯认为生产力的发展是城乡分离与对立的动因，社会分工演化是城乡分离与对立的根源。18世纪在英国爆发的工业革命极大地促进了西方国家工业化和城市化进程，受工商业劳动与农业劳动的分工影响，城市规模迅速扩大、城市人口快速膨胀，城乡关系由相互依存转向分离和对立，形成了城市统治农村、农村从属于城市的发展格局。社会分工的发展使工商业与农业相分离，商品经济发展使城市和乡村分离对立。马克思、恩格斯认为："某一民族内部的分工，首先引起工商业劳动和农业劳动的分离，从而也引起城乡的分离和城乡利益的对立。分工的进一步发展导致商业劳动和工业劳动的分离。同时，由于这些不同部门内部的分工，在某一劳动部门共同劳动的个人之间的分工也愈来愈细致了。这种种细致的分工的相互关系是由农业劳动、工业劳动和商业劳动的使用方式（父权制、奴隶制、等级、阶级）决定的。在交往比较发达的情况下，同样的关系也会在各民族间的相互关系中出现。"[②] 进一步看，"物质劳动和精神劳动的最大的一次分工，就是城市和乡村的分离。城乡之间的对立是随着野蛮向文明的过渡、部落制度向国家的过渡、地方局限性向民族的过渡而开始的，它贯穿着全部文明的历史并一直延续到现在"[③]。

---

① 《马克思主义政治经济学概论》，人民出版社，2011，第207页。
② 《马克思恩格斯选集》（第1卷），人民出版社，1972，第25~26页。
③ 《马克思恩格斯选集》（第1卷），人民出版社，1972，第56页。

资本主义私有制造成了城乡对立的强化。马克思、恩格斯认为"城乡之间的对立只有在私有制的范围内才能存在。这种对立鲜明地反映出个人屈从于分工、屈从于他被迫从事的某种活动，这种屈从现象把一部分人变为受局限的城市动物，把另一部分人变为受局限的乡村动物，并且每天都不断地产生他们利益之间的对立"①。城乡关系演进与生产力发展水平密切相关，生产力的发展推动着人类生产方式与生活方式的变革，由此带动城乡关系由分离对立走向融合。② 三是城乡融合阶段。马克思、恩格斯观察到了资本主义社会的城乡对立，并认为这一对立的矛盾日益尖锐化。从批判资本主义社会制度、设想未来社会主义制度的角度出发，马克思、恩格斯提出了消灭城乡对立实现城乡融合的思想。他们指出，"消灭城乡之间的对立，是社会统一的首要条件之一，这个条件又取决于许多物质前提，而且一看就知道，这个条件单靠意志是不能实现的"③。马克思深入探讨了实现城乡融合的条件，包括六个方面：①大力发展生产力；②变革生产关系废除资本主义私有制；③把工业和农业结合起来，尽可能地平均分布人口和大工业；④重视城市及工业对农业的带动作用；⑤重视科学技术；⑥农业产业化规模化。④

2. 发展经济学的工农城乡关系理论

（1）城乡非均衡发展论

城乡非均衡发展论强调以工业城市为主导和资源配置中心，传统农业农村依赖于现代工业城市发展，主张城市偏向和工业偏向发展策略，主要包括刘易斯二元结构论、佩鲁增长极理论、弗里德曼的核心边缘理论、缪尔达尔的循环累积因果理论、赫希曼的极化涓滴效应论等。1954 年美国著名经济学家威廉·阿瑟·刘易斯，通过对发展中国家经济发展规律的考察提出，发展中国家具有劳动力无限供给的传统农业部门和快速发展的现代

---

① 《马克思恩格斯选集》（第 1 卷），人民出版社，1972，第 56 页。
② 白永秀、王颂吉：《马克思主义城乡关系理论与中国城乡发展一体化探索》，《当代经济研究》2014 年第 2 期，第 22 页。
③ 《马克思恩格斯选集》（第 1 卷），人民出版社，1972，第 57 页。
④ 申长鹤、邓谨：《马克思恩格斯城乡关系思想及其当代价值》，《武汉理工大学学报》（社会科学版）2013 年第 2 期，第 181 页。

工业部门同时并存的"二元结构"特征。受传统农业部门劳动生产率低、劳动力过剩和现代工业部门劳动生产率高、工资和利润水平较高、生产规模不断扩张等特点的影响,农业剩余劳动力源源不断地由传统农村农业部门向现代城市工业部门转移,随着工业部门的扩张,先进的技术、物质装备、思想观念等将会推动传统部门的改革发展,最终"二元结构"会向"一元结构"转变。① 法国经济学家弗朗斯瓦·佩鲁(Francois Perroux)在20世纪50年代首次提出"增长极"这一概念。他认为,增长并非同时出现在所有地方,它以不同的强度首先出现在一些增长点或增长极上,然后通过不同的渠道向外扩散,并且对整个经济产生不同的最终影响。佩鲁认为技术和创新促进了经济增长,领头产业是创新源也称活动单元,能对其他产业产生连锁效应和推动效应,最终实现区域均衡。② 美国经济学家弗里德曼(J. R. Friedmann)于20世纪60年代提出,任何国家都是由核心区和边缘区组成。核心区指城市集聚区,具有工业发达、技术水平高、资本集中、人口密集、经济增长速度快等特征。边缘区是指经济比较落后的地区。一方面核心区域通过吸收边缘区的资本、劳动力、资源等增强累积效应和极化效应,另一方面核心区通过技术扩散、产业关联带动边缘区经济发展。这一理论解释了城市发展不平衡的原因,以及城市不平衡发展和城市平衡发展的系列过程。瑞典经济学家冈纳·缪尔达尔(Karl Gunnar Myrddal)在1957年出版的《经济理论和不发达地区》一书中,提出了循环累积因果理论。他认为,经济发展是非均衡发展且非均匀扩散的。每一个国家或地区都是由城市中心和农村地区构成,城市中心通过辐射带动周围农村地区经济增长形成"扩散效应";城市中心加速吸收劳动力、资本等要素,加快自身发展而降低农村地区发展速度形成"回波效应"。在市场作用下"扩散效应"和"回波效应"循环累积,回波效应总是大于扩散效应,形成了城市等级扩散现象。赫希曼从资源最优配置的角度研究了非均衡增长的产生,认为资源总是流向生产潜力最大的产业,促进该产业的优先发展

---

① 〔美〕威廉·阿瑟·刘易斯:《二元经济论》,施炜、谢兵、苏玉宏译,北京经济学院出版社,1989,第149~169页。

② 安虎森:《增长极理论述评》,《南开经济研究》1997年第1期,第32页。

并形成带动作用。[①] 他也把经济整体分为核心区和边缘区，核心区对边缘区的两种反向作用为"极化效应"和"涓滴效应"，极化效应大于涓滴效应形成了地区差距。由于非平衡增长难以依靠市场力量打破，因此均衡增长必须依靠政府的宏观调控来实现。

（2）城乡均衡发展论

城乡均衡发展论强调城市与乡村、农业与工业的平等关系，与城乡非均衡发展论相对。城乡均衡思想最早可以追溯到空想社会主义者所提出的城乡平等论。空想社会主义者的城乡平等论是为缓解当时阶级对立和城乡分离的尖锐矛盾而提出的，主张通过发展农业资本主义、创建"法郎吉"、建设农业新村等举措，实现城乡经济的有效衔接和利益均衡。[②] 20世纪40年代，英国著名发展经济学家罗森斯坦-罗丹在《东欧和东欧国家工业化的若干问题》中以生产函数、市场需求、储蓄供给的不可分性为前提，提出了在发展中国家或地区的国民经济发展中，各部门要同时按一定比例进行大规模投资，以促进各部门和整个国民经济的平衡发展和高速增长的"大推进"平衡增长理论。刘易斯提出"工业主导论"的非均衡"二元结构"理论引发了学者们关于农业重要性的激烈争论，形成了主张现代工业城市优先发展的非均衡发展派和主张城乡工农全面发展的均衡发展派。从均衡发展派来看，费景汉和拉尼斯在1964年最早对刘易斯模型进行了修正，出版了《劳动剩余经济的发展》，从动态角度提出农业和工业同等重要，应当实现农业工业的均衡增长。他们认为刘易斯过分贬低了农业在经济发展中的地位和作用，存在较大缺陷。因此，他们以农业剩余和农业劳动生产率的提高为前提，分析了农业劳动力转移的三个阶段，即劳动的边际生产率等于零或接近于零阶段、农业边际生产率大于零且小于不变制度工资阶段、劳动的边际产品价值大于不变制度工资阶段。通过分析他们发现，要想使第二阶段顺利转向第三阶段，必须努力提高农业劳动生产率，使工业与农业同步发展。尽管两人发展了刘易斯模型，但由于在接受刘易

①　〔美〕赫希曼：《经济发展战略》，潘照东、曹征海译，经济科学出版社，1991，第1~36页。

②　吴振方、李萍：《畅通城乡经济循环：生成逻辑、现实梗阻与实现路径》，《农村经济》2021年第10期，第19页。

斯农业劳动力过剩论后，该模型又以城市完全就业为前提和劳动者工资不变为假设，该理论对现实的解释力仍不够强。20 世纪 60 年代后期，乔根森在此基础上又提出了新的"二元结构"模型，他既否定了农业有边际生产力为零甚至为负的过剩劳动力存在，也否定了农业劳动者和工业劳动者工资不变的假设。他认为农业劳动力非农转移的根本原因是消费结构变化。因为，人们对农产品的需求与生理的限度相关，而工业品的需求是无限度的。所以随着农业生产力水平的提高，农产品需求得到满足，农业发展受限，农业劳动力就转向需求旺盛的工业部门，因此工资水平呈上升趋势。又因农业劳动力的工资与农业劳动生产率成正比，工业部门为吸引农业劳动力，也要提高工资水平，[①] 当农业劳动力工资水平提高到城市工业部门不对其有吸引力时，二元结构转化为一元结构，农业现代化、农村城市化实现。

（3）推拉理论

19 世纪的雷文斯坦（E. G. Ravenstein）最早对劳动力空间转移规律进行了研究，他在《人口转移规律》一书中认为经济因素是导致劳动力空间转移的主要因素，除此之外还有受歧视、压迫、气候不佳、负担沉重、生活困难等。20 世纪 50 年代，唐纳德·博格（D. J. Bogue）提出了推拉理论，从运动学的角度分析了劳动力空间转移的动因。他认为，劳动力转移受劳动力转移的正面积极因素作用力和阻碍劳动力转移的负面消极因素作用力的影响，两者的力量对比决定了劳动力流动的方向。根据推拉理论的基本原理，农村劳动力转移是由三个核心要素构成的四种力量决定的。决定性因素（核心要素）有三个。一是经济因素，主要是农村劳动力不同区域就业的成本—收益比较，成本指外地就业的距离与费用、生活成本、机会成本等，收益指在本地就业或者外地就业获得的收入。二是空间环境，包括流入地和流出地的自然环境、社会环境、法制环境、政策环境等。三是个人特征，主要是个人的性别、年龄、受教育程度、风险偏好等。四种力量如下：一是农村劳动力本地的"推力"，主要包括自然资源枯竭、农业生产成本增加、农收入水平较低、农村剩余劳动力过多、生存环境较差

---

① 钟秀明、武雪萍：《城市化之动力》，中国经济出版社，2006，第 29 页。

等；二是农村劳动力本地的"拉力"，主要包括本地较小的转移成本、较低的生活成本、广泛的社交网络、熟悉的社区环境、安稳的家庭生活等；三是农村劳动力流入地的"推力"，主要包括较高的生活费，受压迫、受歧视的环境，语言、教育、行为的特殊要求等；四是农村流入地的"拉力"，主要包括较多的非农就业机会、较高的工资收入、较好的生活水平和受教育机会、完善的文化设施和交通条件、较好的气候环境和个人发展环境等。[①]

（4）城乡一体化发展论

城乡一体化发展论既反对将城市和农村相对立，也反对将工业和农业相分割，而是主张工农互促和城乡互补的协调发展观。其中最具代表性的有霍华德的田园城市理论、芒福德的城乡平衡发展观和麦吉的"Desakota"理论。英国社会活动家霍华德（Ebenezer Howard）是较早研究城乡一体化发展的经济学家，他认为城市和农村都各有优点和缺点，城市和乡村必须成婚，工业与农业必须联姻，这种新型的城乡结合体即田园城市。这种新型的城乡一体化社会形态，是为克服和解决城市化快速发展形成的"城市病"而提出的一种城市发展设想，为保持城市可持续发展提供了思想指导。霍华德的这种"理想之城"始终把人放在中心位置，塑造了一个无阶级对立、无贫困矛盾的人与自然、人与人、人与社会和谐发展的"自然之城""生态之城""社会之城"。如果说霍华德在追求城乡和谐发展的同时突出了城市导向，那么芒福德则更关怀乡村的发展。美国社会哲学家刘易斯·芒福德（Lewis Mumford）在《城市文化》一书中对城市的起源、演变和前景进行了深刻的研究，他认为，城与乡同等重要不可分割，应有机结合在一起，区域扩张的同时也应使城乡平衡发展的状态一同扩张。若问城市与农村相比哪个更重要，他认为农村更重要，在解决城市发展困境问题时，应更多地将目光转向农村，而不应把农村视为城市的附属物。20世纪50年代以来，随着发展中国家工业化和城市化的快速发展，城市边缘出现了大规模的城乡交接地带，这些交接地带既具有城市的若干特征也具有农

① 秦兴方、田珍、季丹虎、陈玉平：《农村劳动力转移的次序：以江苏省为例》，社会科学文献出版社，2009，第73~75页。

村的若干特点，20 世纪 80 年代的加拿大学者麦吉（T. G. McGee）把这种区域地带命名为"Desakota"（desa 即乡村，kota 即城镇）。他将亚洲的"Desakota"总结为三种类型即临近大城市的乡村地区由于人口城市化和人口非农化而形成"Desakota"，由于两个或多个大城市相互扩散形成的"Desakota"，邻近次级中心城市的人口密集、非农产业与经济增长缓慢的"Desakota"。麦吉认为，这种空间区域是由城市工业的扩散和乡村非农产业的发展逐步形成的，是城市和农村两大空间经济系统的相互依赖、相互作用和相互影响而形成的一种城乡交融系统。麦吉的这种城乡双向交互作用理论为城市发展提供了新的思路。

（四）农业现代化理论

1. 农业发展阶段论

农业现代化是一个历史的动态发展过程，不同历史阶段具有不同的发展特征。农业发展阶段是社会发展阶段的重要特征，直到 20 世纪 60 年代，比较完善的农业发展阶段理论得以形成。德国历史学派的先驱者弗里德里希·李斯特（Friderich List）以分配占有的变化为依据，将社会划分为原始阶段、畜牧业阶段、农业阶段、农产品加工阶段和农产品加工商品化五个阶段，提出了农业社会向工业社会转型的本质要求。[1] 美国农业经济学家约翰·梅勒（John Mellor）于 1966 年提出了"梅勒农业发展阶段论"，即技术停滞，依靠投资带动增长的传统农业阶段；技术稳定发展和运用，资本使用较少的低技术农业阶段；技术高速发展和运用，资本集约使用的高资本技术农业阶段。美国经济学家拉南·韦茨（Raanan Weitz）于 1971 年提出"韦茨农业发展阶段论"——自给自足的农业阶段、多种经营的混合农业阶段、专业化生产的现代工业化农业阶段。[2] 以生产技术特征为标志可将农业划分为：石器工具的原始农业，铁木农具的古代农业，手工工具和畜力农具向机械化农具、直接经验向近代科学技术、自给自足向商品化转变的近代农业，以农业机械化、技术化、信息化、市场化等为特征的现代

---

[1] 杨万江：《现代农业发展阶段及中国农业发展的国际比较》，《中国农村经济》2001 年第 1 期，第 12 页。

[2] 单吉堃：《有机农业发展的制度分析》，中国农业大学出版社，2008，第 1~2 页。

农业。[1] 根据马克思主义的社会形态理论，可把农业划分为原始社会农业、封建社会农业、资本主义社会农业和社会主义社会农业。

2. 改造传统农业理论

马克思、恩格斯在研究农业问题时认为传统农业具有封闭、自给自足、规模小等特点，并认为资本主义改造传统农业的方式是资本主义大农场的方式，当资本主义生产方式渗透于农业时，农业生产方式也就成为资本主义的大农生产方式，但这种生产方式具有历史暂时性，随着生产力的发展，最终会走向共产主义生产合作制。美国著名经济学家西奥多·舒尔茨（Theodore W. Schultz）把农业划分为三类：传统农业、过渡农业和现代农业。[2] 传统农业具有三个基本特征：技术状况长期不变、农民缺乏改变传统生产要素的动力、农民没有投资能力。他指出，正是这些基本特征导致了农业生产的低效率，农业劳动者是理性"经济人"，农业资源配置是均衡的也是低效的，没有农业剩余劳动力的存在，从而批评了农业存在剩余劳动力的观点。关于如何提高农业生产效率改造传统农业，他认为：一是采用市场配置资源的方式调动农民生产的积极性；二是重组农业生产单位，以家户为单位，避免大农场；三是投入新的生产要素，如技术、人力资本等。20世纪70年代，日本著名经济学家速水佑次郎（Yujiro Hayami）和美国经济学家弗农·拉坦（Vernon W. Ruttan）共同提出了一个新的农业现代化发展理论，即一国的农业经济增长受资源禀赋条件的制约，但这种制约可通过技术进步来突破，并提出了劳动替代为主的机械技术进步型和土地替代为主的生物技术进步型两种技术进步类型。[3] 通过进一步研究，他还提出相对资源禀赋和技术进步的变动诱导了制度创新需求的改变，并发展出诱导性技术-制度创新理论。他把技术和制度的变革作为经济体系的内生变量，认为一国农业发展的技术道路和制度形式取决于该国的资源要素禀赋状况，农业现代化道路要因地制宜。诱导性技术-制度创新理论

---

① 雷海章主编《现代农业经济学》，中国农业出版社，2003，第27~29页。
② 西奥多·舒尔茨：《改造传统农业》，梁小民译，商务印书馆，2006，第23~58页。
③ 〔日〕速水佑次郎、〔美〕弗农·拉坦：《农业发展：国际前景》，吴伟东、翟正惠、卓建伟、胡平、王伟译，商务印书馆，2014，第154页。

弥补了舒尔茨等学者的农业发展理论的缺陷，为此后农业发展研究指明了方向。[1]

四 新制度经济学相关理论

分工和生产力与生产关系的相互促进，推动了工业化、城市化和农业现代化的发展。工业化促进了农业劳动力非农化，城市化促进了农业劳动力转移，在市场经济的作用影响之下，农业由传统农业向现代农业转变，要实现农业现代化转型，就必须从农业发展实际出发，选择适宜的技术道路和制度形式，进行制度创新。因此，对产权理论、交易费用理论、契约理论、制度变迁理论进行简要说明就显得十分必要。

（一）产权理论

产权是构成社会经济制度的基础性元素，是市场交易有序运行的基本前提，产权的界定、结构和安排不仅决定了一个国家的社会经济制度的结构和性质，而且影响着该国资源配置及制度运行的成本和效率。[2] 产权理论包括产权的概念、产权构成、产权分类、产权功能、产权保护等。两大权威辞书《不列颠百科全书》[3] 和《新帕尔格雷夫经济学大辞典》[4] 把产权定义为财产所有权，美国经济学家约拉姆·巴泽尔（Yoram Barzel）认为"个人对资产的产权由消费这些资产、从这些资产中取得收入和让渡这些资产的权利或权力构成"[5]。柯武刚和史漫飞认为"我们可以将产权定义为个人和组织的一组受保护的权利，它们使所有者能通过收购、使用、抵押和转让资产的方式持有或处置某些资产，并占有在这些资产的运用中所

---

① 郭熙保、苏甫：《速水佑次郎对农业与发展经济学的贡献》，《经济学动态》2013年第3期，第103页。

② 马广奇：《马克思的产权理论与西方现代产权理论的比较分析》，《云南财贸学院学报》2001年第2期，第9页。

③ 《不列颠百科全书》（国际中文版），中国大百科全书出版社不列颠百科全书编辑部编译，中国大百科全书出版社，1999，第509页。

④ 〔英〕约翰·伊特韦尔、〔美〕默里·米尔盖特、〔美〕彼得·纽曼编《新帕尔格雷夫经济学大辞典》（第三卷：K—P），经济科学出版社，1992，第1099~1100页。

⑤ 〔美〕巴泽尔：《产权的经济分析》，费方域、段毅才译，上海三联书店、上海人民出版社，1997，第2页。

产生的效益。当然，这也包括负收益（亏损）。因此，产权决定着财产运用上的责任和受益"①。产权既不是物质对象，也不是人与物的关系，而是在物的使用过程中被相互认可的权利束。产权是由一束权利构成的，在《牛津法律大辞典》中，产权束包括"占有权、使用权、出借权、转让权、用尽权、消费权和其他与财产有关的权利"②。产权可分解为所有权、使用权、用益权和让渡权等，按照排他性程度可以分为私有产权、共有产权、国家产权三类。产权具有激励和约束、外部性内在化、资源配置三个基本功能，具有排他性、可分割性、可转让性、永久性四个基本属性。③

我国著名经济学家吴易风教授系统研究了马克思的产权理论，他认为马克思的产权理论更具科学性和系统性。他把马克思的产权理论归纳为以下重要命题：包括产权关系的法权关系是反映经济关系的意志关系；财产关系是生产关系的法律用语；产权是所有制关系的法的概念；财产和产权具有某种历史，采取各种不同的形式；存在两种不同性质的产权规律，即产权的第一规律和第二规律，但不存在产权的"一般规律"；产权是与财产有关的各种法定权利；产权所包含的权利可以统一，全属于同一主体，也可以分离，分属于不同主体；产权分为公共产权和私有产权，资本原始积累时期出现变公共产权为私有产权的掠夺和盗窃过程；资本主义财产关系和产权制度具有对抗性质，会从生产力的发展形式变成生产力发展的桎梏。④

农业适度规模经营的发展演变本质上就是农业生产要素资源调整和优化组合的过程，而农业生产要素的优化配置和重新组合总是伴随着要素流动，而产权明晰是要素流动以及要素组合的前提。因此，明晰的产权才能使土地、劳动力、资本、技术、管理经验、信息等各种生产要素在市场经济的调节作用下充分涌动和自由组合，形成多种多样的产权组织形式，促

---

① 〔德〕柯武刚、史漫飞：《制度经济学——社会秩序与公共政策》，韩朝华译，商务印书馆，2000，第212页。

② 〔英〕戴维·M.沃克：《牛津法律大辞典》，北京社会与科技发展研究所组织翻译，光明日报出版社，1988，第729页。

③ 卢现祥、朱巧玲主编《新制度经济学》（第二版），北京大学出版社，2012，第117~123页。

④ 吴易风：《产权理论：马克思和科斯的比较》，《中国社会科学》2007年第2期，第11~16页。

进农业适度规模经营由单一产权向多元化和复杂化产权的高级形态方向发展，提高农业适度规模经营的经营效率和经济效益。

（二）交易费用理论

旧制度学派重要代表人物美国经济学家约翰·罗杰斯·康芒斯（John Rogers Commons）最早把"交易"视为严格的经济范畴建立起来并明确加以界定。他认为交易是制度的基本单位，是人与人之间的关系，生产活动和交易活动共同构成了人类的整个经济活动。从而，他把交易的研究视角从"交换活动"拓展到"交往活动"。①

分工和专业化有利于提高生产效率在斯密那里早已得到证明。然而分工和专业化水平的提高加剧了信息不对称和机会主义，即增加了交易费用。在传统经济学的研究视野里，组织是既定不变的，经济活动"无摩擦"，即总的交易费用是很小的，几乎可忽略不计，因此，交易费用被抽象掉了。而这是与实际不符的，新制度学派的创始人美国著名经济学家罗纳德·哈里·科斯（Ronald H. Coase）的交易费用思想颠覆了传统价值观，使交易费用成为研究经济增长的必不可少的重要因素。科斯主要从三个方面研究了交易费用。首先，他论证了交易费用的存在。他认为，"利用价格机制是有成本的。通过价格机制组织生产的最明显的成本就是所有发现相对价格的工作。……市场上发生的每一笔交易的谈判签约的费用也必须考虑在内"②。其次，他创建交易费用分析框架并分析了企业的边界。科斯通过创立交易费用分析框架研究了企业的起源与规模，他把企业和市场视为两种不同的资源配置交易机制，从交易费用视角研究了企业的有界性：企业是一种把交易费用内部化的以行政手段配置资源的机制，市场是以价格机制配置资源的机制，企业和市场正是基于交易费用的大小而相互转化。最后，他研究了交易费用和产权之间的关系。③ 在著名的《社会成本问题》一文中，他提出只要初始产权界定清晰，交易费用就不存在，从而实现帕累托最优，合法

---

① 〔美〕康芒斯：《制度经济学》，于树生译，商务印书馆，1962，第73~74页。
② 〔美〕R. 科斯、A. 阿尔钦、D. 诺斯等：《财产权利与制度变迁——产权学派与新制度学派论文集》，陈昕等译，上海三联书店、上海人民出版社，1990，第256页。
③ Ronald Coase, "The Nature of the Firm," *Economica* 16（1937）：386-405.

权利的初始界定对经济制度的运行效率产生影响。这就是著名的科斯定理。

如果说科斯把交易费用看作利用市场机制的费用，那么"美国新制度经济学"的命名者奥利弗·威廉姆森（Oliver E. Willianmson）则进一步研究了交易前和交易后的费用，他发展和完善了交易费用理论，是交易费用理论的集大成者。威廉姆森认为交易费用产生，是因为有限理性、机会主义和资产专用性。有限理性是指在现实生活中，由于不确定性和不完全信息，人们往往不是理性"经济人"，而是仅拥有有限理性的人；机会主义是指投机取巧谋取利润最大化的利己主义；资产专用性用于形容特定交易中存在被锁定的耐用人力资产和实物资产。[1] 科斯、威廉姆森着重研究了生产要素所有者之间的交易费用问题；汉斯曼（H. B. Hansman）研究了生产者和消费者之间的交易费用，并认为非营利组织能有效降低这一交易费用；布坎南（J. M. Buchanan）研究了消费者之间的交易费用，并认为可通过俱乐部形式降低这种交易费用。[2]

农业适度规模经营的各类经营主体以及组织方式的发展都与交易费用理论密切相关。交易费用理论是对经营主体形成和组织方式产生的一种解释，单个经营者势单力薄，在市场交易过程中面临搜寻、谈判、磋商等高昂的交易成本，通过合作、联合等方式形成新的经营主体和组织方式，能够有效降低交易成本。从降低交易费用的角度来看，新型经营主体和组织方式的产生是合乎情理的。

（三）契约理论

古典契约理论深受古典经济学的影响，在斯密、李嘉图等古典经济学家的著作中常见关于契约的论述。古典契约是一种标准化的合约，其条款全面而明确，达成契约的双方都是"经济人"且关系简单。契约签订是经过双方议价达成交易的过程，其中包含交易内容、争端调解等，契约履行往往依赖于交易者信誉。

新古典契约理论可以追溯到瓦尔拉斯、埃奇沃斯和帕累托等提出的一

---

① Oliver E. Williamson, *The Economic Institutions of Capitalism: Firms, Markets, Relational Contracting* (New York: Free Press, 1985).

② 陈翔云、包林梅：《当代西方交易费用理论述评》，《教学与研究》1996 年第 6 期，第 69 页。

般均衡理论。法裔瑞士经济学家洛桑学派创始人里昂·瓦尔拉斯（Léon Walras）的交易理论是一般均衡理论分析的基础，其实质是各经济主体能够选择自己的目标函数，在市场机制作用下，实现自身目标最大化，处于均衡状态之中。英国统计学家弗朗西斯·伊西德罗·埃奇沃斯（Francis Ysidro Edgeworth）假设交易者签订契约之后可以根据契约曲线和无差异曲线重新选择契约，重新选择契约的过程可以反复进行，直到双方都满意为止。意大利经济学家维尔弗雷多·帕累托（Vilfredo Pareto）利用"帕累托改进"进行契约重新选择，利用"帕累托最优""帕累托有效"进行契约的确定。英国经济学家约翰·希克斯（John R. Hichs）创建了宏观动态交易理论，从个人均衡出发，推演了交易的一般均衡、企业的均衡和生产的一般均衡。美国经济学家肯尼斯·约瑟夫·阿罗（Kenneth J. Arrow）和美籍法国经济学家罗拉尔·德布鲁（Gerard Debreu）在希克斯、威廉姆森的基础上创建了一套交易理论概念体系，被称为阿罗－德布鲁范式。一般而言，商品的区别不仅在于商品的物质特征，而且在于获得和使用商品的环境。商品的种类越精细，市场契约集越大。当商品描述精细到如此程度，以至于进一步的加工难以产生可以想象得出来的种类，能够提高行为者满足程度的配置时，这种商品即阿罗－德布鲁商品。[1] 一种商品配置于一种生产是否比配置于另一种生产好，这既取决于商品的特性，又取决于生产的不同环境。整个经济体由消费者和生产者两种经济行为体构成，生产者计划集、消费者计划集、市场价格集相互作用使生产者产量最大、消费者效用最大的供求均衡价格，即一般均衡。发展了的阿罗－德布鲁范式还分析了消费者在有限理性、不确定性、信息非对称情况下的最优化选择。[2]

现代契约理论经过两个重要发展阶段：非对称信息的委托代理契约理论阶段和不完全契约理论阶段。信息不对称是指契约当事人一方拥有另一方无法获得的信息。信息不对称可分为外生性信息不对称和内生性信息不

---

① 朱光华、曾小龙：《从新古典交易契约到不完全契约——现代契约发展述评》，《河北学刊》2000 年第 1 期，第 27~28 页。

② 卢现祥、朱巧玲主编《新制度经济学》（第二版），北京大学出版社，2012，第 162~164 页。

对称，前者是指交易的标的物本身所具有的信息不完全，一般发生在交易前；后者是指契约签订后无法观察、监督、推测的信息，一般在交易后。根据事前、事后信息的不对称性，可把事前信息不对称下当事人的博弈研究模型称作逆向选择模型，把事后信息不对称下当事人的博弈的研究模型称作道德风险模型。正是由于事前和事后的信息不对称难以避免，逆向选择和道德风险问题就难以避免，阿克劳夫[①]和斯宾塞[②]最早通过二手车市场和劳动力市场对逆向选择存在的低效率进行了论证，最优契约的目标是同时实现委托人和代理人的效用最大化目标。委托人面临来自代理人的两个约束，一是激励相容约束，二是代理人从契约中获得的预期效用不能低于从契约之外获得的预期效用，在这种情形下委托人只能获得次优解。一般规避逆向选择的方案是激励相容机制，规避道德风险采用第三方规制和保证金机制。

不完全契约理论自科斯以来，形成了两个分支：一是以威廉姆森为代表的交易费用契约理论；二是以美国经济学家奥利弗·哈特（Oliver Hart）为代表的产权契约理论。威廉姆森以"交易—契约—组织结构"为主线，根据交易特性确立管理机构。他将有限理性、机会主义、资产专用性作为"契约人"[③]的基本假设，从交易的频率、不确定性和资产专用性三个维度，将契约分为古典契约、新古典契约、关系性契约，并研究了不同契约的治理方法，建立了完整的交易费用契约理论分析框架（见表1-2）。

表1-2 交易费用契约理论分析框架

交易频率	非专用型资产	混合型资产	专用型资产
偶然	市场规制结构（古典契约关系）	三方规制结构（新古典式契约法）	三方规制结构（新古典式契约法）

---

① Akerlof, "The Market for Lemons: Quality Uncertainty and the Market Mechanism," *Quarterly Journal of Economics* 84 (1970): 488-500.

② Spence, "Job Market Signaling," *Quarterly Journal of Economics* 87 (1973): 355-374.

③ 威廉姆森认为，实际的人都是"契约人"，他们无不处于交易之中，并用明的或暗的合约来治理他们的交易。契约人的行为特征不同于经济人的理性行为，而具体表现为有限理性和机会主义行为。参见费方域《契约人假定和交易成本的决定因素》，《外国经济与管理》1996年第5期，第27页。

续表

交易频率	非专用型资产	混合型资产	专用型资产
经常	市场规制结构 （古典式契约法）	双方治理 （关系性契约法）	一体化治理 （关系性契约法）

资料来源：王戎、朱翠萍《交易费用理论的发展——兼评威廉姆森〈资本主义经济制度〉》，《思想战线》2007年第6期，第42页。

以哈特为代表的产权契约理论认为许多变量的不可证实性造成了契约的不完全性，初始契约不能对所有或然情况做出详细规定，因此契约规定的特定控制权和初始契约不能描述的所有或然情况的剩余控制权应该区别对待，由于第三方的不可证实性，"三方治理"失效，因而需要交易双方形成合作关系，进行"双边治理"，甚至"一体化治理"。[①]

（四）制度变迁理论

制度变迁理论是新制度经济学派为弥补古典经济学而形成的，着重强调制度在经济发展中的作用，形成了多种制度变迁学说。第一，经济增长推动说，以舒尔茨和拉坦为代表，认为制度是经济领域的内生变量，经济增长是制度变迁的动力源，动态的经济增长促进了制度变迁；第二，利益格局说，以美国经济学家兰斯·戴维斯（Lance Davids）和道格拉斯·诺斯（Douglass C. North）为代表，认为制度环境变化下经济主体或行动集团之间的利益格局变化是制度变迁的动力源；第三，技术决定论，以马克思、恩格斯为代表，认为生产力（技术因素）决定生产关系（制度因素），生产关系对生产力具有反作用，技术因素是促进制度变迁的动态力量；第四，制度变迁自我循环累积论，以诺斯和托马斯（Robert Paul Thomas）为代表，认为制度变迁是经济发展的动因，制度变迁是自我循环累积机制的结果而非其他；第五，技术与制度互动论，拉坦认为制度变迁是制度和技术互动作用的结果，不应割裂开来，而应在相互的逻辑中分析。[②] 制度变迁理论又可分为强制性制度变迁和诱致性制度变迁，强制性制度变迁是指政府利用行政手段强制实现制度变革和颠覆性的配置格局，诱致性制度变

---

① 袁庆明：《新制度经济学教程》，中国发展出版社，2011，第206~207页。

② 史晋川、沈国兵：《论制度变迁理论与制度变迁方式划分标准》，《经济学家》2002年第1期，第42页。

迁是指个人或组织倡导的自发行为。农业生产组织方式的发展演变也就是制度演化和制度变迁的过程，伴随农业生产力的发展而变化，并与之相适应。实践证明，农业适度规模经营的发展演变是强制性制度变迁和诱致性制度变迁相互作用的结果，实行单一形式的制度不利于农业适度规模经营的发展。

第二节　农业适度规模经营的实现：一个理论分析框架

基于前文的文献梳理和理论分析可知，农业适度规模经营是随生产力水平提高而不断发展演变的现代化过程，这一过程与工业化、城市化、市场化的发展休戚相关。不同地域、不同时期的自然因素、经济因素和社会因素相互交织、相互影响，形成了不同形式的农业适度规模经营。农业适度规模经营的形成和发展既受农村内部生产力和生产关系的影响，也受外部技术、资本、信息等先进生产要素的投入和工业化、城市化的拉动作用影响，它们使农业生产经营中的劳动力、资本、土地、技术等生产要素配置趋于优化。因此，构建农业适度规模经营实现机制的理论框架，不仅可以有助于更好地总结农业适度规模经营的内在逻辑和发展实质，还可以更好地指导农业适度规模经营的发展。

一　农业适度规模经营实现的影响因素分析

农业适度规模经营是随着分工的发展以及农业生产力与生产关系的不断升级，在市场经济条件下，在农业生产方式由传统农业向现代农业转型过程中所形成的具有规模化、集约化、科学化、市场化、信息化等特征的现代化农业生产方式。农业适度规模经营的实现受自然条件、社会经济条件、制度因素（土地产权制度、支农政策、农业法律、农民教育等）、工业化和城市化的发展程度（农业劳动力转移程度）、农业生产力水平和生产关系发展状况（农业劳动力素质、经营管理水平、农业经营主体发展、农业组织结构），以及社会化服务体系的完善程度等因素影响和制约。

第一，良好的自然条件是农业适度规模经营的前提。农业生产与工业生产区别较大，农业生产对自然生态具有很强的依赖性，自然条件对农业生产具有决定性作用。农业生产活动与工业生产活动类似的是都需要投入劳动力、资本、土地、技术等生产要素，但农业生产对土地等自然条件的要求更高更苛刻。农业生产的自然条件包括土壤肥沃程度、地理地貌特征、光照强度、气候水文特点、植物的生长特性等。自然条件不仅影响作物的种类及生长发育，也影响不同种类作物的种植规模，例如粮食作物的种植面积一般大于油料作物的种植面积，油料作物的种植面积一般大于糖料作物的种植面积。土壤和地形地貌对农业生产规模的选择也有较大影响，一般而言平原地区的农业规模大于丘陵地区，丘陵地区又大于山区，土地是不可再生资源，稀缺的土地资源限制了农地规模的无限扩张，形成了农地规模的"硬约束"。

第二，良好的社会经济发展条件是农业适度规模经营的基础。农业适度规模经营是实现农业现代化的重要手段，也是衡量农业现代化的综合标准。概括而言，农业适度规模经营具有规模化、信息化、产业化、集约化、现代化、社会化等特征。农业生产力的进步和农业生产关系的调整是农业适度规模经营形成和发展的根本动力。因此，社会经济条件是农业适度规模经营的重要基础。社会经济条件是指农村经济的发展状况，包括农村社会整体生产力水平和农业生产力水平，如机械总动力、科学技术应用、劳动生产率和土地产出率等，还包括社会生产关系和农业生产关系发展状况，如宏观经济政策、土地制度、农业经营制度、税收和财政制度等。另外，分工与市场经济的发展直接影响了农业产业结构、农民就业结构、农民收入结构，促进了农村经济的发展。分工促进了农村直接从事农业生产活动的劳动力非农化，形成了种养业、农产品加工业和简单手工业、农村服务业和乡村旅游业农村内部三大产业，农民在农村内部分工分业，促进了农村内部市场的形成和发展，农业生产力和农业生产关系在市场经济的影响之下不断升级，促进了农业适度规模经营的形成与发展。

第三，较高的工业化和城市化发展程度是农业适度规模经营的动力。工业化、城市化发展既促进了农业劳动力非农化、农业劳动力转移和土地流转集中，又促进了农业生产性服务和农业非生产性服务的发展。工业化促进农业适度规模经营的发展主要体现在三个方面：一是促进了农业人口非农化，使直接从事农业生产活动的劳动力减少，为优化农业要素资源配置创造了条件；二是工业化的成果可以不断转移应用到农业生产经营上，使农业生产力水平日益提高，带动农业技术装备、农业机械、良种培育技术、农业信息技术、测土配方施肥技术、卫星遥感技术等科学技术在农业生产经营中不断应用推广，使农业从良种培育到耕种、管理、收割、加工、运输、销售等环节实现全面的科技化、机械化、信息化、自动化；三是工业化影响农业，使农业以工业的生产方式运作，农业产业链延长、分工深化，而农业工业化生产模式则促进了农业集约化和规模化。城市化促进农业适度规模经营的发展主要表现在以下几个方面：一是城市规模的扩张或城市化水平的提高吸引了大量农村剩余劳动力进城务工经商，这不仅提高了城市化率而且有利于优化配置农业生产要素资源，提高农业劳动生产率、增加劳动的边际产品；二是乡土文明不同于城市文明，农村的生产生活方式与城市的生产生活方式具有很大的差异，因此，城市化水平的提高一方面使社会的需求结构和生产结构不断升级，另一方面也促进了农业供给侧结构的调整和农业新业态、新模式的不断涌现；三是城市规模的扩张和发展质量的提高辐射带动了城市周边的农业农村农民发展，加快了城乡要素的流通，加强了城乡文化的交融，促进了城乡基础设施和社会化服务的一体化发展，使农业生产性服务和非生产性服务的能力不断完善。

第四，建立在自然条件和社会经济条件之上的制度因素是发展农业适度规模经营的"催化剂"。制度因素不仅包括一个国家或地区的宏观政治制度、经济体制、法律制度、财政税收制度等，也包括中观层面的区域城乡发展制度、产业发展制度等，还包括微观农业生产经营领域的土地产权制度、财政税收制度、金融支持制度、职业农民培训制度、农业经营主体保障支持制度、农业教育科研推广制度、社会化服务制度等。制度的完善与否直接影响了农民的选择和农业经营主体的发展，农业领域制度的完善促进了农业生产关系的调整，有利于农业产业链的分工组合和发展，使农业适度规模经营不仅可以通过扩大土地经营面积形成适度规模，还可以通过产业链分工组合和社会化服务的方式形成适度规模。制度完善与否影响了土地的流转、职业农民的培育、农业经营主体的发展、农业经营的市场化、集约化和规模化，形成了农业适度规模经营的"软约束"。

第五，农业生产性服务和非生产性服务意味着农业社会化服务体系的构建和完善，是农业适度规模经营的重要保障。生产性服务包括产前、产中和产后服务，其中产前服务有良种、农机具、农药化肥等农用物资的生产和供应服务，产中服务有技术、信息、植保、防疫服务等，产后服务有加工、贮藏、运输、销售服务等。非生产性服务包括教育、科研推广体系，公共基础设施建设，金融、保险支持体系，政策、法律支持体系，等等。农业适度规模经营离不开完善的社会化服务体系，全程覆盖、综合配套、便捷高效的农业社会化服务体系，不仅能为农民提供全方位的服务，而且有利于提高农业的组织化、产业化程度，还有利于职业农民的发展和农业经营主体的培育，使各类经营主体服务规模化和组织规模化，实现农业适度规模经营。

二 农业适度规模经营实现机制的理论框架

通过以上分析可知，农业适度规模经营的实现是多种因素综合作用的结果，农业适度规模经营是个动态发展演变的农业现代化过程。农业适度规模经营的形成与发展受自然条件和社会经济条件，工业化、城市化和市场化，分工和专业化以及农业生产性服务和非生产性服务的综合影响。概而言之，农业适度规模经营是随着农业生产力和生产关系不断调整和资源配置不断优化形成的农业现代化经营方式。因此，为推动实现农业适度规模经营，从理论上系统阐释农业适度规模经营的实现机理，本书构建了一个农业适度规模经营的实现机制框架，由实现条件、实现动因、实现方式和实现保障四部分系统构成，如图1-2所示。

农业适度规模经营的实现条件包括自然条件和社会经济条件。其中，自然条件包括气候特征、土壤肥沃程度、光照强度、地理位置等，自然条件尤其是土地条件不仅影响作物的种类及生长发育，而且对农业生产规模的选择也有较大影响；社会经济条件是指农业生产力和农业生产关系的现状，以及整个社会生产力发展水平状况，是在农业分工与市场化发展、农

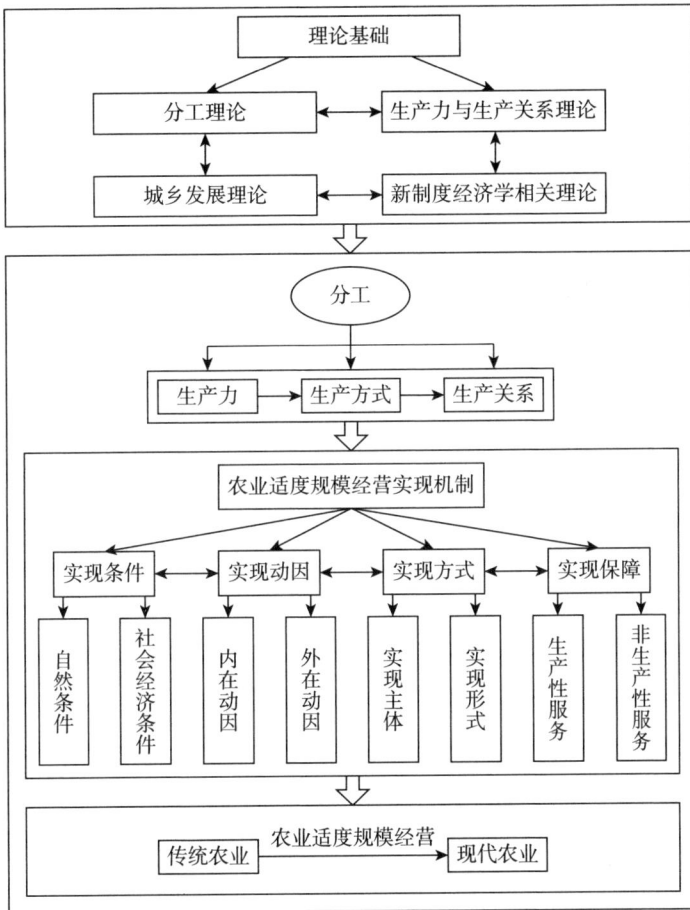

图 1-2　农业适度规模经营的实现机制分析框架

业文明向工业文明转型、乡村文明向城市文明转型、传统农业向现代农业转型的过程中逐渐形成的。农业生产力水平的提高和农业生产关系的优化调整促使农业适度规模经营不断由初级阶段向更高级阶段迈进。分工促进了农业产业链的拓展和延伸，市场化水平的提高促进了农业生产经营的纵向联合和横向兼并。自然条件与社会经济条件也是相互影响的，社会经济条件不断改善，使机械化、信息化、科技化成果在农业生产经营中的应用更为广泛，使农业生产经营对自然条件的依赖趋于弱化，如温室大棚满足了作物对生长温度的要求，无土栽培减少了作物对土地的依赖，基因技术减轻了病虫对农作物的伤害，测土施肥减轻了化肥对土壤基质的破坏等。

自然条件和社会经济条件的相互影响，形成了生态农业、观光农业、休闲农业、智慧农业、设施农业等新产业新业态。

农业适度规模经营的实现动因包括内在动因和外在动因两部分。从内在动因上看，一方面市场经济条件下的微观经营者是理性"经济人"，对利益的追求使其通过对自身生产环境的衡量来选择职业，自身生产要素禀赋状况决定经营规模的选择，因而经营主体的利益诉求提高了农业适度规模经营的可能性和现实性。另一方面，实现农业适度规模经营是农业现代化发展的内在要求。农业现代化不仅是农业生产力和农业生产关系自我调整的结果，也是社会生产力和社会生产关系综合作用的结果。农业现代化是一个不断由传统农业向现代农业转变的历史过程和动态发展过程，也是农业成本不断降低、要素配置不断优化、农业经营规模不断调适和不断升级的过程。从外在动因上看，工业化、城市化和市场化促进了农业适度规模经营的发展。工业化促进农业适度规模经营的发展主要表现在三个方面：一是促进了农业人口非农化，使直接从事农业生产活动的劳动力减少，为农业适度规模经营提供了新的资源配置条件；二是通过工业技术转移带动促进了农业生产力水平的提高，主要表现为农业生产工具不断升级换代，农业生产技术不断提高，继而引发了机械革命、电气革命、生物革命等农业革命；三是工业化促进了农业产业链延伸，使农业生产性服务不断发展。城市化促进农业适度规模经营的发展主要表现在以下几个方面：一是城市化促进了农村剩余劳动力的转移，提高了城市化率；二是工业聚集于城市使城市居民的需求结构升级，导致农业供给结构变化，促进农业产业结构调整与优化；三是城市化促进了城乡一体化发展，提高了农民生活质量。市场化促进农业适度规模经营的发展主要表现在三个方面：一是市场化促进了农业生产要素的集中，如土地的流转集中形成了土地集中型适度规模，资本的集中形成了合作经营型适度规模和社会服务型适度规模；二是市场化促进了农业产业链的纵向延伸和横向扩张，使家庭农场、专业合作社、农业企业和专业大户等新型经营主体不断发展壮大；三是市场化促进了城乡之间产品和要素的互动交流，增强了工业和农业的互促共进，使农业生产力和生产关系得以优化提升。

农业适度规模经营是与农业生产力和生产关系相适应的，是"农业生产力—农业生产方式—农业生产关系"三位一体框架的中心环节。不同的生产力发展水平对应不同的农业经营方式：原始农业采用简陋的石器、棍棒等生产工具进行简单农事活动；传统农业在自然经济条件下，利用人力、畜力、手工工具和铁器等进行农业生产活动；近代农业采用半机械化农具，运用自然科学成果从事农业商品生产；现代农业广泛运用现代科学技术成果，自觉利用自然和改造自然，进行区域化生产活动。近代农业和现代农业是农业逐渐商品化的阶段，农业经营主体逐渐打破了单一的小农家庭经营范式，使农业生产经营逐步走向合作化、规模化和组织化，出现了家庭农场、农业企业、专业合作社等新型经营主体，也促进了农业经营主体的多元化发展，形成了土地集中型适度规模经营、合作经营型适度规模经营和社会服务型适度规模经营等多种适度规模经营形式。

农业适度规模经营的实现保障包括生产性服务保障和非生产性服务保障。农业适度规模经营的形成和发展既受内生性因素的影响也受外生性因素的影响，既是一个自发性过程，又是一个诱致性过程。就外生性和诱致性方面而言，实现农业适度规模经营需要以完善的生产性服务和非生产性服务作为支撑。生产性服务保障是与农业生产经营直接相关的社会性服务保障，包括产前、产中和产后服务。非生产性服务保障与农业生产经营活动并不直接相关，但对农业生产经营活动有重要影响。

|第二章|

农业适度规模经营实现机制的机理阐释

"机制"指的是事物之间的因果联系和作用方式，具有必然性、一般性、客观性的特点。农业适度规模经营实现机制是由实现条件、实现动因、实现方式和实现保障及其互动关系系统构成的。农业生产的自然条件和社会经济条件决定了农业适度规模经营实现的"质"和"量"。市场化、工业化、城市化和农业现代化促进了农业生产力水平的提高和生产关系优化调整，从而推动了农业适度规模经营主体的嬗变和组织方式的变革。农业适度规模经营实现的基础是职业农民、核心是农业经营主体，职业农民的培育、农业经营主体的发展、组织化和社会化服务水平的提高是农业适度规模经营的实现方式。生产性服务和非生产性服务所形成的社会化服务体系，是职业农民培育、农业经营主体发展、组织方式演进以及农业适度规模经营实现的重要保障。

第一节　农业适度规模经营的实现条件

农业是人类社会最早出现的利用自然改造自然的生产活动和价值创造活动，是衣食之源、生存之本、安邦之基，农业剩余是社会发展进步的基础条件。农业适度规模经营的实现条件包括自然条件和社会经济条件。农业是高度依赖自然条件的生产经营活动，如土壤、气候、地形地貌、光照等，对农作物的生长发育有重要的影响。社会经济条件也是影响农业生产经营效能的重要因素，如劳动生产力水平和农业分工情况、市场经济条件、生产经营制度、生产关系状况等。石器、铁器、机械等农业生产工具的使用是农业生产力水平发展进步的重要标志，不同历史时期的生产力水平决定了不同时期的农业生产经营效益。在现代农业发展中，农业是自然再生产和社会经济再生产的统一，农业生产所必需的物质自然系统和农业生产力与农业生产关系状况决定了农业适度规模经营的"质"的区别和"量"的大小。"质"的区别表现在作物类别、运作模式、经营方式、经营效率、时空分布等方面；"量"的大小即规模的数量级，表现为大规模、中规模、小规模。

一　自然条件

农业生产的自然条件是指动植物生长所处的自然环境，比如土壤、气候、水质、阳光等。自然条件对农业生产的影响较大，所谓"靠山吃山，靠水吃水""橘生淮南则为橘，橘生淮北则为枳"，都反映了这个事实。威廉·配第曾说："土地是财富之父，劳动是财富之母。"这句话在农业生产中体现得尤为明显，农业的生产特性决定了农业生产与封闭车间进行的标准化工业生产不同，农业分工和组织化程度受到自然条件的影响和制约。农业生产的自然条件和农业生产的特性在一定程度上决定了农业适度规模经营实现的"质"和"量"。

（一）农业生产的自然条件对农业适度规模经营的影响

农业生产的自然条件即自然资源禀赋，是农业生产力中最为根本、最为基础的要素，也是决定农业适度规模经营的首要条件。首先，农业生产的自然条件在很大程度上决定了农业适度规模经营的"质"。农作物的生长特性决定其必须与一定的自然条件相适应，土壤、气候、水质、光照的不同直接影响了动植物的种类分布，形成了不同时空不同种类的动植物生产区域和生产带。依据自然条件的不同发展多元农业，是农业发展的基本准则。各地土壤和气候条件不同，适合不同的植物和动物生长，形成了小麦、玉米、水稻、大豆、花生、棉花等农作物适度规模经营和牛、羊、猪、鸡、鸭等养殖业适度规模经营，以及林业、水产业适度规模经营等。其次，农业自然条件在一定程度上也决定了农业适度规模经营的"量"。

对于种植业而言，土地多寡和人均耕地面积是影响适度规模经营的"量"的重要因素。对于土地较多、人均耕地面积较广的地域，其适度规模一般大于土地稀少、人均耕地面积较小的地域，如平原的适度规模一般大于丘陵，丘陵的适度规模又大于山区。土地的有限性和稀缺性决定了农地不可能无限扩大，只能实行适度规模经营。再次，农业自然资源的"存量"影响了农业适度规模经营"量"的扩张。自然资源"存量"是指未经开垦的土地、未经利用的水源等，农业自然资源的"存量"越大，农业适度规模扩张的可能性和现实性越强。如美国的"西进运动"使美国农地规模扩大了数倍之多，家庭农场规模迅速扩大。

（二）农业生产的特性对农业适度规模经营的影响

农业生产的特性涉及生命特性、季节特性、产品市场特性以及生产组织特性等。[①] 生命特性是指农业生产经营中的动物、植物、微生物都是具有生命周期的自然物，农业生产就是利用生物有机体的生命活动，将自然环境中的物质和能量转化为各种动植物产品的过程。植物通过光合作用将无机物转化为有机物供自身生长，动物通过消化合成作用将植物（或动物）转化为自身所需的物质和能量维持生长繁殖，微生物分解动物的遗体或排泄物使营养返回土壤供植物生长，这样就形成了植物、动物、微生物之间的生命循环。随着科学技术的发展进步及其在农业领域的运用，人类对植物、动物、微生物的生长繁殖的干预能力不断增强，使农业生产所提供的动植物产品日益丰富。农业生产的季节特性是指作物生长具有周期性特征（春种、夏长、秋收、冬藏），农业生产要不违农时、因时制宜。我国是农耕文明历史悠久的农业大国，历经千秋万代传承总结出了一套农业生产经营的宝贵经验，如农业生产活动要遵循严格的时令、节气，"谷雨前后，栽瓜种豆""立秋十八天万物结籽""白露早，寒露迟，秋分麦子正当时"。不同地域的自然条件各异，形成了不同的农业生产区域和作物熟制，如亚热带和热带一年两熟或三熟、暖温带一年两熟或两年三熟、中温带一年一熟。产品市场特性是指农业产品作为商品也遵循市场的价值规律

---

① 罗必良：《论农业分工的有限性及其政策含义》，《贵州社会科学》2008年第1期，第80页。

和供求规律，并作为工业的生产原料或大宗商品参与城乡经济循环和对外贸易，是积累资本和换取外汇的重要手段。农产品市场往往是缺乏需求弹性的，因为人们对农产品的需求比较固定，这就导致农业生产往往存在"增产不增收""谷贱伤农"的现象。农业生产的组织特性是指农作物的全部生长过程是一个不可分割的有机整体，调节作物生长的各项措施必须与作物的生长有机联系在一起，最终反映在农作物的产量和质量上。农业生产不仅受光照、温度、湿度、土壤等的影响，更受土地不可移动的影响，不同的土地类型和土地制度决定了农业生产的组织特性不同。如租佃制农业、雇佣制农业、集体制农业等在经营规模、组织方式、分配方式等方面具有不同特点。

农业生产的特性对农业适度规模经营实现的"质"和"量"都产生了较大的影响。从质的方面看，不同地域、不同季节，动植物的生长特性不同，形成了不同地域农业经营的适度规模，如平原农业、丘陵农业、山区农业分别造就了鱼米之乡、蔬菜之乡、瓜果之乡等。从量的方面看，农业生产的特性决定了其对生产条件的高度依赖，使农业生产规模具有地域性、季节性特征，如育种规模、种养规模、加工规模、储存规模、销售规模、服务规模、科技覆盖规模等。农业生产的特性决定了农业生产与封闭车间进行的标准化工业生产截然不同，农业生产与自然界物质系统须臾不可分割，整个生产过程也是紧密连续的统一整体，这种特性限制了农业的分工和专业化，也限制了农业适度规模经营"量"的扩张。

二　社会经济条件

社会经济条件对农业适度规模经营的实现起到决定性作用。农业适度规模经营实现的社会经济条件是农业生产力和农业生产关系的总和，具体包括农业分工深化和市场化发展、农业生产力水平提高、农业生产关系优化调整等。

（一）分工深化和市场化发展是农业适度规模经营实现的首要条件

农业分工深化促进了农业产业分化和农民分工分业，延长了农业产业链，为农业分工组合和产业服务奠定了基础。农业分工深化发展促进了农业市场的形成，农业市场的形成为农业生产经营要素流动开拓了空间，促进了农业生产经营的要素流动、要素集聚、分工组合，提高了农业生产经营的组织化、社会化程度，成为农业适度规模经营实现的基本条件。

首先，分工深化使农业产业分化为三类行业，延长了农业产业链，促进了分工经济。分工的深化发展使手工业从农业中分离出来，陆续产生了工业和服务业，农业内部也产生了农业生产、农业加工制造、农业服务三类行业，其中农业生产内部又进一步分化出种植业、养殖业、水产业、林业等行业门类，形成了农业产前、产中、产后经营环节的农业产业链。农业行业门类的增多使农业由单一生产经营转化为多元化、多样化的生产经营，农民在不同行业门类中就业，使农民职业分化，形成了现代农业的生产结构和就业结构。农业产业链的形成有利于经营者进行横向联合和纵向联合，扩大组织规模，形成规模经济。

其次，分工深化发展促进了农业产品市场、要素市场、流通市场、服务市场的形成。对分工与市场的关系而言，英国古典政治经济学时期的亚当·斯密认为交换以分工为前提，市场广狭决定了分工的发展；新古典经济学时期的杨格则认为分工深化和市场拓展是互为因果、相互促进的，分工的深度取决于市场的宽度，市场的宽度又取决于分工的深度。农业分工与农业市场范围的广狭不仅受农业生产经营分工的影响，而且受社会分工、专业分工和管理职能分工的影响，在分工深化与市场拓展的"循环累积因果"关系作用下，农业经营的市场范围和市场规模日益扩大，促进了粮食市场、牲畜市场、土地市场、劳动力市场、金融市场、物流市场、信息咨询市场、技术服务市场等的形成与发展。

最后，市场的形成有利于产品聚合、要素集聚、分工组合、组织化程度提高等，成为农业适度规模经营的基本条件。农业农村市场的繁荣和扩张，使传统自给自足的农业生产经营方式趋于瓦解，取而代之的是商品化的农业经营方式。在市场竞争机制和供求价格机制的作用下，通过产品集聚、要素集中、资源重组、组织重构等手段，土地集中型、劳动密集型、资本密集型和技术密集型的新型农业经营组织得以形成。小规模家户型经营模式在面临大市场时，其生产经营成本高、科技应用水平低、市场议价和抵抗市场风险能力差等弊端日益突出，小农户要么衰亡，要么通过合作经营、企业带动、集体组织等方式与大市场有效衔接，后者形成了家庭农场、专业合作社、农业企业等新型经营主体，促进了农业生产过程中的产前、产中、产后的纵向产业链延伸和横向规模扩张，为农业适度规模经营的要素聚集、规模选择、分工组合创造了有利条件。

（二）农业生产力水平的提高是农业适度规模经营实现的必要条件

农业生产力是农业劳动者运用生产工具，经过农业生产经营活动，生产出供自己或其他人使用的产品的能力，生产能力的水平是由劳动工具、劳动对象、劳动者以及技术水平等综合决定的。在现代农业发展中，机械化水平、农业科技水平、职业农民素质、农业经营主体状况等是衡量农业生产力水平的主要指标，是农业适度规模经营的基本条件。

1. 机械化水平的提高与农业适度规模经营互为增进

农业机械是先进科学技术的物质载体，在减轻劳动强度、提高作业效率、夺取农时等方面具有举足轻重的作用。农业机械化水平或者农业机械总动力是衡量农业现代化发展程度的关键指标，农业机械的使用与农业生产经营的规模密切相关。条块分割的小块土地不利于大型机械耕作，而大量应用小型机械也会使单位农地的机械成本上升。因此，经营规模适度扩大不仅易于机械操作、降低单位成本，还有利于提升农业综合生产能力、解放农村劳动力、提高土地产出率。农业机械化水平的提高能够使农业生产经营降本增效、增加农民收入、提高农民生产积极性，进而促进农业资本积累，使农民能够扩大经营规模或进行机械设备的更新换代，形成农业生产经营的良性循环。除此之外，农业机械化水平的提高，使农业生产经营中机械力替代人力，进一步解放农业劳动力，促使农业劳动者从农业中分离出来，推动农民非农化和农业专业发展。

2. 农业科技水平的提高有利于农业适度规模经营

"科学技术是第一生产力"，农业科技是农业科学和农业技术的统一，农业科学是人类在农业生产过程中和整个社会生产发展过程中通过对农业自然、农业生产及发展规律的认知、经验进行逻辑思考和整合，进而形成的系统知识；农业科技是人类在农业生产过程中，根据日渐积累的生产经验并运用生物学、物理学、化学、互联网、大数据、人工智能等科学方法形成的改进生产工具、提高生产数量和质量的方法和技能。根据农业产业链分工可把农业科技划分为农业育种科技、农业生产科技、农业服务科技。近代农业育种科技发生了两大巨变，其引领的时代分别被称为杂交时代和基因时代。18 世纪 70 年代，英国科学家普里斯特利（J. Priestely）发现了植物光合作用；19 世纪 50 年代，英国生物学家查尔斯·罗伯特·达尔文（Charles Robert Darwin）提出了生物进化论，继后发展出遗传学、动植物营养学，农业进入杂交时代。20 世纪 50 年代，美国生物学家詹姆斯·杜威·沃森（James Dewey Waston）和英国生物学家弗朗西斯·哈利·康普顿·克里克（Francis Harry Compton Chrick）发现了 DNA 的双螺旋结构；20 世纪 70 年代波兰遗传学家斯吉巴尔斯基（Waclaw Szybalski）创立了"合成生物学"（即基因工程），开创了分子生物学的新纪元，农业进入基因时代。21 世纪以来，互联网、大数据、人工智能和 5G 的应用和推广，使农业步入智慧化时代。农业生产科技的变革主要表现为生产工具的变革，主要是农业机械化、电气化、信息化，以及化肥、农药的推广及应用；农业服务科技革命主要表现为农业生产的基础设施、信息咨询、知识培训、管理培训、技术培训等的硬件和软件资源的质量提高。由此，农业生产力发展经历了数次革命，即生物革命、机械革命、电力革命、石油革命、信息革命等。

农业科技的发明、应用和推广有利于适度规模经营，而农业适度规模经营也有利于农业科技的进步。农业生产技术的进步能够从整体上提高农业生产各要素的配置效率，促进农业经营规模量的扩大和质的提高。现代种业体系、农业产业体系、科技服务体系、农技推广体系等的建设内在地要求构建政府引导、市场指导、产业主导、企业依托、农民参与的现代农业组织体系，且现代农业组织体系所具有的基本特征就是规模化、市场化、专业化、信息化、科技化。农业的规模化经营、产业化运作、科学化管理，有利于降低生产成本、实现规模经济和迂回经济，有利于农业科技更好地发挥作用。由于各家庭占有的资源不同，收入水平、认知能力存在差异，因此，单家独户小规模细碎化生产不利于机械化作业和科技推广，生产全程机械化和农业科技创新的成本较高。发展农业适度规模经营，有利于现代农业科技体系的应用发展，有利于摊薄成本、增加收益。因此，现代农业科技体系的建设完善内在地要求发展农业适度规模经营。

3. 职业农民培养是农业适度规模经营的重要基础

职业农民是农业适度规模经营的重要基础，是农业生产力的重要影响因素。纵览发达国家农业现代化之路，培养懂科技、善经营、会管理的现代职业农民是发展现代适度规模农业的一个重点，无论是发达国家、发展中国家还是转轨国家，在农业现代化发展中都对职业农民教育培训高度重视，纷纷颁布法律、建立学校或者培训机构、颁发证书等，使职业农民培育法治化、规范化，不断提高职业农民的素质和从业技能。职业农民的培养有利于农业科技的推广应用，有利于农业劳动力水平的提高，进而有利于农业适度规模经营。在适度规模经营过程中先进科技的采用、大型设备的操作、市场信息的把握等对农民素质的要求较高。因此，职业农民的培育不仅可以提高农业经营者劳动者的综合素质，而且还有利于机械应用、科技推广、效益提高，进而促进适度规模经营的发展。

4. 农业经营主体是农业适度规模经营的组织核心

从世界范围来看，农业适度规模经营的主体主要有家庭农场、合作社和农业企业三类，在我国除了以上几类之外还有专业大户。不同的农业经营主体按照产权性质、组织形式、经营方式、规模大小等又可划分为多种类型，因此，自然条件和社会经济条件等因素形成了多元化农业经营主体并存一域的现象。农业适度规模经营是农业经营主体在综合考虑自然条件、社会经济条件以及制度环境等因素之后，根据生产什么、如何生产所做出的较为理性的组织规模化选择。农业生产力的进步和生产关系的优化调整主要体现在农业经营主体之中，农业经营主体是机械应用、科技推广、职业农民教育、生产方式革新、组织化程度加深、社会化服务水平提高等的关键。农业适度规模经营的宏观实现也是农业经营主体适度规模的微观行为选择的外在表现。综上可知，农业经营主体是农业适度规模经营实现的组织核心。

（三）农业生产关系优化调整是农业适度规模经营实现的重要条件

影响农业适度规模经营实现的农业生产关系主要有农地产权制度、农业劳动力转移、农业主体关系、工农城乡关系等。农业生产关系的优化调整有利于农业生产组织化、规模化，能够为农业适度规模经营的实现创造条件。

1. 农地产权制度的控制条件

新制度经济学中的产权理论认为，产权的清晰界定是市场交易顺利进行的前提，初始产权界定清晰有利于提高市场效率。在农地市场也是如此，农地产权界定清晰是土地集中流转的前提，是提高农地配置效率的必要前提。从国外土地产权制度变迁来看，国外主要采取了把农业生产资料与农业劳动力分离的方式，实行生产资料私有制和雇佣劳动制度，农地产权界定清晰，使土地在市场机制作用下集中流转，兴起了农场式适度规模经营。我国农地产权制度历经新中国成立初期的土地私有制、人民公社时期的土地公有制、家庭联产承包时期的集体所有制和"三权分置"四个时期的发展演变，形成了所有权归集体、承包权归农户、经营权归经营主体的农业土地制度，符合生产关系适应生产力发展的客观规律，有利于促进农地资源的合理利用，构建新型农业经营体系，发展多种形式的适度规模经营。土地产权模糊，会导致农业经营主体与承包户和集体之间经常出现信用违约和产权纠纷等问题，不利于农地集中流转，也不利于生产效率的提高和适度规模经营的发展。除农地产权之外，其他产权也应界定清晰，这样才能使生产要素配置优化和产业链分工组合，实现纵向一体化和横向联合的适度规模经营。

2. 农业劳动力转移的约束条件

农业劳动力转移与非农产业发展密切相关，非农产业的发展促进了农业劳动力的转移，使农业适度规模经营成为可能。只有当一部分农民愿意放弃土地并稳定地转入非农产业时，土地才有可能集中进而实现适度规模经营。纵观国际发展经验，农业适度规模经营的形成与发展，主要可归结为三种原因：一是由于历史原因某些国家实行庄园制、长子继承制，土地集中格局长期存在，资本主义革命后，自然转化为土地规模经营；二是农地开发规模大，为现代农场规模扩大奠定了基础；三是非农产业发展吸收了大量农业劳动力，农业劳动力逐步转移到工业和服务业就业，使农业适度规模经营成为必要。[1] 刘易斯认为传统农业中存在着大量的剩余劳动力，这些剩余劳动力的转移，不仅不会使农业生产效益下降，反而会提高农业劳动生产率。黄宗智在其《长江三角洲小农家庭与乡村发展》一文中认为，我国农业的家庭化生产特征使农业经营长期存在"内卷化"现象，即农业剩余劳动力。因此，农村劳动力冗余，限制了农业生产要素的合理配置，而只有使农业剩余劳动力转移或实现非农就业，才有利于农业适度规模经营的实现。

3. 农业主体关系的协作条件

农业主体之间的关系包括了职业农民之间的关系、经营主体之间的关系、职业农民与经营主体之间的关系。职业农民之间的关系表现为农民分工、分业、分流发展，农民处于农业产业链的不同环节，农民职业化对农业产业结构的调整和农业组织化、规模化、社会化发展起到了重要作用。经营主体之间的关系主要表现为互助合作、纵向联合和横向联合、农业产业链分工组合等，为农业生产经营提供产前、产中、产后的农业服务，提高农业组织化、规模化、社会化服务水平，有利于实现农业适度规模经营。职业农民和经营主体之间的关系主要表现为雇佣劳动关系、合作关系、契约关系等，经营主体把分散的农民集中起来，合理配置生产要素，较为有效地对接市场，降低了单个职业农民经营的交易费用和经营风险，有利于一体化经营、社会化服务、产业化管理，促进农业适度规模经营的实现。

4. 工农城乡关系的优化条件

从经济史发展角度看，农业是最古老的产业，农村是历史最悠久的地域。随着人类社会生产力水平的不断提高，工业从农业中分离出来，城市从农村成长起来，形成了工农城乡关系，工农城乡关系大致经历了"城乡混沌→城乡分离→城乡对立→城乡统筹→城乡一体→城乡融合"的发展阶段。18 世纪的重农学派认为，农业是经济社会最重要的生产部门。20 世纪发展经济学家、"二元结构"论者如刘易斯、拉尼斯、费景汉、托达罗、

---

[1]　倪志远：《论我国农业适度规模经营的主要约束条件和实现路径》，《数量经济技术经济研究》1999 年第 1 期，第 76 页。

乔根森等，认为工业部门是促进经济发展的唯一重要部门，主张通过工业偏向战略优先发展工业，以工业发展为先导带动农业发展，最终实现农业适度规模经营。我国长期实行"以农养工"的工业化战略，而今已进入"工业反哺农业，城市支持乡村"的阶段。尤其是党的十九大提出乡村振兴战略以来，我国进入城乡融合新时代，工农城乡关系的调整有利于将工业发展成果应用于农业，以提高农业生产力水平，促进农业适度规模经营的实现。马克思认为城乡关系历经"混沌一体→分离对立→城乡融合"的发展过程而实现城乡一体化，推拉理论认为劳动力转移的重要影响因素是城乡发展的非均衡性。因此，城乡一体化发展使农业劳动力转移趋于稳定，一方面使农业劳动力愿意放弃农地转移到城镇且无后顾之忧，另一方面使职业农民获得相当于城镇职工的收入水平，且能享受到与城市相当的社会化保障，增强了其农业经营的积极性，从而有利于农业适度规模经营的实现。

第二节　农业适度规模经营的实现动因

从哲学角度讲，内因和外因总是事物发展变化的两个基本因素。因此，对农业适度规模经营的实现动因而言，我们也需要从内在动因和外在动因两方面去研究和阐述。从内在动因方面讲，在市场经济条件下，经营规模的确定，归根结底是农业微观经营组织出于逐利动机，在一定的内外部条件约束之下的自发行为。换句话说，农业适度规模经营实现与否最终要靠农业微观主体的自愿选择。从外在动因方面讲，农业微观主体利润最大化动机能否实现还要受到外部环境的制约，外部环境的优化使得农业微观主体自觉追求最优经营规模的动机具备了更有利的实现条件，从而倾向于促进农业微观组织的适度规模经营。具体来讲，最重要的外在动因在于工业化、城市化和市场化及其引致效应，包括政策取向的更替、农业社会化服务体系的发育及完善、农产品流通市场的扩大等。

一　内在动因：农业微观经营主体的理性选择

英国古典经济学家亚当·斯密最早提出了"经济人"概念，认为处于经济社会中的企业和个人具有充分的理性，是"理性经济人"，奉行经济自由主义和理性主义，奠定了经济学发展的范式。美国的舒尔茨、波普金等人把这种"理性经济人"运用到农业生产经营领域，认为农民也是具有理性的经济人，在投资机会、市场机遇、风险规避和利益选择上往往以追求利益最大化为旨归。俄国的恰亚诺夫在《农民的经济组织》，美国的社会学家詹姆斯·斯科特在《农民的道义经济学：东南亚的反叛与生存》中对理性农民进行分析和批判，认为决定农民行为的并不是理性，而是道德和社会安排，从而提出了"社会理性农民"的概念。笔者认为，我国农民兼具"经济理性"和"社会理性"的双重特征，且以"经济理性"为主。因此，农民在农业现代化过程中会充分考虑市场因素和生存需要，进行生产要素的调整和优化，发展多种形式的农业适度规模经营。

（一）农业市场化配置方式对农业适度规模经营的推动作用

自给自足的农业自然经济阶段，农业生产力水平落后，人们主要依靠劳动力的投入和土地的开垦扩大农业生产规模，农产品以家庭消耗为主，较少用于交换。当工业从农业中分离出来以后，分工促进了交换，农产品成为工业生产的原料来源，工业和农业的交换日益频繁，农业生产进入商品经济阶段。农业的积累为工业的快速发展奠定了物质基础和经济基础，工业的社会化大生产促进了农业生产的社会化。因此，农业由自给自足的自然经济向商品经济转化是人类社会历史发展过程中的必然趋势和重大进步。一是社会分工所产生的劳动差别需借助商品交换的方式实现产品的社会价值；二是生产资料所有制的存在，使相对独立的经济主体之间为了实现经济利益，进行等量交换。随着生产力水平的提高和分工程度的加深，农业交换范围日益拓展，农产品的价格机制、供求机制、竞争机制、风险机制成为优化农业要素资源的有效实现形式。

农业市场化至少包含以下几个方面的内容。一是农产品市场化。农业经营者所提供的产品主要是为了满足市场需求，经营者根据市场需求确定产品的经营规模和经营结构。二是农业生产要素市场化。农业生产过程中的土地、劳动、资本、技术、信息等生产要素的流动和转移通过市场供需调节。这一方面有利于经营者优化资源配置实现效益最大化，另一方面有利于要素资源在社会范围内聚集、实现规模化。三是农业组织市场化。农业经营的组织形式、经营规模、产品结构、区域布局、组织协调、制度创新等都需遵循市场原则进行。四是农业经营市场化。农业经营者是独立的市场主体，自主经营、自负盈亏，在行政约束、预算约束和市场约束的条件下，根据自身资源禀赋状况和经营条件合理配置生产资源，通过市场预测和投入产出分析确定要素投入和规模的大小。五是农业经营管理方式市场化。国家制定农业政策、发展规划、确定目标，通过经济政策、法律政策，规范引导农业发展。

农业市场化有利于适度规模经营的形成和发展。一是市场方式促进了现代科学技术的进步和农业生产力水平的提高。在市场机制作用下，经济效益好的经营单位，在新技术的采用、资本积累、产品更新等方面具有较大优势。为获得更大的经济效益，把生物技术和工程技术相结合，进行规模化、集约化生产，提高了科技水平和生产力水平。二是市场方式促进了专业化生产和适度规模经营的形成。分工深化促进了交换经济的发展和生产的专业化，专业化的生产形成了产前、产中、产后的农业产业链，有利于农业科学技术的应用和农业机械的推广，劳动生产率提高使经营者有了扩大规模的动机，其通过要素投入和分工合作达到适度规模经营的目的。

（二）微观经营主体的经济理性对农业适度规模经营的推动作用

从实践经验来看，直接从事农业生产经营活动的农业劳动者是理性的。成本与收益的比较权衡诱导农民重新进行职业选择，驱使生产经营者进行要素配置优化和规模适度调整。舒尔茨就论证过传统的小农是理性的，并且要素资源配置是低水平有效的。在西方经济学的视野里，一个基本的前提假设为无论是商品的供给者还是商品的需求者都是理性"经济人"，以追求利润为基本目标。处于市场经济活动中的农业经营者必然受市场机制的调节，也都是理性的"经济人"。

处于市场经济之中的农业经营者，其行为核心就是进行要素资源优化配置，实现利益最优。一方面，要根据自身的劳动能力进行职业选择。理性的"经济人"在工业化、城市化、农业现代化大背景之下，根据收入对比选择行业，根据生活水平选择在城市还是在农村生活，综合衡量做出利益最优的职业选择。工业劳动生产率高、资本积累速度快、利润较高等特点吸引农业劳动力非农化，而城市的信息、教育、公共基础设施等社会化服务条件较优越，吸引了农业劳动力向城市转移，为农业适度规模经营创造了条件。另一方面，农业经营者应不断优化生产要素配置。农业经营者为获得利润，进行生产要素的重新组合，在生产力水平较低的情况下，通过增加劳动投入、扩大土地经营面积的粗放型规模扩张，实现适度规模经营；在生产力水平较高，分工较发达时，则通过先进的科技、分工组合等方式，降低成本提高规模收益，由"粗放型"农业转向"内涵型"农业，从而实现更高层次的适度规模经营。

二　外在动因：工业化、城市化及其引致效应

回顾历史，放眼世界，从现代化进程起步以来，在影响农业、农村、农民问题的诸因素中没有比工业化、城市化更深刻、更广泛、更显著的了。对我国农业适度规模经营问题而言，工业化、城市化进程同样具有根本性的影响。工业化和城市化进程极大地改变了城乡要素禀赋结构和市场结构，从而对农业适度规模经营的两个子问题——"适度"的确定和"适度"的实现——都有重大影响。从推动农业适度规模经营的实现方面来讲，工业化和城市化进程的影响主要体现在以下几个方面：农民分流分业和生产力水平得以提高农业劳动力转移和城乡一体化速度得以加快，工农城乡关系得以优化和调整，农业社会化服务体系得以发展完善，农产品流通市场规模得以扩大，等等。

（一）工业化促进了农民分流分业和生产力水平提高

工业化水平的提高吸引了大量农业劳动力非农就业，既使直接从事农业生产的劳动力减少，又通过工业化成果武装农业，使农业生产力水平快速提高，加速了农业适度规模的实现。工业化水平的提高使大量农业劳动力由农业部门转向非农业部门，由直接从事农业生产活动转向从事农业加工和农业服务活动。分工的发展使农业生产部门孕育出了工业生产部门，并与之分离；工业部门产生后所展现的生产高效率、高工资、高利润等成为吸纳农业剩余劳动力的"磁石"。配第-克拉克定理揭示了经济发展中农

村剩余劳动力在三次产业间梯次转移的规律，劳动力在产业间分布结构变迁的主要原因是产业间相对收入的差异。随着人均国民收入水平的提高，劳动力由第一产业转向第二产业；当人均国民收入水平进一步提高时，劳动力由第二产业转向第三产业，从长期来看，第一产业人数减少，第二、三产业人数增加。之所以会形成这一格局是因为第一产业是农业，与第二、三产业相比收入弹性较小，技术进步困难，具有投资"报酬递减"等弱质性特点。

纵观世界各国工业化的发展历程，主导产业一般经历了"轻纺工业（劳动密集型）→重化工业（资本密集型）→重加工工业（技术密集型）"的发展过程。在工业化初期阶段，劳动力主要向纺织、服装、日用品、食品等轻工业转移，交通运输、餐饮等传统服务业随之发展。随着工业化资本积累和分工深化，煤炭、石油、电力等能源产业和汽车、机械、钢铁、化学等资本密集型产业开始发展，工业吸收劳动力的能力降低，而服务业开始加速吸纳劳动力。随着工业的进一步发展，航空工业、核能工业、精密仪器工业等技术密集型产业发展加快，工业对劳动力的吸纳能力进一步减弱，而金融保险业、信息咨询业、房地产业等现代服务业成为吸纳劳动力的主导产业。进入后工业化时代，信息产业、电子产业、新材料、新能源、生物工程、基因工程、宇航工程等知识密集型产业对劳动力的要求越来越高，工业吸纳就业的能力更为有限，服务业成为吸纳劳动力就业的主要产业。

工业的发展不仅使农业劳动力由农业部门转移到工业部门和服务业部门，还使部分农业劳动力转移到农业内部的农业工业和农业服务业部门，使直接从事农业生产的劳动力减少，而从事非农生产的劳动力增加。直接从事农业生产的农业经营主体在逐利动机的驱使下，通过土地的流转集中扩大生产规模，从而推动了农地产权的改革和农地流转。从事农业第二产业和农业第三产业的经营主体也可通过资本集中、劳动力集中和地理空间集中实现规模经济和聚集经济，从而降低生产成本，提高生产效率和经营利润，增强农业适度规模经营的现实可能性。

工业化的文明成果武装农业，使农业生产水平得以快速提高，工业革命推动了农业生产技术革命和组织方式的演进。生产技术革命以生产工具变革为特征，是工业化的主导力量，也是农业适度规模经营发展的先导。工业革命使先进的机器装备农业，先进的科技武装农业，先进的生产方式组织农业，极大地提高了劳动生产率、土地产出率和全要素生产率，促进了农业生产力水平的提高。传统农业以畜力为主要动力，农民依照世代相习的经验从事农业生产，生产技术长期处于停滞状态，生产要素的供给和需求长期处于低水平均衡状态。现代工业是现代农业技术进步的源泉，现代工业的发展将机械技术、生物化学技术、经营管理技术等现代要素引入农业生产领域，打破了传统农业技术停滞的状态，推动了农业技术的快速进步和农业生产率的增长。工业化发展为农业部门资本积累提供了重要保障，工业化初期阶段，农业部门为工业部门的发展作出了贡献和牺牲，但非农就业人口把在工业部门获得的部分收入回流至农业，使农业资本增加；在工业化中后期，工业开始反哺农业，工业部门为农业部门资本增长作出了巨大贡献。工业的发展，使"内卷化"的农业剩余劳动力的比重大幅下降，现代生产要素替代传统生产要素，扩大了农产品市场规模，因而促进了机械化大规模的组织创新和组织改革。农业生产科技化、生产手段机械化、生产产品规模化、经营方式产业化等使农业适度规模经营成为现实。

（二）城市化促进了农业劳动力转移和城乡一体化

城市化水平的提高过程在很大程度上是农业劳动力向城市转移的过程，这一过程使农业劳动力得以根本减少。另外，城市化水平的提高使农业产业结构得以调整，城乡一体化的发展使城乡差距得以缩小，劳动力转移得以稳定，加速了农业适度规模经营的实现。

城市化水平的提高加速了农业劳动力由农村向城市的转移。城市化在加速农业劳动力转移的过程中呈现如下规律。第一，空间转移规律。人口转移的空间规律可以概括为三种主要模式，即波浪式的空间转移、区域间的空间转移和国外转移。波浪式的空间转移是指先有城市周围的农村劳动力向城市转移，再有较远的农村劳动力填补城市周边，由近及远、逐级逐步、前浪后浪式向城市转移，即"边远农村→郊区农村→城市"的空间转移路径。区域间的空间转移受城市拉力和农村推力的作用影响，使农村剩余劳动力转移至城市，城市化水平成为衡量一国发展水平的重要指标。基于产业分布的地理区域特征，农村剩余劳动力转移又呈现由欠发达地区向发达地区转移、由工业型城市向服务型城市转移的特征。国外转移指农村剩余劳动力到国外就业。这种转移有两种方式："农村→国外"和"农村→城市→国外"。第二，身份转变规律。结合世界各国农业劳动力转移制度的历史和现实，农村劳动力的身份转变大体上存在两种模式，即直接型的"农民→市民"模式和间接型的"农民→农民工→产业工人→市民"及"农民→产业工人→市民"模式。

城市化水平的提高使农业结构得以调整。工业化和城市化是相辅相成的，两者相互促进、相互影响、紧密相连。工业化的集中和集聚促进了城市的形成和发展，城市的发展为工业化提供了消费市场和服务。城市化促进农业结构调整主要体现在以下几个方面。一是农村转移劳动力受城市生活的影响，需求结构与城市居民趋同，引起农业结构调整。一方面，城市是工业化的载体，作为政治、经济、文化中心吸引工业集聚和集中，城市化带动工业化，吸引了大量农村劳动力涌入城市。另一方面，城市现代化的服务和现代化的生活方式以及较多的就业机会吸引了大量农村劳动力来城市就业和创业，提高了他们的收入水平。二是城市化水平的提高促进了城市居民整体收入水平的上升，导致了农业结构的调整。随着收入水平的提高，国民食物结构发生改变。食物结构的改变引起了农业结构变化。[1]农业结构的调整有利于农业专业化生产，促进农业适度规模经营。

城市化水平的提高使城乡一体化得以实现，农业劳动力转移得以稳定，加速了农业适度规模经营的实现。城市化水平的提高过程在很大程度上既是城乡一体化形成的过程，也是缩小城乡差距的过程，城乡差距中收入差距最为重要。农民由农村转移到城市，在很大程度上是由巨大的城乡工资差距和生活条件差距造成的，而城乡一体化发展恰好缩小了这种差距。这并不是说农业劳动力绝大部分选择离开农村使农民转移趋于稳定，而是农业劳动力大量转移后，农业劳动力占就业人数比重非常小，当城市

---

[1] 郭剑雄、王学真：《城市化与农业结构调整的相关性分析》，《财经问题研究》2002年第3期，第27页。

化水平非常高时，留在农业部门的少数农民通过农业经营也可获得与城市居民相当的收入，也能得到与城市居民相当的服务水平，因而农民转移趋于稳定。城市化水平的提高伴随城市规模的扩张，农业用地势必转为城市用地，推动了农地产权的改革和农地流转，推动了农地市场的发展。城乡一体化的发展也提高了农业生产性和非生产性服务水平，从而加速了农业适度规模经营的实现。

（三）工业化和城市化使工农城乡关系得以优化

按照马克思主义政治经济学的一般原理，经济基础决定上层建筑。经济关系的变化或早或晚总要在政策取向、法律法规上体现出来。毫无疑问，工业化和城市化作为现代化的主要内容，对现代社会的生产力和生产关系具有革命性、根本性、全方位的影响。对包括农业适度规模经营问题在内的"三农"问题而言，工业化和城市化进程对政策取向的最大影响是政府工作重心的变化。在工业化早期，政策取向一般呈现出重工轻农、重城轻乡的特点。① 无论是早期工业化国家如英国、法国，还是二战以后的发展中国家，如中国、印度等，都或多或少地具有这个特点，有些国家甚至采取了牺牲农业发展工业，牺牲农村发展城市的政策。有些发展中国家为了促进工业化和城市化发展，采取各种手段，将本就稀薄的农业剩余和农村剩余，转移到工业和城市之中，从而导致农业和农村发展放缓，甚至停滞、衰退。工业化和城市化产生的大量污染物——工业废水、废气、固体污染物，导致耕地、水体的质量大幅下降，种植业、畜牧业、水产业遭受重创。城市和工业的偏向政策是不可持续的，从另一角度讲这类政策是在工业条件较差、工业积累不足、生产力水平不高的情况下所采取的权宜之计。

随着工业化、城市化进程的持续推进，重工轻农、重城轻乡的政策取向的负面效应逐渐显现出来，比如日益扩大的城乡差距和收入分配差距、社会不和谐及不稳定因素增多等，严重影响到经济社会的进一步发展。与

---

① 日本可能是一个例外。日本在二战之后，在工业高速发展阶段，仍非常重视农业、农民和农村问题，采取多种措施，促进农业发展，保护农民利益，这对日本工业化、城市化的顺利实现以及社会的和谐，都起到非常重要的作用。

此同时，工业化和城市化的长足发展，使经济社会整体的生产力水平获得极大提升，政府积累了大量的人力、物力、财力。在这种情况下，"工业反哺农业，城市支持农村"的政策取向逐渐占据主流地位。政府不仅从工业和城市部门向农业和农村转移大量资源，促进农业和农村的发展，缩小城乡差距、工农差距，而且更加注重农业的科学发展和农业内部生产效能发挥，比如农业的产业组织形式、农业社会化服务体系构建、农业发展相关制度的完善等。从现实来看，工业化和城市化导致的外部环境的深刻变化使传统农业也面临着转变为现代农业的历史任务。随着政策取向由"轻农"向"重农"的转变，政府越来越重视农业发展方式的科学化，实现农业生产经营适度规模的问题被放到显著位置。由此可见，工农城乡关系的优化调整和农业经营适度规模的实现离不开政策的强力驱动。

政府在优化农业生产关系方面具有重要作用。政府在农业适度规模经营中承担着重要职责，可以发挥重要作用，主要表现在变革制度、出台政策、参与公共品的生产与提供生产性和非生产性服务、维护市场规范有序等方面。一是在产权制度上形成有利于农业现代化发展的多元化产权，包括国有、集体所有、私有、联合所有等，推动产权市场化，使产权关系明晰化、产权收益多样化和产权转移市场化，即土地、劳动、资本、技术等生产要素产权明晰、收益途径多样，无论是所有权让渡还是使用权转移，均可通过市场公平、公开、公正的交易得以实现。二是在农业适度规模经营发展过程中，担负为农业生产提供气象观测预报，生态环境保护与治理，农民教育，农业科研与推广，道路、堤坝、水库等基础设施建设的重要责任。三是建立政策支持保护体系推动适度规模经营。通过经济手段、法律手段、行政手段构建政策支持体系，包括收入支持、金融支持、税收支持、基础设施支持、生产技术支持、职业农民教育支持、法律支持、风险支持等，为农业适度规模经营产前、产中、产后提供良好的生产性服务和非生产性服务，使生产经营能够正常运转。四是通过制定农业发展计划和农业发展目标，指导农业经营主体的发展。

（四）工业化和城市化使农业社会化服务体系得以发展完善

现代农业与现代工商业一样，需要完善的社会化服务体系与之配套。

传统农业向现代农业转型切实需要转变农业发展方式，用现代物质条件装备农业，用现代科学技术改造农业，用现代产业体系提升农业发展水平，用现代经营方式推进农业，用现代发展理念引领农业，培养新型农民发展农业。[①] 农业现代化的物质装备应用、科学技术推广、产业体系建设、经营方式创新、发展理念形成、职业农民教育等，都需要构建覆盖全程、综合配套、便捷高效的农业社会化服务体系。农业社会化服务是社会分工的产物，工业的发展主要促进了生产性服务相关部门的发展，城市的发展主要促进了非生产性服务相关部门的发展。总体而言，工业化和城市化的发展为建设完善的农业社会化服务体系提供了动力和支撑。

工业化和城市化为农业社会服务体系的形成提供了劳动力和发展空间。工业化和城市化的交互作用，带动了工商业部门的兴起，创造了大量就业机会，使农业剩余劳动力或分流分业或进城务工经商，农业劳动力比重大大降低，这些转移的劳动力部分进入了农业社会服务行业，为农业社会化服务提供了劳动力支撑。工业化和城市化发展拓宽了农业生产经营的市场规模，农产品市场规模的扩张进一步促进农业分工和专业化。第二次社会大分工之后，手工业从农业中分离出来，手工业者从事农业生产工具的打造工作，农业生产者就不需要自己打造农具，而是用农产品与手工业者交换农具，并且随着农业生产总过程的可分性不断增加，这种分离过程不断深化发展，农业生产者将原来由自己操作的诸多环节逐步转移出去，交给专门的服务组织或个体去完成，使农业经营者能更专注于农业生产。事实证明，专业化服务确实有利于降低生产成本。因而，在生产成本和交易成本的市场调节作用下，诸多环节被从农业生产总过程中分离或转移出去，农业专业化程度不断提高，规模不断扩大，产业链覆盖种子公司、市场预测、购销服务、运输公司、质量检测、贮藏、金融服务等环节。

工业化创造了新的经济部门，有一些部门是直接为农业提供生产性服务的，比如农资生产、农产品加工和销售等。工业生产方式由于生产要素、生产周期稳定，利润获取容易，资本积累速度快，促进了国民经济综

---

① 孔祥智、楼栋、何安华：《建立新型农业社会化服务体系：必要性、模式选择和对策建议》，《教学与研究》2012 年第 1 期，第 41 页。

合实力的提高。工业化的发展对农业生产性服务业有极大的促进作用,而农业生产性服务业又进而影响农业适度规模经营。工业化对农业生产性服务业的促进作用主要表现在以下几点。一是工业化积累了大量资金,为农业发展提供了资金支持。这种资金或来自政府补贴,或来自金融机构的贷款,或来自行业协会的租借,或来自国外援助。各种渠道资金对农业的支持促进了农业金融的创新,如农业期货、农业保险等,提高了农业资金利用效率。二是工业资本积累为农业生产基础设施的改善提供了支持。交通设施和交通工具不断现代化,大大降低了农业生产的运输成本。水利设施、灌溉设施、电气设施、机器设备等相继出现,提高了农业基础设施水平。三是工业化资本积累提高了农业生产能力。化肥、农药、薄膜等相继推广,提高了农业产量。四是工业化资本积累促进了农业科技推广体系的发展完善。农业科技体系中的农业杂交工程、基因工程等良种培育技术、信息化设备、数字网络传播设备、遥感技术等都是工业化的产物。由此可见,工业化促进了农业生产性服务业的发展,而农业生产性服务业的发展又促进了农业适度规模经营的发展,提高了农业适度规模经营的有效性。

城市化水平的提高对农业非生产性服务业的促进作用主要体现在以下几个方面。一是促进了农村公共基础设施的完善。进城农民受城市文化、生活方式、生活观念等影响提高了对农村基础设施建设的要求,再加上政府提高居民生活质量的建设目标,促使农业非生产性服务设施如交通通信、水利水电等"硬环境"全面改善。二是促进了医疗、养老服务供给。农村劳动力向城市转移,不是全面转移,而是有选择的转移,进城劳动力大多是青壮年劳动力,而留守农村的大多为老弱妇孺,这就使农村对医疗养老服务的需求上升。另外,农民收入水平的提高增强了人们的健康意识,从而使其增加了对医疗养老服务的购买,在这种双重作用下农村医疗养老服务供给增加。三是促进了教育、文化、娱乐等设施的建设。进城农民只有不断提高科学文化知识才能在城市生存,这激发了进城农民的学习热情,农业现代化科技水平的提高也需要有知识、懂科技、会管理的现代职业农民。因此,农村教育、文化、娱乐等"软环境"全面改善。

(五)工业化和城市化使农产品流通市场规模得以扩大

传统农业转向现代农业的一个重要标志就是农产品商品率的提高,而农产品商品率提高与农产品市场规模扩张呈正相关。传统农业的一个重要表现就是自给自足的自然经济，农产品商品化率非常低。提高农产品商品率不能仅依靠农业部门的交换关系来实现，还要靠非农业部门与农业部门的交换关系来实现，继而工业化和城市化的发展就可以为农业部门扩大产品流通市场作出贡献。首先，工业化程度和城市化水平的提高会增加社会对粮食等农产品的需求。农业产品是重要的工业原料来源，工业化程度的提高会增加城市对粮食等农产品的需求。城市化水平的提高，使非农部门就业量和非农人口数量不断增长，这种快速增长的非农人口对农产品的需求必然会增加。其次，工业化程度和城市化水平的提高会使农产品的需求结构不断升级。由于农产品是缺乏弹性的商品，农民依靠农业提高收入是较为困难的，农民分流分业或转移进城能够使农民收入增加。随着非农收入提高，人们对粮食的需求趋于稳定，而对高质量农产品的需求结构更加多样化。最后，工业化程度和城市化水平的提高使农产品市场不断扩大。工业化程度和城市化水平的提高使得人类的交通运输方式发生了天翻地覆的变化，火车、汽车、轮船、飞机……这些现代化的交通运输工具使商品能够销往外地市场，甚至出口国外。随着交通的日益发达，现代物流业迎来了黄金发展期。[1] 先进的运输网络以及发达的现代物流业使得农产品的市场半径显著扩大，农产品销售开始越出一乡一县之范围，远跨数省，甚至漂洋过海，达于异域，之前受制于狭小的市场规模而难以在技术上实现适度规模的障碍在很大程度上得到消解。

第三节　农业适度规模经营的实现方式

农业适度规模经营的实现需要从两个方面入手，一是农业适度规模经营主体，二是农业适度规模经营的实现类型。农业经营主体是农业适度规模经营实现的组织核心，历史上早已有之，而农业适度规模经营却是后来

---

[1]　随着电子商务的兴起，近年来，中国的物流业获得了突飞猛进的发展，已经有了韵达、顺丰、申通、中通、圆通等诸多物流企业，物流网络遍布全国城乡。物流业的兴盛一方面固然是电子商务的繁荣催生出来的结果；另一方面，近年来我国的铁路、公路等基础设施获得长足发展，发达的交通运输网是物流业繁荣发展的基础条件。

之事，那么农业经营主体又是通过何种组织方式实现适度规模经营的呢？概括起来主要有三种类型即土地集中型、合作经营型、社会服务型。

一　农业适度规模经营的实现主体

农业经营主体是指直接或者间接从事农业生产、加工、销售和服务的组织和个人。农业经营主体按照现代化经营特点可分为传统农业经营主体和新型农业经营主体。传统农业经营主体主要是指传统小规模半自给的农户家庭经济，新型农业经营主体则是指以农业产业为职业，具有较大的农业产业经营规模、较高的物质装备条件和经营管理能力，劳动生产率、资源利用率和土地产出率较高，以市场化、商品化为主要目标的农业经营组织。[①] 综观国内外，农业经营主体可以归纳为以下几种主要形式：家庭农场、农业合作社、农业企业等。农业经营主体是农业现代化的核心，其组织化水平的高低和产业化发展的特征，体现了农业适度规模经营发展的水平。

（一）农业经营主体的形成机理

从农业经营主体的发展来看，农业经营主体经历了由传统农业经营主体向新型农业经营主体的演变。传统农业经营主体是指传统农业时期所形成的农业经营组织，新型农业经营主体是指在农业现代化转型过程中形成的农业经营组织。传统农业经营主体主要有原始农业时期的家庭经营、奴隶社会时期的奴隶主与农奴、封建社会时期的地主和农民。新型农业经营主体主要有资本主义的雇佣劳动农场、社会主义的集体合作社等。我国在农业现代化转型过程中，主要形成了家庭农场、合作社和农业企业三大农业经营组织类型。新型经营主体的形成可从权变组织理论、"钻石模型"和间接定价理论等视角出发进行分析。

权变组织理论的视角。权变组织理论是 20 世纪 70 年代在经验主义学派的基础上发展起来的管理理论。权变组织理论认为，组织是社会系统的子系统，具有多样性，每个组织的外在环境和内在要素各不相同，组织结构随外部环境和内在要素的变化而不断调整和优化，从而形成了组织结构

---

① 张扬：《试论我国新型农业经营主体形成的条件与路径——基于农业要素集聚的视角分析》，《当代经济科学》2014 年第 3 期，第 112 页。

的发展演变。若组织形式不能适应组织环境改变，就会出现组织结构与组织环境的不匹配，组织就会长期处于绩效低效状态甚至解体。农业经营主体是组织形态也是组织结构，并且在政策制度、经济发展、自然技术、社会文化等外部环境影响之下呈现不同的组织结构形态演变特征。从全球范围来看，在市场化、工业化、城市化、农业现代化和全球化等环境因素的影响下，形成多元化经营主体、发展多种形式的规模经营已成为农业现代化的必然要求。由于各国的自然资源禀赋、经济发展水平、农业经营制度、历史文化存在巨大差异，各国政府在推动农业经营主体形成方面存在多种调控类型，如美国的政策调控型、法国的市场促进型、德国的政府引导型、日本的行业协会推动型等。①

　　波特"钻石模型"的视角。美国著名的经济学家迈克尔·波特于1990年提出了"菱形理论"又称"钻石模型"，用于分析一国的某种产业或产品如何在国际上拥有较强的竞争力。波特认为，一国的某个行业或者产品在国际竞争中具有整体竞争优势的关键在于生产要素、需求条件、相关产业、企业战略环境"四大要素"，这四个要素具有双向作用，形成钻石体系，并受政府和机会两个辅助要素整合作用影响。"钻石模型"不仅可以分析一个行业或一个产业，也可以用于分析单个工厂、企业、经营组织，还可以分析一个行政区域如村庄、乡镇甚至国家。在农业经营主体形成过程中，同样存在决定农业经营主体形成的"钻石模型"。第一，土地、资本和劳动是农业生产过程中最基本的要素资源，土地经营规模和资本集约度、劳动集约度、土地集约度构成实体性要素，技术运用水平和专用资产数量是渗透性要素，农民的年龄结构、知识水平等组合性要素使农业生产要素使用效率更高、效果更明显。这三大类要素资源聚集于农业经营主体才能发挥更大的作用。第二，农业需求包括工业化对农产品的原料需求、城市化对农产品的多样化需求。工业化、城市化和全球化的快速发展增强了其对农产品多样化的需求和农业原料的需求，力促农业经营者在农业生产中用更高的生产效率，产出更多的农产品。第三，相关产业及支持产业

---

　　①　涂洪波、陈烙：《新型农业经营主体形成与扶持政策创新》，《中州学刊》2017年第12期，第43页。

对农业市场化程度、产业化水平、产业融合水平要求更高，进而更要求提高农业生产经营组织效能，促进农业生产经营主体不断进行组织创新和产业联合。第四，农业在经济发展中的战略地位、国家对农业采取的发展战略，直接影响农业参与国际竞争的能力和水平。国家的农业政策体系、法规体系、制度体系影响着农业发展的各种"软""硬"环境，也创造了农业发展的机遇。这些因素相互支持、组合调整并形成合力，最终提升农业国际竞争力。[①]

间接定价理论的视角。杨小凯和黄有光提出了间接定价理论模型，该理论把人的劳动分为生产劳动和经营劳动。人们通过劳动交易费用和分工收益的大小比较来选择经营行为，前者大于后者时选择自给自足，前者小于后者时选择分工。当农业生产分工程度较低，劳动交易费用高于分工收益时，农业经营主体大多是家庭农场。分工发展促进了市场的形成和发展，在市场中衍生了产品交易和劳动交易两种交易形式，市场主体倾向于选择交易费用较低的交易形式，若选择劳动交易则有生产劳动交易和经营劳动交易两种选择，交易费用较低者可通过市场获得，而交易费用较高者可通过给予劳动者剩余控制权、收益权间接定价，农民合作社与农业企业由此产生。农业经营主体的产生正是在农业生产与农业经营分工条件下，市场主体根据自身禀赋条件，权衡交易费用而做出的剩余索取权的选择（见图2-1）。

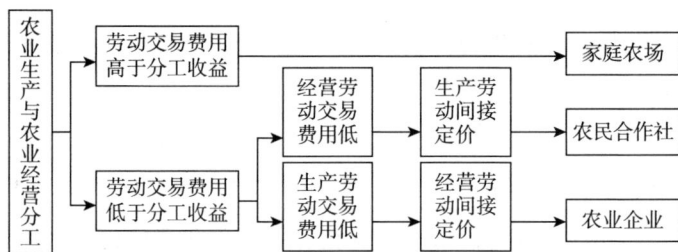

图 2-1　多样化农业经营主体形成的阐释

资料来源：楼栋、孔祥智《新型农业经营主体的多维发展形式和现实观照》，《改革》2013 年第 2 期，第 69 页。

---

① 张扬：《试论我国新型农业经营主体形成的条件与路径——基于农业要素集聚的视角分析》，《当代经济科学》2014 年第 3 期，第 113~114 页。

（二）农业经营主体的主要类别

从世界范围来看，农业经营主体主要有家庭农场、合作社、农业企业三大类，而由于各国的历史条件、自然资源禀赋条件、社会经济发展条件、政治法律制度等的不同，这三类经营主体的形式不同、定义不同、发展方式不同。除这三种基本形式外，农业经营主体还有日本的农协、我国的专业大户等。

1. 家庭农场

家庭农场（family farm）是源于欧美的舶来名词，各国对于家庭农场的定义并不一致。美国的家庭农场是指一年销售农产品在 1000 美元以上的农业生产经营单位；英国的家庭农场是指以家庭为单位从事农产品生产的农场；日本的家庭农场是指以农户为中心进行家庭经营的现代主体。综合来看，家庭农场是以家庭为基本单位，以农业收入为主要收入来源，以家庭劳动力为主并采用雇工、半雇工的用工方式，以适度规模经营的方式生产商品的农业经营主体。由于各国的土地产权、农民的身份地位、农业发展水平、自然资源禀赋等不同，家庭农场的认定条件和定义也不同，并且形成了不同种类的家庭农场。家庭农场按照产权性质分为私营农场、集体农场、国有农场；按照经营规模分为大规模农场、中规模农场、小规模农场；按组织方式分为单个家庭经营的农场、合伙农场和公司农场。

2. 合作社

合作社是农业劳动者为谋求和维护自身的经济效益，通过自愿互利、民主管理、入社自愿、退社自由、自主经营、自负盈亏的方式把单个农户联合起来从事生产经营活动，并为社员提供产前、产中、产后服务的经济组织。合作社按经济利益分为营利性的合作社和非营利性的合作社；按照组织形式分为"公司"型、"公司+农户"型、"经纪人+农户"型、"大户+农户"型、"村集体+农户"型；按照社员在合作社中的角色定位分为业务参与型、管理参与型、资金参与型；按照治理结构分为传统合作社、现代合作社、股份合作社、协会合作社；按照入股的内容分为土地股份合作社、资金入股合作社、农业机械合作社、技术入股合作社等。

3. 农业企业

农业企业是指综合利用土地、资本、劳动力、生产技术、机器设备等生产要素，以营利为目的、以市场需求为导向，为社会提供农业生产资源、农业产品以及农业服务的经济组织。农业企业通常分为农业生产企业、农业加工企业和农业流通企业。随着农业分工深化发展，农业产前、产中、产后各环节的企业开始专门化，形成了良种培育企业、机械设备生产制造企业、化肥企业、农药企业、运输企业、仓储企业、农业金融企业、农业保险企业等。

二 农业适度规模经营的实现形式

农业起源于石器时代，经历了漫长岁月和多个发展阶段。根据生产力的性质和状况的差别，农业历经原始农业、古代农业、近代农业和现代农业四个阶段。农业适度规模经营是农业进入近代以来，随着工业化、城市化的发展，农业生产力与农业生产关系日益优化调整，在市场经济的导向作用下形成的。在此过程中，农业适度规模经营经历了从粗放型适度规模经营向集约型适度规模经营的发展转变，主要形成了土地集中型农业适度规模经营、合作经营型农业适度规模经营、社会服务型农业适度规模经营三种类型。

（一）土地集中型农业适度规模经营

土地集中型农业适度规模是指农业经营主体通过适当扩大土地经营主体的耕地规模，以使其能够高效利用农业生产技术、农业机械设备、灌溉设施等生产要素，从而提高土地产出率、劳动生产率、投入产出率的经营模式，又被称为"农地适度规模经营"。历史和现实告诉我们，不同国家的土地资源状况不同，其土地经营规模也必然不同。土地集中型适度规模经营的影响因素主要有生产力水平、经营环境、经济效益等。生产力水平主要是指劳动工具的优劣和经营者劳动技能状况，经营环境是指土地资源是否丰富和人地比例情况，经济效益是指与各种要素配置相吻合的最大效益。一般而言，土地资源丰富、地块集中、劳动力不足的国家，适于大规模的土地适度规模经营；人地比例适中的国家适于中等规模的土地适度规模经营；土地资源不足，地块分散，人地比例较小的国家则适于小规模的土地适度规模经营。如美国、法国、日本分别属于这三种类型的典型代表。土地资源丰富、劳动力不足的国家往往通过"节约劳动型"技术发展土地适度规模经营，如美国主要是通过发展农业机械技术提高劳均耕地面积，扩大经营规模，以提高劳动生产率和农业产出；而土地资源不足、人地比例较小、地块分散的国家则通过"节约土地型"技术发展土地适度规模经营，如日本主要通过作物品种改良技术、化肥技术、生物技术等农业科技推广和教育推广提高土地产出率和农业产出。

通过分析国外土地集中型适度规模经营的历史可以发现，大规模一般优于小规模。农地规模的扩大是一个发展过程，只有当每单位的劳动所创造的价值和每单位土地创造的价值综合表明新规模比原有规模更优越时，扩大规模才是可行的。除土地资源状况、劳动力状况影响土地集中型适度规模经营之外，生产力水平也是一个不容忽视的因素。在生产力水平不高的条件下，可以通过扩大耕地面积、增加劳动投入或者提高劳动强度的办法提高劳动生产率。随着生产力水平的不断提高，机械化应用、农业科技使用、劳动者素质提高等能够促进农业适度经营规模的扩大。

（二）合作经营型农业适度规模经营

合作经营型农业适度规模经营是指生产相同或者相近农产品的各类农业经营主体之间，如农户之间、农户与生产资料提供者之间、农户与生产技术提供者之间、农户与涉农企业之间等，以农业股份合作社、农民协会、农民专业合作社等形式进行合作，并通过增加新要素的投入、节约成本、提高附加值，实现提高农业产出和农民收入等农业发展目标的经营模式。经验表明，农民合作经营是广大小规模农户进入市场、改善自身经济地位的有效选择。合作经营不仅提高了单个农户的生产力，也提高了合作经营的整体生产力，正如马克思所说："不仅是通过协作提高了个人生产力，而且是创造了一种生产力，这种生产力本身必然是集体力。"①

农业分工演进和专业化发展诱致了合作经营型农业适度规模经营的产

---

① 《资本论》（第 1 卷），人民出版社，1975，第 362 页。

生。农业分工演进和专业化水平提高是农业经济发展的原动力，而农业生产所具有的自然再生产和经济再生产的双重特性，一定程度上限制了农业分工深化和专业化发展。单个农户经营者若是参与农业分工需要支付较高的交易费用，且进行专业化生产需承担的风险也较大，在成本与风险的双重约束之下，单个农户更倾向于自给自足。在单个农户经营方式不变的条件下，农户之间有机联结建立合作经济组织，既能够有效降低交易成本，又能够最大限度地规避风险，使农户获得分工和专业化收益，促进农业分工深化和专业化发展。因此，单个农户在分工和专业化发展的条件下走向联合，产生了农户合作经济组织。世界合作运动经验也表明，农户合作是单个农户进入市场改善自身经济地位的有效选择，分散经营的农户，在不改变土地经营规模的条件下，不仅可以通过产业链分工整合实现规模经营，还可以通过合作组织的制度创新实现农户联合，最终实现生产小规模经营和大规模的合作型农业适度规模经营。

合作型农业适度规模经营有利于农业生产社会化服务体系的构建和完善。在单个农户经营方式下，若农户提供大量的农业生产服务，经济效率较低甚至存在不经济现象。而在农户合作条件下，农户之间既相互合作，又相对独立，在拥有组织剩余索取权的激励下努力经营，使其所提供的社会化服务具有良好效益。另外，农业合作组织比单个农户在资金、技术、信息等方面具有更大优势，为合作经济组织提供产前、产中、产后服务比单个农户更经济，故单个农户进入合作经济组织有利于完善农业生产社会化服务的供给。

（三）社会服务型农业适度规模经营

社会服务型农业适度规模经营是以农地生产经营主体[①]为主要服务对象，对农业经营过程中的资产专用性较强、可分性较差、购置成本高昂的生产要素，由服务机构有偿供给，把分散的农户集中起来，开展规模服务、提高规模收益，以实现服务对象广泛、购置成本稀释、产出效率提升、农户收入增长等目标的经营模式。其服务内容包括生产性服务和非生

---

① 农业经营主体不仅包括了以农地生产经营为主的主体即专门的生产主体，还包括专门进行生产加工的主体和专门提供农业生产服务的经营主体，以及纵向一体化的经营主体。

产性服务两部分，涵盖产前、产中、产后各环节，实行产业链分工组合、提供规模服务。服务对象的拓展，即服务农户的增加，使生产要素如农机服务、农技服务、信息服务等同农户所具有的劳动力、土地等有效结合，有利于先进机械设备、先进农业科技、科学管理方法、农业市场信息等的推广与应用，提高农业整体生产力水平，弥补单个农户在信息获取、交易成本、市场地位等方面存在的不足，解决单个农户"办不了、办不好、不愿办"的难题，以及单个农户提供服务易产生的"断线脱节"问题。

产业链分工和专业化促进了社会服务型农业适度规模经营的产生与发展。市场经济的发展使单个农户日益成为产业链条中的一员，传统单个农户缺乏投资激励和引进新生产要素的能力，特别是配备使用大型机械的能力。农业产业链分工使生产更加专业化，单个农户以追求利润为基本目标，对社会服务的需求增强，育种公司、植保公司、化肥农药公司、农机服务公司、销售服务公司等专业技术服务公司产生，并形成规模效益。有些公司开始把生产农户纳入公司生产过程之中，对农户进行整合，使其成为企业分工产业链中的一环，通过统一管理、统一规划、统一生产、统一技术指导、统一加工、统一销售等实现产业链的规模化和整体组织的规模化，既提高了农业生产力水平，又促进了制度创新、组织创新和农业生产关系的优化以及农业经营方式的多样化发展。从一些国家的经验来看，社会服务型农业适度规模经营方式主要有美国的市场导向型、德国的合作社导向型、日本的农协导向型、巴西的政府导向型等。[①]

三　农业适度规模经营的梯次演进

农业适度规模经营的方式是随着农业生产力水平逐渐提高和生产关系日益调整优化，逐渐由初级阶段向中级阶段再向高级阶段循序渐进演化的。具体而言，农业适度规模经营由初级阶段的土地集中型适度规模经营向中级阶段的合作经营型适度规模经营，再向高级阶段的社会服务型适度规模经营演化（见图2-2）。这三种形式并不是严格意义上的阶段划分，

①　李春海、沈丽萍：《农业社会化服务体系的主要模式、特点和启示》，《改革与战略》2011年第12期，第100~101页。

而是基于阶段发展中的主要形式的划分。也就是说，农业适度规模经营在初级阶段也有中级和高级形式，以初级形式为主；在中级阶段仍有初级形式的存在和高级形式的发展，以中级形式为主；高级阶段也仍留有初级和中级的形式，以高级形式为主。

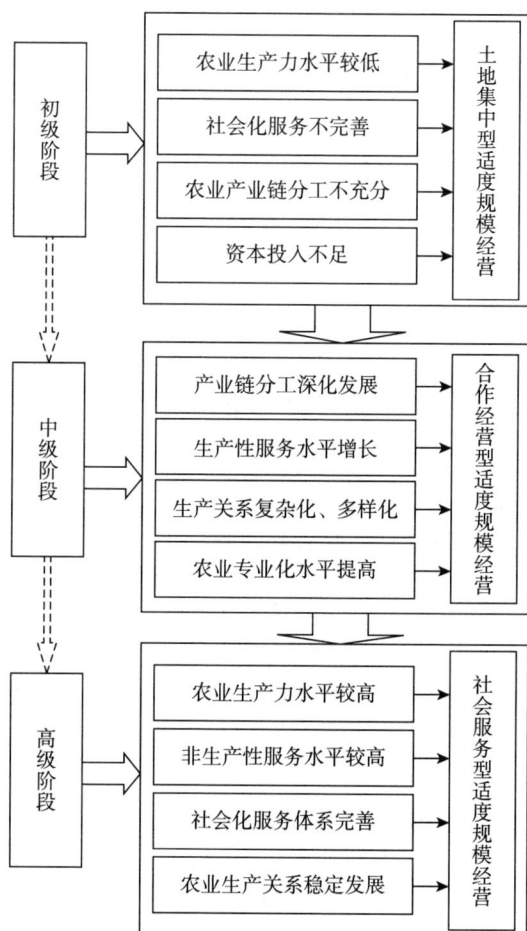

图 2-2　农业适度规模经营的演化形式

在工业化、城市化水平不够高，农业生产力水平较低、社会化服务不完善、农业产业链分工不充分、资本投入不足时期，农业规模经营一般通过集中扩大农地经营面积这种外延型（粗放型）的方式实现适度规模经营；随着市场化的发展和工业化、城市化水平的提高，工业化成果开始应用于农业生产经营活动，农业产业链分工开始深化，第二、三产业的发展也间接促进了农村生产性服务的增长，农业生产关系复杂化，农业生产的专业化水平提高，促进了合作经营型适度规模经营的发展，有效地缓解了大市场和小规模的矛盾，农业适度规模经营由以外延型发展为主开始转向以内涵型发展为主；在工业化、城市化水平较高，农业现代化基本实现，农业生产力水平较高，城乡一体化发展基本实现，非生产性服务和社会化服务体系比较完善，生产关系得以稳定，农业劳动力转移较为稳定之时，社会服务型适度规模经营得到发展。

合理定位农业适度规模经营的发展阶段，并有针对性地进行引导，不仅有利于农业适度规模经营的发展，而且有利于农业适度规模经营不断向更高级阶段演进。

第四节　农业适度规模经营的实现保障

农业社会化服务体系是农村生产力发展和生产关系调整的必然产物，是农业生产分工发展和专业化水平提高的衍生结果。农业社会化服务体系是指以服务农业生产经营为基础，以城乡统一为目标，以农业发展为重点，以政府建构性、组织带动性、企业主导性、社会参与性为组织特征，专门提供生产性或非生产性服务的各类机构和个人所形成的网络整体。农业社会化服务体系包括生产性服务和非生产性服务两部分。农业社会化服务体系是市场经济条件下的产物，是农业适度规模经营得以实现的重要保障。

一　生产性服务保障与非生产性服务保障的含义

生产性服务保障与农业生产经营活动直接相关，直接影响农业生产力的发展和农业生产效率的提高，其主要以人力资本和知识资本为投入要素，不能直接进行物质转化，但却能提高生产、运作过程中不同阶段的产出价值和运行效率。生产性服务贯穿于农业生产的整个链条，分为产前、产中、产后三个环节，产前涉及农机、化肥、农药、饲料、种子、牲畜良种及能源供应等农用物资的生产供应等服务，产中包括植物保护和动物防疫服务、新技术推广和应用服务、信息咨询服务等，产后包括农产品供求信息、质量评价、收购运输和销售等服务。[①] 李锐认为生产性服务包括农田水利基础设施、农村道路和公共运输工具、部分大中型农业机械和设备、公共性农产品贮藏加工设备。总之，农业生产性服务是服务主体为农业生产活动的机构、组织和个人所提供的产前、产中和产后诸环节的服务，旨在提高农业生产效率，促进农业发展。[②]

非生产性服务虽不与农业生产经营直接相关，但是对农业生产的间接影响较大。非生产性服务内容广泛，包括公共基础设施的建设、道路交通建设、社会教育卫生事业、法律、政策、制度等，非生产性服务影响了农业生产要素和农业产品的流通，以及职业农民素质的提高等。非生产性服务保障是农业适度规模经营不可或缺的组成部分，在实现社会服务均等化方面发挥着重要作用。在非生产性服务的概念和具体构成上，现有研究较少，因为一方面，农村公共品包括生产性公共品和非生产性公共品，公共品又具有非竞争性和非排他性等属性，这和生产性公共品、非生产性公共品是一致的，所以要做严格区分较为困难；另一方面，农村是第一产业为主的生产区域，所以一般把生产性公共品和非生产性公共品合二为一统称为生产性服务。而李锐认为农业非生产性服务包括邮电通信设施、医疗卫生设施、学校和培训设施、能源供给设施、社会福利设施、娱乐设施和必要的服务建筑设施。[③] 受这个观点启发，本书认为非生产性服务应包括道路交通基础设施建设、能源设施建设、公共基础教育、社会医疗、公共卫生、社会保障等，旨在提高城乡服务均等化水平、实现城乡统一和社会和谐。

二 生产性服务保障的必要性及对农业适度规模经营的作用

建立并健全农业生产性服务保障体系的必要性主要体现在以下三点。一是农业是国民经济的基础。"农业是国民经济的基础"是一个存有争议的命题，持肯定观点者如郑景骥认为"农业是国民经济的基础"是所有人

① 吴宏伟、侯为波、卓翔芝：《传统农业区农业生产性服务业现状、问题和发展思路——以安徽省为例的实证分析》，《农村经济》2011 年第 9 期，第 44 页。
② 李锐：《农村公共基础设施投资效益的数量分析》，《农业技术经济》2003 年第 2 期，第 5 页。
③ 李锐：《农村公共基础设施投资效益的数量分析》，《农业技术经济》2003 年第 2 期，第 5 页。

类社会所共有的客观的、普遍的规律，^① 持否定观点者如黄焕忠认为农业是国民经济的基础是一个具有历史范畴的经济规律^②。从世界发展历史来看，无论是农业产值占总体国民经济产值，还是农业劳动力占整体劳动力的比值，均呈现下降的趋势，但是人类基本的生存依然靠农业，而比值下降正是农业生产力提高和农业劳动生产率提高的结果，人们由此才有更多的剩余时间从事其他行业。农业生产的市场化、社会化更使从事农业生产的必要劳动时间和剩余劳动时间在世界范围内配置，一国即使不发展农业也可以通过交换获得食物，不过从世界范围看，农业仍是国民经济的基础。农业作为人类"衣食之源"的地位不可动摇，因此要构建完善的生产性服务保障体系支持农业发展。二是农业的弱质性。农业生产是自然再生产和经济再生产的统一，动植物的生长周期及其对自然条件的依赖等很难使生产过程逻辑化，因此农业生产率远低于工业和服务业，成为弱质产业，在国民经济中所占比重日益下降。在工业化发展初期也常存在损害农业支持工业发展的现象，这些现象更是使农业的弱质性加重。另外，农业生产过程中还面临自然灾害、"增产不增收"等自然和经济风险。因此，面对工业化和市场化的冲击，构建完善的生产性服务保障是极为必要的。三是农业专业化、市场化。随着农业社会分工的发展和农村生产力水平的提高，农业专业化水平也不断提高。农业专业化表现为生产经营专业化和农艺过程专业化。随着分工发展，一个农业经营主体所经营的项目日渐减少，由分散到集中，形成了种养业专业经营者；农业生产过程诸环节由单一经营者完成转向由不同的经营者分工协作完成，每个经营者专门从事产前、产中或者产后某个环节、某个部分或某项作业的生产过程。在专业化和市场化条件下，需要把从事不同项目的经营者和从事不同环节的经营者紧密联系在一起，形成一条完整的产业发展运作链环，任何一个环节出现问题都不利于农业发展，因此，构建和完善农业生产性服务保障尤为重要。

生产性服务保障对农业生产的作用主要表现在以下三点。一是有利于

---

① 郑景骥主编《农业经济学》，西南财经大学出版社，1995，第16页。
② 黄焕忠：《农业是国民经济的基础是一个普遍规律吗?》，《中国农村经济》1991年第11期，第53页。

农业生产效率的提高。一方面，农业生产性服务是现代农业产业体系的重要组成部分，在农业产业链中起着中间连接和链条黏合的重要作用，能够促进农业内部分工和协作，使产前、产中和产后诸环节有机衔接，有利于延伸产业链、壮大产业群、提升产业层次、健全产业体系、降低经营风险、提高经营效率。另一方面，农业生产性服务的发展有利于充分发挥对农业市场化、专业化的支撑带动作用，促进农业分工分业和农民分化发展，有利于农业产业体系的拓展、农业产业间的协调、农业生产资源的优化配置、农业整体竞争力的提升和农业生产效率的提高。① 除此之外，处于"微笑曲线"两端的生产性服务业比中间生产环节效益更高，因此，生产性服务保障有利于延长产业链，提升农产品的附加价值。

二是有利于促进农业生产力的发展。首先，生产性服务业促进了分工。分工既是生产力发展的结果，又是生产力进一步提高的前提。一般而言，社会整体的分工是各部门分工的条件，社会生产力的发展有利于农业生产部门生产力的发展，农业生产部门的生产力发展有利于农业生产各环节农业生产力的提升。又因为农业生产性服务体系是农业生产部门的重要组成部分，它的发展和完善就会在一定程度上促进农业生产诸环节分工和生产力的进步。其次，生产性服务业促进了农业技术水平的提高。农业生产性服务对农业生产技术的直接影响包括促进金融服务创新，加强金融服务监管，推动农业信息整合，加快科技创新转换、科技知识推广，加强保险服务支持，增强技术创新及应用的有效性，等等。农业生产性服务业对农业技术进步的间接影响包括优化农业科技资源配置，发挥协同创新的学习效应、流动效应和技术外溢效应，促进农业人力资本积累。② 最后，生产性服务促进了农业投资水平的提高。舒尔茨就曾论证过传统农业处于低水平均衡，农业落后的主因是农民缺乏投资热情的观点。农村生产性服务业的金融创新、保险服务、财政支持等能够促进农业投资水平的提高，有利于实现农业适度规模经营。

---

① 农业部课题组：《现代农业发展战略研究》，中国农业出版社，2008，第 86 页。
② 郝爱民：《农业生产性服务对农业技术进步的影响》，《华南农业大学学报》（社会科学版）2015 年第 1 期，第 7~11 页。

三是有利于农业生产关系的调整。首先，农业生产性服务业发展有利于农业人口非农化。分工发展使农业部门内部形成了第一产业、第二产业、第三产业，第三产业即农业生产性服务业。农业生产性服务的发展加快了农业内部分工，使农业劳动者不断转移到服务业中来，促进了农村就业，缓解了城市压力，促进了城乡统一，推动形成了"强制性转移""市场调节性转移""组织规划型转移"等多种转移模式和"农民工人""兼业农民""职业农民"等农民分化形式。生产性服务业发展对农业剩余劳动力的吸收为农业生产要素的配置和农业适度规模经营创造了条件。其次，生产性服务业的发展促进了农业经营主体关系的多样化。生产性服务业作为农业生产的中枢系统，起着纽带和桥梁作用，表面上看农业生产经营者"各自为政"，但是彼此之间却又存在着千丝万缕的联系。比如在农业科技、教育、金融支持、保险服务方面有政府主导型、中介组织参与型、业主自主型等科技推广体系、教育体系、金融支持体系和保险服务体系；在经营主体和农业劳动者的关系上有雇佣劳动关系、互助合作关系、自主经营等；在产权关系上有公有产权、私人产权和集体产权等多种所有制形式；在契约关系上，有完全合约和不完全合约等；在经营方式上有家庭农场制、专业合作制、农业企业制、家户经营制等。农业生产社会化服务体系的发展和完善，极大促进了农业生产关系的发展和农业生产组织方式的变革。

三　非生产性服务保障的必要性及对农业适度规模经营的作用

构建完善的非生产性服务保障体系对农业发展至关重要，主要表现在以下两点。第一，构建非生产性服务保障体系是缓解收入差距的手段。市场经济是以追求效率为指引进行资源配置的，而农业天然具有效率低于工业和服务业的特征，使资本、劳动力等生产要素易于流出。农业内部产业的分化也使农业内部产生了效率不等的"微笑曲线"，再加上工业化过程中工业偏向政策的路径依赖，形成了工农差距、城乡差距、城乡二元结构、农业内部二元结构等，使得农业衰落、农村空心、农民贫穷的"农村病"日益严重，这些不平等完全依靠市场调节是很难奏效的。而非生产性投资建设能提高公共服务水平、调节收入差距、兼顾公平。因此，构建和完善非生产性服务保障，有效缓解收入分配和城乡差距是极为必要的。第二，构建非生产性服务保障体系是统筹城乡发展，促进城乡一体化的方略。农业非生产性服务是实现社会服务均等化的主要途径和重要内容。随着经济的发展和人民素质的提高，人们对公平和正义的需求与日俱增。然而经济增长的不平衡是经济发展的常态，资源禀赋、人力资本、发展机遇等的不同使地区之间、人与人之间的差距在市场经济的作用下呈拉大趋势，这一方面激起了人们的不满情绪，另一方面促使农民大量涌入城市。因此，完善非生产性服务保障对统筹城乡发展、促进城乡统一是极有必要的。

非生产性服务保障对农业适度规模经营的作用主要体现在以下三个方面。一是提高农业人力资本水平。学校教育、培训机构等不仅提高了农村集体劳动者文化素质，还提高了直接从事农业生产的劳动者的科技文化素质；农业人力资本水平的不断提高有利于农业生产科技的推广和使用，有利于农业经营效率的提高和对农业市场预测能力的增强，从而促进农业适度规模经营。二是促进农业劳动力非农化。农业非生产性服务保障，特别是社会保险、医疗保险、养老保险等使农民对农业的依赖性减弱，甚至彻底放弃农业，农业剩余劳动力要么转移到城市、要么转移到农村的第二、三产业，能有效促进土地适度集中和农业专业化。三是社会化服务体系的完善是农业适度规模经营的重要保障。首先，社会化服务体系的完善有利于稳定农民收入。社会化服务体系在发展过程中形成了政府、组织和个人三类服务供给者，服务主体的多元化有利于提升服务内容和服务质量，从而减少农民的转移风险、农业经营风险，稳定农民的收入。其次，社会化服务体系的完善有利于农业规模的适度扩大。城乡统一的社会化服务，使转移的农民与留守在农村的农民的收入及享受的生活服务大致相当，职业农民就会在比较优势的激励作用下从事农业生产，在规模经济的作用下通过土地流转集中扩大经营规模。但是受交易成本和土地供给有限性的约束，农业生产规模并不是越大越好。构建和完善以政府为主导、以社会组织为主体的私人企业参与的多元化农业服务系统，是农业适度规模经营的重要保障。

第三章

中国农业适度规模经营实践的历史嬗变

新中国成立以来，我国对农业现代化进行了长期而艰辛的探索，认识不断发展、深化。[①] 在不同的历史条件下，我国以组织创新和制度创新加强农业基础地位、推动农业现代化，走出了一条中国特色农业现代化道路。改革开放前，我国农业生产经营经过社会主义改造和发展，由农业生产互助组发展到初级农业生产合作社，再发展到高级农业生产合作社，形成了规模大、公有化程度高，即"一大二公"的人民公社体制。这一体制，可充分发动群众，集中生产资料，利于实现农业机械化和电气化，提高农业生产力。人民公社一般以一乡为一社，成立之初，农业经营规模化、组织化程度空前提高，农民生产热情高涨；发展到后期，农民出工不出力等问题日益显现，人民公社走向衰落。改革开放后，经过包产到户、包干到户等尝试，家庭联产承包责任制开始实行，人民公社体制最终解体。家庭联产承包责任制使个人付出与农业收入直接挂钩，农民生产积极性大增、农村生产力得到解放和发展。然而随着我国市场经济体制的建立和完善，尤其是工业化和城市化的快速发展，大量农民进城务工经商，农民兼业化、老龄化现象日益严重，家庭联产承包责任制这种"人人分田、户户种地"的高度分散、细碎化小规模生产经营模式越来越不适应农村生产力的发展要求。为解决"小农户与大市场""小规模与现代化"之间的矛盾，在农村改革和发展的"两个飞跃"思想指导下，我国逐步开始了农

[①] 薛亮：《从农业规模经营看中国特色农业现代化道路》，《农业经济问题》2008 年第 6 期，第 5 页。

业适度规模经营的探索实践,以家庭农场、专业大户、农民合作社和农业企业等为代表的新型农业经营主体兴起,并不断发展壮大。实践证明,农业适度规模经营是我国发展现代农业的必由之路。值得注意的是,我国的农业适度规模经营与率先实现农业适度规模经营及农业现代化的国家相比具有独特性,且仍处于初级发展阶段,以土地集中型适度规模经营为主,合作经营型和社会服务型适度规模经营发展不足。合理定位农业适度规模经营的发展阶段,并有针对性地进行引导,不仅有利于农业适度规模经营的发展,而且有利于农业适度规模经营不断向更高级阶段迈进。[①]

第一节　中国农业适度规模经营的发展历程

1949 年,新中国建立之初,国家百废待兴,农业生产力水平较为低下,农业生产资料极度匮乏。经过社会主义改造,农业生产经营方式由私有私营逐步过渡到了公有公营,形成了人民公社体制下的合作化大规模农业。随着我国经济的恢复和发展,这种高度集体化的人民公社体制难以适应农村生产力的发展要求,因而被家庭联产承包责任制取而代之。起初,家庭联产承包责任制所释放的制度效应明显,但随着我国社会主义市场经济的建立和完善,以及工业化和城镇化的发展,这种家户式小规模分散经营模式难以适应社会化大市场和农业现代化发展需要。由此,我国成功探索出了农业适度规模经营的农业现代化之路。农业适度规模经营由诱制性转向政策推动,农业新型经营主体不断发展壮大,形成了多种形式的农业适度规模经营。

一　改革开放前的农业规模经营方式

新中国成立后,农村先是进行土地改革强力清除封建地主土地所有制,建立土地农民个体私有制。[②] 农民获得土地后生产积极性高涨,但却

---

①　吴振方:《农业适度规模经营:缘由、路径与前景》,《农村经济》2019 年第 1 期,第 36 页。

②　许庆、刘进、杨青:《农业生产方式、交易成本与中国乡村治理》,《农业经济问题》2022 年第 10 期,第 34 页。

普遍面临缺乏生产资料的窘境，为此农民们按照自愿互利原则进行互助合作，成立了互助组。为把更多农民引导到互助合作的轨道上，中共中央出台系列政策，指导互助组逐步向社会主义集体所有的农业生产合作社过渡，经过初级社和高级社两个阶段，全面建立了以社会主义集体经济为基础的人民公社。起初，人民公社使农村生产力水平快速提升，粮食产量大幅增长，农村社会事业快速发展，尤其为发展工业和城市建设提供了大量原料供给保障和资本积累。但是随着人民公社不断强化集体统一、统购统销，农民的生产积极性严重受挫，这种高度集体化的生产方式与较低的生产力水平之间的矛盾日益尖锐。改革开放前的农业规模经营方式经历了如下阶段。

农业生产资料私有制转向集体所有制阶段（1949~1956年）。新中国成立之初，党领导农民进行土地制度改革，土地的所有权归农民所有，实现了"耕者有其田"，广大农民的生产积极性提高，有些农民通过互助组进行生产合作以克服生产资料短缺等问题。1953~1956年，在社会主义制度指引和集体所有制要求之下，中共中央陆续发布了《中国共产党中央委员会关于发展农业生产合作社的决议》（1953年）、《中国共产党第七届中央委员会第六次全体会议（扩大）关于农业合作化问题的决议》（1955年）、《农业生产合作社示范章程》（1955年）、《高级农业生产合作社示范章程》（1956年）等文件，极力扩大集体所有制规模。[①] 土地入股、统一经营的初级合作社过渡到生产资料归集体所有的高级合作社。至1956年，农村集体所有制初步建立。

"三级所有，队为基础"的"一大二公"规模农业阶段（1957~1978年）。所谓"三级所有，队为基础"是指农业生产过程中的所有生产资料由人民公社、生产大队和生产队三级分别所有，以生产队为基本核算单位，具体负责生产计划安排、生产劳动组织和生产收益分配。"一大二公"是指规模大、公有制程度高。1957~1958年合作社的规模迅速扩张，由一般百户以上的"一村一社"发展为2000户左右的"一乡一社"，小社并大社升级到人

---

① 孔祥智、刘同山：《论我国农村基本经营制度：历史、挑战与选择》，《政治经济学评论》2013年第4期，第79~80页。

民公社，实现了农业生产资料公有，生产资料集中、生产经营集中、生产劳动集中，农业收入按劳分配。1962 年发布的《农村人民公社工作条例（修正草案）》明确了生产队是人民公社的基本核算单位，划定了人民公社的职能权限。1978 年改革开放以后，人民公社体制摇摇欲坠，最终解体。

改革开放前这一时期所形成的规模农业既有积极作用也有消极影响。积极作用表现如下。一是使饱受战争摧残的农业生产迅速得以恢复，维护了国家稳定，并为国民经济的恢复和发展奠定了基础。二是"以农补工、以农村支持城市"的强制性政策为工业发展和城市建设积累了大量资金。新中国成立之初，一穷二白，集体所有制农业在统购统销、人民公社、户籍制度作用下，以"剪刀差"等形式为我国的重工业发展战略和城市建设积累资本。按照中国人民大学严瑞珍等学者的计算方法估计，1952~1978 年，农业以"剪刀差"形式为工业提供资金 3917 亿元，以税收形式为工业提供资金 935 亿元，二者合计 4852 亿元，即使扣除财政支农资金，农业净流出也高达 3120 亿元。[①] 三是通过集体的力量修建了大量的农田水利、道路交通等基础设施，提高了抵御自然风险的能力。消极影响则表现为规模农业的经营效益不佳，生产上存在"瞎指挥""大呼隆"，分配上存在"大锅饭"等问题。"瞎指挥"主要指当整体和个体特征上存在较大差异时，个体仍在整体的框架下被统一调度，公社的意志强加在生产队上，从耕种到收割的政令全由公社指挥，生产队的生产缺乏自主权。"大呼隆"是指"出工一窝蜂，干活磨洋工"，虽然集体行动的规模庞大，但是由于生产过程缺乏有效的监督，劳动者缺乏主动性和自觉性，普遍存在"出工不出力"现象，生产的效率逐渐降低。"大锅饭"就是指在生产分配上实行平均主义，按"劳"分配不是按劳动的质计酬，而是按劳动的量（出工的人数和次数）计酬。

极力追求集体所有制扩大化、升级化形成的"一大二公"的人民公社体制大规模农业因与我国农村生产力发展的需要不相适应而消亡。这一阶

---

① 严瑞珍、龚道广、周志祥、毕宝德：《中国工农业产品价格"剪刀差"的现状、发展趋势及对策》，《经济研究》1990 年第 2 期，第 66~68 页。

段，虽然我国农业生产经营方式历经"家庭私有制（私有私营）→互助组
→初级合作社→高级合作社→人民公社（公有公营）"的巨大转变，形成
了大规模合作农业，但是由于这一时期我国的整体生产力水平较低，农业
分工发展缓慢，农业分工主要表现为集体与集体之间的分工，农民之间分
工主要体现为生产过程的劳动协作。这种在政府强制性政策引导下发展形
成的人民公社体制，在农业生产效益不高的情况下仍为我国工业化战略和
城市建设起到了重要的促进作用。随着工业化起步和国民经济恢复，我国
的生产力水平有所提高，人民公社由盛转衰，组织效率日益降低，成为农
业生产力发展的桎梏。

　　研究人民公社制由盛转衰原因的学者众多，比较有影响力的是黄宗智
和林毅夫。黄宗智通过对长江三角洲小农家庭和农村发展的研究，认为集
体经济时期的农业有增长而无发展的原因在于农业的"过密化"，即在存
在生存压力和劳动力剩余情况下，集体仍以增加劳动力投入的方式尽可能
地提高产量，而不能容忍失业。林毅夫基于企业的视角研究了集体经济的
低效现象，他认为劳动者的劳动投入与预期收入呈正相关关系，当劳动投
入增加而预期收入不变时，劳动者的积极性将大大降低，此时加强劳动监
督是提高劳动者积极性的有效策略，但劳动监督在人民公社这种监督成本
远远高于监督收入的组织形式中，放任自流"按工分利"的平均主义不失
为一个理性选择。[①] 人民公社制下监督成本高昂使得监督者和被监督者的
有效激励不足，广大农民的生产积极性和主动性降低，农业发展远远落后
于工业发展，农业生产力和农业生产关系不匹配，新的资源配置方式亟待
构建。

　　综上所述，"一大二公"的人民公社制产生是由我国的自然条件、社
会经济条件和制度因素共同决定的。社会主义经济制度下，考虑到常年遭
受战乱摧残的国民经济一穷二白、生产力水平较低，为恢复生产、维护稳
定、迅速发展生产力，优先发展重工业成为首要之选。为了促进工业发
展，在高度集中的计划经济体制下，人民公社制既可以调动人们生产的热
情和积极性，又可为工业发展积累资金，故推而广之。然而，这种高度集

---

① 温铁军：《"三农"问题与制度变迁》，中国经济出版社，2009，第247~248页。

中的规模经营与我国当时生产力水平较低的现实不相适应，个体劳动成果与自身利益相关性较低使监督成本提高，造成了道德风险行为，导致集体经济组织效率低下，人民公社制难以为继，最终破产。

二　改革开放后农业适度规模经营的理性复归

改革开放后，人民公社制度下的农业规模经营方式瓦解，我国建构起了以家庭联产承包责任制为基础，统分结合双层经营的农业经营制度。同时，我国逐渐由计划经济体制向市场经济体制转轨、由农业国向工业国转变、由农业社会向工业社会转型、由传统农业向现代农业过渡。随着市场经济的完善、工业化和城市化进程的推进，农业分工日益细化、农业生产力水平不断提高，家庭联产承包责任制的边际效应递减，农业适度规模经营开始萌发，并从自发、诱致性为主的农业适度规模经营向自觉的、强制性与诱致性相结合的农业适度规模经营转变。

（一）家庭联产承包责任制的建立和制度效应递减

改革开放后，我国把以家庭联产承包为主的责任制、统分结合的双层经营体制，作为乡村集体经济组织的一项基本制度长期稳定下来，并不断充实完善。从实践来看，人民公社体制转向家庭联产承包责任制可以看作是诱制性和强制性相结合的制度变迁。1978 年冬，安徽省凤阳县小岗村的18 位农民秘密签订"分田单干、包产到户"合同，揭开了中国农村改革序幕，次年小岗村就实现了前所未有的丰收，农民不仅交了公粮还还了贷款。小岗村的成功使得全国各地纷纷模仿、探索，我国农业生产经营发展出包产到户、包干到户等新形式。1982 年中央一号文件明确指出，"目前实行的各种责任制，包括小段包工定额计酬，专业联产承包计酬，联产到劳，包产到户、到组，包干到户、到组，等等，都是社会主义集体经济的生产责任制"。[①] 1983 年中央一号文件对联产承包责任制给予充分肯定，指出"联产承包制采取统一经营和分散经营相结合的原则，使集体优越性和个人积极性同时得到发挥"。"联产承包责任制迅速发展，绝不是偶然的。

---

① 《中共中央国务院关于"三农"工作的一号文件汇编（1982—2014）》，人民出版社，2014，第 3 页。

它以农户或小组为承包单位，扩大了农民的自主权，发挥了小规模经营的长处，克服了管理过分集中、劳动'劳动大呼隆'和平均主义的弊病，又继承了以往合作化的积极成果，坚持了土地等生产资料的公有制和某些统一经营的职能，使多年来新形成的生产力更好地发挥作用。这种分散经营和统一经营相结合的经营方式具有广泛的适应性，既可适应当前手工劳动为主的状况和农业生产的特点，又能适应农业现代化进程中生产力发展的需要。"[1] 1983 年，我国农村实行承包到户的比例已扩大到 95% 以上。[2] 至此，我国以家庭联产承包责任制为基础，统分结合的双层经营体制基本确立，并广泛应用。

家庭联产承包责任制度下，农村实行"人人分田、户户种地"的模式，人均一亩三分，户均不足十亩，土地的所有权归集体，承包权和经营权归农户。这一制度在实施初期收效显著，农民获得可以自由支配的土地，大大提高了农民的种植积极性、主动性和创造性，农民的首创精神和主体作用得到充分发挥。家庭联产承包责任制推行之初，打破了我国农业生产长期停滞不前的局面，在 20 世纪 80 年代中期之前释放了巨大的制度效应。如表 3-1 所示，从 1970 年到 1978 年，我国粮食总产量由约 2.4 亿吨增长到约 3.05 亿吨，8 年仅增长约 0.65 亿吨，而从 1978 年到 1984 年，持续增长，由约 3.05 亿吨增长到约 4.07 亿吨，6 年净增约 1.02 亿吨。由此可见家庭联产承包责任制的制度效应凸显。对这一时期家庭联产承包责任制释放的制度效应，众多学者从理论和实证两个方面给予了论证。例如，林毅夫利用 1978~1984 年农业投入产出数据，测算了制度变迁、价格调整、市场改革和技术变迁对农业增长的影响，认为家庭联产承包责任制的制度贡献率为 46.89%，远高于农业生产要素价格下降和农产品收购价格提高等因素的贡献。[3]

---

[1] 《中共中央国务院关于"三农"工作的一号文件汇编（1982—2014）》，人民出版社，2014，第 23~24 页。

[2] 刘守英：《农村土地制度改革：从家庭联产承包责任制到三权分置》，《经济研究》，2022 年第 2 期，第 19 页。

[3] 林毅夫：《制度、技术与中国农业发展》，格致出版社、上海三联书店、上海人民出版社，2008，第 82~83 页。

表 3-1　我国历年粮食总产量汇总

单位：万吨

时间	粮食产量	时间	粮食产量	时间	粮食产量	时间	粮食产量	时间	粮食产量
1949	11318.4	1964	18088.7	1979	33211.5	1994	44510.1	2009	53940.86
1950	13212.9	1965	19452.5	1980	32055.5	1995	46661.8	2010	55911.31
1951	14368.9	1966	21400.9	1981	32502	1996	50453.5	2011	58849.33
1952	16393.1	1967	21782.3	1982	35450	1997	49417.1	2012	61222.62
1953	16684.1	1968	20906	1983	38727.5	1998	51229.53	2013	63048.2
1954	16952.8	1969	21097.3	1984	40730.5	1999	50838.58	2014	63964.83
1955	18394.6	1970	23995.5	1985	37910.8	2000	46217.52	2015	66060.27
1956	19275.6	1971	25014	1986	39151.2	2001	45263.67	2016	66043.51
1957	19504.5	1972	24048	1987	40473.1	2002	45705.75	2017	66160.73
1958	19766.3	1973	26493.5	1988	39408.1	2003	43069.53	2018	65789.22
1959	16969.2	1974	27527	1989	40754.9	2004	46946.95	2019	66384.34
1960	14385.7	1975	28451.5	1990	44624.3	2005	48402.19	2020	66949.15
1961	13650.9	1976	28630.5	1991	43529.3	2006	49804.23	2021	68284.75
1962	15441.4	1977	28272.5	1992	44265.8	2007	50413.85	2022	68652.77
1963	16574.1	1978	30476.5	1993	45648.8	2008	53434.29		

资料来源：根据国家统计局数据整理计算获得，https://data.stats.gov.cn/easyquery.htm? cn=C01。

随着我国由计划经济向市场经济转变，农村分工分业的深化、工业化和城市化进程的推进，乡镇企业异军突起，农民分流分业，小规模分散、细碎化的经营方式逐渐暴露出诸多问题，家庭联产承包责任制的边际效应开始递减。1985～1988 年的粮食产量均低于 1984 年的粮食产量，1990 年增长至将近 4.5 亿吨后又开始下滑，1998 年达 5.12 亿吨之后，直至 2007 年都未曾突破这一高位，农民面临"增产不增收""卖粮难"等困境。家庭联产承包责任制在中国特色社会主义市场经济体制加速建设、工业化和城市化加快推进、人口流动和户籍制度逐渐松动的影响之下，出现了难以与社会化大生产相适应的诸多问题。邓小平于 1990 年提出了我国农业改革和发展的"两个飞跃"思想，即"中国社会主义农业的改革和发展，从长远的观点看，要有两个飞跃。第一个飞跃，是废除人民公社，实行家庭联产承包为主的责任制。这是一个很大的前进，要长期坚持不变。第二个飞跃，是适应科学种田和生产社会化的需要，发展适度规模经营，发展集体经济。这是又一个很大的前进，当然这是很长的过程。"① 这表明发展适度规模经营是我国农业现代化的重要途径，在这一思想影响下，农业适度规模经营开始由设想变为实践。

（二）自发性、诱致性为主的农业适度规模经营的产生

随着社会主义市场经济体制在我国确立和发展，以家庭为单位"单枪匹马"式的小规模、细碎化生产模式与国家市场化、分工专业化和生产社会化的发展方向不相适应，生产低效等弊端日益显现。农业生产现实把农业适度规模经营推向实践领域。从产权的角度看，家庭联产承包责任制下的农村土地流转主要表现为在土地所有权归集体、承包经营权属于农户的基础上进行的土地使用权调整。1984 年中央一号文件明确规定"土地承包期一般应在十五年以上"，在承包期内"鼓励土地逐步向种田能手集中。社员在承包期内，因无力耕种或转营他业而要求不包或少包土地的，可以将土地交给集体统一安排，也可以经集体同意，由社员自找对象协商转包，但不能擅自改变向集体承包合同的内容""自留地、承包地均不准买卖，不准出租，不准转作宅基地和其他非农业用地"。② 这些规定说明政府开始有条件地允许农地流转。1986 年中央一号文件明确提出"随着农民向非农产业转移，鼓励耕地向种田能手集中，发展适度规模的种植专业户"③。1987 年，国务院批准北京顺义，江苏常州、无锡、苏州，广东南海进行适度规模经营试点，批准山东平度进行"两田制"试点，这使土地经营权流转突破了家庭承包经营的限制，开始进入新的试验期。④

"十五"期间，国家决定逐步取消农业税，2000 年开始在安徽试点，2003 年在全国范围内展开。2005 年 12 月 29 日，十届全国人大常委会第十九次会议决定，自 2006 年 1 月 1 日起废止《中华人民共和国农业税条

① 《邓小平文选》（第 3 卷），人民出版社，1993，第 355 页。
② 《中共中央国务院关于"三农"工作的一号文件汇编（1982—2014）》，人民出版社，2014，第 40~41 页。
③ 《中共中央国务院关于"三农"工作的一号文件汇编（1982—2014）》，人民出版社，2014，第 68 页。
④ 袁铖：《农村土地承包经营权流转：实践、政策与法律三维视角研究》，《宏观经济研究》2011 年第 12 期，第 12 页。

例》，取消除烟叶以外的农业特产税，全部免征牧业税，中国延续了 2600 多年的"皇粮国税"走进了历史博物馆。农业税的取消又一次调动了农民的生产积极性，农民对土地的需求再次增强，土地流出方要求土地流入方归还土地，流转双方矛盾重重，流转出的土地出现了回流现象。为保护农民的利益，《中共中央国务院关于进一步加强农村工作提高农业综合生产能力若干政策的意见》（中发〔2005〕1 号）指出，"认真落实农村土地承包政策。针对一些地方存在的随意收回农户承包地、强迫农户流转承包地等问题，各地要对土地二轮承包政策落实情况进行全面检查，对违反法律和政策的要坚决予以纠正，并追究责任。要妥善处理土地承包纠纷，及时化解矛盾，维护农民合法权益。尊重和保障农户拥有承包地和从事农业生产的权利，尊重和保障外出务工农民的土地承包权和经营自主权。承包经营权流转和发展适度规模经营，必须在农户自愿、有偿的前提下依法进行，防止片面追求土地集中。各省、自治区、直辖市要尽快制定农村土地承包法实施办法"①。2005 年 11 月，农业部颁布了《农村土地承包经营权流转管理办法》，该法规对农村土地承包经营权流转进行了较全面的规范，对土地承包经营权流转的原则、当事人权利、流转方式、流转合同、流转管理等进行了具体规定，将农村土地承包经营权流转管理纳入了法制轨道。2006 年中央一号文件进一步指出，"统筹推进农村其他改革。稳定和完善以家庭承包经营为基础、统分结合的双层经营体制，健全在依法、自愿、有偿基础上的土地承包经营权流转机制，有条件的地方可发展多种形式的适度规模经营"②。

取消农业税一方面有利于提高各类农业经营主体的积极性，另一方面有利于农民"彻底放弃"土地。在农业收入与非农业收入相比具有相对劣势的情况下，农民放弃土地的成本降低，更愿意"放弃"土地，这在一定程度上促进了我国多种农业经营主体的发展。

---

① 《中共中央国务院关于"三农"工作的一号文件汇编（1982—2014）》，人民出版社，2014，第 99~100 页。

② 《中共中央国务院关于"三农"工作的一号文件汇编（1982—2014）》，人民出版社，2014，第 130 页。

（三）自觉性、诱致性与强制性相结合的农业适度规模经营发展

进入新世纪，尤其是加入世界贸易组织（WTO）后，我国进入经济全球化大循环，工业化和城市化的步伐日益加快，城乡"二元结构"矛盾日益显化。农业剩余劳动力甚至非剩余劳动力在"民工潮"的裹挟之下进入城市，农业生产成了"兼业农业""老人农业""边缘农业""空心农业""撂荒农业"，耕地在城市的扩张之下日益萎缩，直逼"十八亿亩耕地红线"，农产品市场出现价格异常波动现象。我国虽在税收减免、财政补贴、新农村建设等政策支持下保持粮食价格稳定，但是产业链条短、质量偏低、成本较高等特征使农产品缺乏竞争力，倒逼农业生产经营方式发生改变。

2008 年，中央一号文件《中共中央国务院关于切实加强农业基础建设进一步促进农业发展农民增收的若干意见》（中发〔2008〕1 号）明确指出："坚持和完善以家庭承包经营为基础、统分结合的双层经营体制。这是宪法规定的农村基本经营制度，必须毫不动摇地长期坚持，在实践中加以完善。各地要切实稳定农村土地承包关系，认真开展延包后续完善工作，确保农村土地承包经营权证到户。加强农村土地承包规范管理，加快建立土地承包经营权登记制度。继续推进农村土地承包纠纷仲裁试点。严格执行土地承包期内不得调整、收回农户承包地的法律规定。按照依法自愿有偿原则，健全土地承包经营权流转市场。农村土地承包合同管理部门要加强土地流转中介服务，完善土地流转合同、登记、备案等制度，在有条件的地方培育发展多种形式适度规模经营的市场环境。坚决防止和纠正强迫农民流转、通过流转改变土地农业用途等问题，依法制止乡、村组织通过'反租倒包'等形式侵犯农户土地承包经营权等行为。"[1]

2008 年党的十七届三中全会通过的《中共中央关于推进农村改革发展若干重大问题的决定》则对土地承包经营权流转进行了更系统的规定，保留了"依法自愿有偿原则"和"允许农民以转包、出租、互换、转让、股份合作等形式流转土地承包经营权，发展多种形式的适度规模经营"，增加了"加强土地承包经营权流转管理和服务，建立健全土地承包经营权流

---

[1] 《中共中央国务院关于"三农"工作的一号文件汇编（1982—2014）》，人民出版社，2014，第 172 页。

转市场""有条件的地方可以发展专业大户、家庭农场、农民专业合作社等规模经营主体"的内容，强调土地承包经营权流转"不得改变土地集体所有性质、不得改变土地用途、不得损害农民承包土地权益"。文件指出，要"搞好农村土地确权、登记、颁证工作。完善土地承包经营权权能，依法保障农民对承包土地的占有、使用、收益等权利。加强土地承包经营权流转管理和服务，建立健全土地承包经营权流转市场，按照依法自愿有偿原则，允许农民以转包、出租、互换、转让、股份合作等形式流转土地承包经营权，发展多种形式的适度规模经营。有条件的地方可以发展专业大户、家庭农场、农民专业合作社等规模经营主体"①。这被视为党中央开始推进农村土地流转的信号。

三　新时代多措并举鼓励支持农业适度规模经营

党的十八大以来，以习近平同志为核心的党中央，团结带领全国各族人民迈向了中国特色社会主义新时代，实现了第一个百年奋斗目标，并积极向第二个百年奋斗目标迈进。在推动农业农村现代化发展上，中国多措并举鼓励支持农业适度规模经营。2013年党的十八届三中全会指出鼓励发展多种形式的规模经营，2015年财政部在《农业综合开发推进农业适度规模经营的指导意见》中，提出以建设高标准农田为载体、以农业产业化经营为抓手、以完善农业社会化服务为支撑，大力推进农业适度规模经营。②2015年，国家农业综合开发办公室为深入贯彻中央农村工作会议精神和《关于引导农村土地经营权有序流转发展农业适度规模经营的意见》，认真落实财政部党组关于财政支农工作的安排部署，确立了"以建设高标准农田为平台、以推进农业产业化为抓手、以发展农业社会化服务为支撑、以简政放权和正向激励为动力"的"四轮驱动"新思路力推适度规模经营。③

---

① 《中共中央关于推进农村改革发展若干重大问题的决定》，http://www.chinanews.com.cn/gn/news/2008/10-19/1417269.shtml，最后访问时间：2022年5月17日。
② 《财政部提出农业综合开发推进农业适度规模经营的指导意见》，《新农村》2015年第9期，第3~4页。
③ 国家农业综合开发办公室：《农业综合开发"四轮驱动"力推适度规模经营》，《中国财政》2015年第19期，第20页。

2017 年，党的十九大提出坚持农业农村优先发展，实施乡村振兴战略，农业进入乡村振兴新时代，农业适度规模经营面临新的发展契机和发展任务。历经 40 余年的改革发展，我国已是世界第二大经济体，农业产值占国内生产总值的比重下降到 10% 以内，农业就业人数占劳动力总数的比重下降到 30% 以内，但农业老龄化、农村空心化、农民兼业化等"新三农"问题与比较突出的城乡二元结构和城乡发展不平衡难题成为我国农业发展面临的主要障碍。习近平总书记强调："没有农业现代化，没有农村繁荣富强，没有农民安居乐业，国家现代化是不完整、不全面、不牢固的。"① 当前，农业现代化仍是"四化同步"的短板。要牢固树立新发展理念，紧紧围绕农业供给侧结构性改革这条主线，调整优化农业产品结构、产业结构和布局结构，确保国家粮食安全，把中国人的饭碗牢牢端在自己手中，加快构建现代农业产业体系、生产体系和经营体系，用现代物质装备武装农业、用现代科学技术服务农业，用现代生产方式改造农业，增强农业综合生产能力和抗风险能力。重点推进种植业结构调整和畜牧业结构调整，推进一二三产业融合发展，发展特色产业、休闲农业、乡村旅游、农村电商等新产业新业态。加快构建现代农业经营体系，大力培育新型职业农民和新型经营主体，健全农业社会化服务体系，提高农业经营集约化、组织化、规模化、社会化、产业化水平，加快农业转型升级。要积极培育家庭农场、种养大户、合作社、农业企业等新型主体，推行土地入股、土地流转、土地托管、联耕联种等多种经营，提高农业适度规模经营水平，健全利益联结机制，发展多种形式适度规模经营，让小农户通过多种途径和方式开展规模经营、现代化生产，实现小农户和现代农业发展有机衔接。②

2017 年 10 月，习近平总书记在党的十九大报告中提出："巩固和完善农村基本经营制度，深化农村土地制度改革，完善承包地'三权'分置制度。""构建现代农业产业体系、生产体系、经营体系，完善农业支持保护

---

① 习近平：《论"三农"工作》，中央文献出版社，2022，第 35 页。
② 韩长赋：《认真学习宣传贯彻党的十九大精神大力实施乡村振兴战略》，《中国农业会计》2017 年第 12 期，第 55 页。

制度，发展多种形式的适度规模经营，培育新型农业经营主体，健全农业社会化服务体系，实现小农户和现代农业发展有机衔接。"①。2018 年中央一号文件提出："大力发展农业多种功能，延长产业链、提升价值链、完善利益链，通过保底分红、股份合作、利润返还等多种形式，让农民合理分享全产业链增值收益。""统筹兼顾培育新型农业经营主体和扶持小农户，采取有针对性的措施，把小农户引入现代农业发展轨道。""发展多样化的联合与合作，提升小农户组织化程度。"② 2019 年中央一号文件提出，"完善落实集体所有权、稳定农户承包权、放活土地经营权的法律法规和政策体系"，"落实扶持小农户和现代农业发展有机衔接的政策，完善'农户+合作社'、'农户+公司'利益联结机制。加快培育各类社会化服务组织，为一家一户提供全程社会化服务"③ 2020 年中央一号文件提出："依托现有资源建设农业农村大数据中心，加快物联网、大数据、区块链、人工智能、第五代移动通信网络、智慧气象等现代信息技术在农业领域的应用。"④ 2021 年中央一号文件提出"突出抓好家庭农场和农民合作社两类经营主体，鼓励发展多种形式适度规模经营"，"发展壮大农业专业化社会化服务组织，将先进适用的品种、投入品、技术、装备导入小农户"，"实施数字乡村建设发展工程"。⑤ 2022 年中央一号文件提出"鼓励各地拓展农业多种功能、挖掘乡村多元价值，重点发展农产品加工、乡村休闲旅游、农村电商等产业""实施'数商兴农'工程，推进电子商务进乡村"。⑥ 2022 年 10 月，习近平总书记在党的二十大报告中提出："全面建设社会主义现代化国家，最艰巨最繁重的任务仍然在农村。坚持农业农村

① 习近平：《决胜全面建成小康社会夺取新时代中国特色社会主义伟大胜利——在中国共产党第十九次全国代表大会上的报告》，《人民日报》2017 年 10 月 28 日，第 1 版。

② 《中共中央国务院关于实施乡村振兴战略的意见》，《人民日报》2018 年 2 月 5 日，第 1 版。

③ 《中共中央国务院关于坚持农业农村优先发展做好"三农"工作的若干意见》，《农村工作通讯》2019 年第 4 期，第 9 页。

④ 《中共中央国务院关于抓好"三农"领域重点工作确保如期实现全面小康的意见》，《人民日报》2020 年 2 月 6 日，第 1 版。

⑤ 《中共中央国务院关于全面推进乡村振兴加快农业农村现代化的意见》，《人民日报》2021 年 2 月 22 日，第 1 版。

⑥ 《中共中央国务院关于做好二〇二二年全面推进乡村振兴重点工作的意见》，《人民日报》2022 年 2 月 23 日，第 1 版。

优先发展，坚持城乡融合发展，畅通城乡要素流动。加快建设农业强国，扎实推动乡村产业、人才、文化、生态、组织振兴。""巩固和完善农村基本经营制度，发展新型农村集体经济，发展新型农业经营主体和社会化服务，发展农业适度规模经营。"① 2023 年中央一号文件又进一步提出："引导土地经营权有序流转，发展农业适度规模经营。"②

一系列旨在克服不同方面问题的政策陆续出台，这些政策从不同方面反映了政府对农业适度规模经营的高度重视，也反映了政府对农业适度规模经营实现的系统思考和全局把握。农业适度规模经营由试点到推进，提高了农业经营主体的主动性和积极性，强力支撑的政策环境也使农业经营主体不断提高经营效率，通过组织创新和经营方式创新，不断向规模适度、收入提高的方向发展。适度规模经营是适合我国国情农情的农业经营方式，实践表明，当前我国各地开展农业适度规模经营的形式多种多样，通过土地集中实现农地适度规模经营仍是我国农业适度规模经营的主要形式，因此，准确研判我国农业适度规模经营发展现状，因地制宜，对合理引导农业适度规模经营具有重要意义。鉴于我国经济发展的区域差异较大，因此，应以发展初级形式的土地集中型适度规模经营为主，以发展中级形式的合作经营型农业适度规模经营为辅，兼顾发展高级形式的社会服务型农业适度规模。

第二节 中国农业适度规模经营的发展特征

新中国成立以来，我国农业经营体制经历了以土地农民私有为基础的家庭经营制、农业合作化运动催生的合作制、以人民公社为载体的集体经营制、改革开放后的双层经营体制以及 21 世纪以来双层经营体制的创新拓

---

① 习近平：《高举中国特色社会主义伟大旗帜　为全面建设社会主义现代化国家而团结奋斗——在中国共产党第二十次全国代表大会上的报告》，《人民日报》2022 年 10 月 26 日，第 1 版。
② 《中共中央国务院关于做好二〇二三年全面推进乡村振兴重点工作的意见》，《人民日报》2023 年 2 月 14 日，第 1 版。

展，共 5 个发展阶段。① 历经 40 余年的高速经济发展，我国现已是世界第二大经济体、外汇储备第一大国、工业制造第一大国、出口贸易第一大国，实现了从"积贫积弱"到"温饱不足"再到"小康社会"的巨大转变，国际地位和经济实力显著提高，从"跟跑"到"同跑"再到"领跑"，进入中国特色社会主义新时代。40 多年来，我国在经济高速发展影响下，工业化、城市化、信息化取得了长足发展，社会的主要矛盾也由"人民日益增长的物质文化需要同落后的社会生产之间的矛盾"转化为"人民日益增长的美好生活需要和不平衡不充分的发展之间的矛盾"。在这一阶段，我国"城乡二元结构"矛盾凸显，"三农"问题叠加，农村发展滞后，农业现代化成为"四化"短板。尤其是农业兼业化、老龄化问题依然严重，产业链短、价值链低、供应链不稳问题依然突出，农业经营规模小、现代化水平不高、主导产业和品牌价值匮乏、产业后劲不足等问题依然显著。在新农村建设、土地"三权分置"改革、乡村振兴战略、城乡融合发展等战略政策的推动下，土地流转规模日益增大、新型农业经营主体数量和质量不断提高，农业适度规模经营的形式逐渐多样化和高级化。

一 农业适度规模经营的实现条件方面

自然资源和社会经济发展水平是影响我国农业适度规模经营实现的关键因素。一方面，我国是农业大国，生态资源丰富、气候类型复杂多样，植物种类丰富，具有一定的自然资源禀赋优势。但也存在一些不足，即虽然耕地面积广大，但是人均耕地面积较小，农业分散化、细碎化特征显著。另一方面，随着中国特色社会主义市场经济的发展，我国工业化、城市化发展速度较快，农业现代化水平不断提高，为农业劳动力转移创造了条件，形成了推动农业适度规模经营发展的内在动力。

（一）自然条件

我国地处亚欧大陆东部，濒临太平洋西岸，幅员辽阔，地理环境复

---

① 周振、孔祥智：《新中国 70 年农业经营体制的历史变迁与政策启示》，《管理世界》2019年第 10 期，第 25 页。

杂，气候多样。大部分地区位于亚热带至温带的中纬度地带，阳光充足、雨量充沛。作物熟制有一年三熟、一年两熟、一年一熟等，且大部分地区可以复种。东南部沿海地区受太平洋季风和印度洋季风的影响，气候湿润、降水丰沛，极利于作物生长；西北内陆地区则干旱少雨，有大面积的荒漠和草原；我国地势西高东低、起伏多山。在全部地形中，山地约占 33.33%，高原约占 26.04%，丘陵约占 9.9%，平原约占 30.73%。[1] 玉米、稻谷、小麦是我国三大粮食作物，2022 年，我国总的粮食作物播种面积为 11833 万公顷，其中玉米播种面积为 4307 万公顷，稻谷播种面积为 2945 万公顷，小麦播种面积为 2352 万公顷，分别占 36.39%、24.89%、19.88%，经济作物主要为油料、棉花、糖料作物，播种面积分别为 1314 万公顷、300 万公顷、145 万公顷。[2]

根据《关于土地利用现状调查主要数据成果的公报》《中国国土资源公报》《第三次全国国土调查主要数据公报》等文件资料，我国耕地面积 1996 年为 19.51 亿亩，从分布来看，东、西部各占 28.4%，中部占 43.2%。[3] 随着城市化建设扩张，我国农村耕地面积急剧减少，2001 年全国耕地面积降低到 19.14 亿亩，2008 年降至 18.25 亿亩的历史最低点。[4] 为了加强耕地保护，2008 年以来，国土资源部实施了土地整理和土地整治工程建设，有效地促进了耕地复垦和农田保护，我国耕地面积于 2009 年迅速增加到 20.31 亿亩，而后又逐渐减少，2012 年降到 20.27 亿亩（见图 3-1）。[5] 2019 年我国耕地共有 19.18 亿亩[6]，其中水田占 24.55%、水浇地占 25.12%、旱地占 50.33%，一年三熟制地区占全国耕地的 14.73%、一年两熟制地区

---

[1]　刘秀珍主编《农业自然资源》，中国农业科学技术出版社，2006，第 42 页。

[2]　数据由笔者根据国家统计局数据整理计算获得，https://data.stats.gov.cn/easyquery.htm?cn=C01，最后访问时间：2023 年 5 月 16 日。

[3]　国土资源部、国家统计局全国农业普查办公室：《关于土地利用现状调查主要数据成果的公报》，《中国统计》2019 年第 12 期，第 5 页。

[4]　国土资源部：《2008 年中国国土资源公报》，https://www.mnr.gov.cn/sj/tjgb/201807/t20180704_1997938.html，最后访问时间：2022 年 4 月 16 日。

[5]　国土资源部：《2013 年中国国土资源公报》，https://www.mnr.gov.cn/sj/tjgb/201807/t20180704_1997938.html，最后访问时间：2022 年 4 月 16 日。

[6]　根据国家统计局数据计算获得，https://data.stats.gov.cn/easyquery.htm?cn=C01，最后访问时间：2023 年 5 月 19 日。

占 37.40%、一年一熟制地区占 47.87%。[①] 2019 年，我国人均耕地面积约 1.36 亩，按乡村人口计算，人均耕地面积为 3.65 亩；按第一产业就业人员计算，人均耕地面积为 10.28 亩，农村户均耕地面积约 9.56 亩。2022 年《中国自然资源统计公报》显示，全国共有耕地 12760.1 万公顷（约合 19.14 亿亩）、园地 2012.8 万公顷、林地 28352.7 万公顷、草地 26427.2 万公顷、湿地 2357.3 万公顷。[②] 与世界其他国家农业人口人均耕地面积比较，中国约 0.1 公顷、印度 0.3 公顷、越南 0.2 公顷、日本 1.2 公顷、韩国 0.2 公顷、英国 5.9 公顷、美国 30.6 公顷、巴西 2.5 公顷、阿根廷 8.2 公顷；中国只是印度的 1/3、越南的 1/2、日本的 1/12、韩国的 1/2、英国的近 1/60、美国的 1/300。除此之外，中国的户均规模几乎是世界上最小的，且每户的耕地还分为好几块。[③]

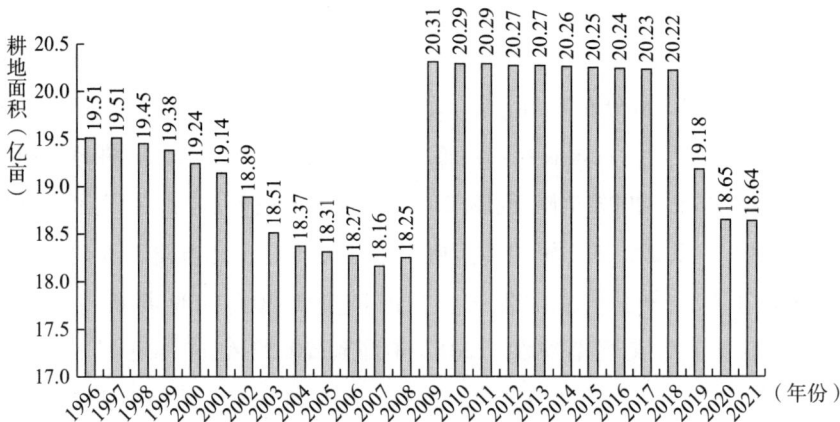

图 3-1　1996~2021 年中国耕地面积

资料来源：1996 年数据来源于《关于土地利用现状调查主要数据成果的公报》，1997~2016 年数据根据《中国国土资源公报》整理获得，2017 年数据来源于《2017 中国土地矿产海洋资源统计公报》，2018 年按照数据平滑计算得出，2019 年数据来源于《第三次全国国土调查主要数据公报》，2020 年数据为《全国土地利用总体规划纲要（2006~2020 年）调整方案》的耕地保有量，2021 年根据数据平滑计算获得。

---

① 国务院第三次全国国土调查领导小组办公室、自然资源部、国家统计局：《第三次全国国土调查主要数据公报》，https://www.mnr.gov.cn/dt/ywbb/202108/t20210826_2678340.html，最后访问时间 2023 年 5 月 19 日。

② 数据来源：《2022 中国自然资源统计公报》，https://www.mnr.gov.cn/sj/tjgb/202304/P020230412557301980490.pdf，最后访问时间：2023 年 5 月 10 日。

③ 张路雄：《耕者有其田——中国耕地制度的现实与逻辑》，中国政法大学出版社，2012，第 22 页。

我国的耕地质量总体不高，集约利用水平偏低，耕地后备资源匮乏。2020 年 5 月农业农村部发布《2019 年全国耕地质量等级情况公报》，将我国 20.23 亿亩耕地质量由高到低划分为 1~10 等，平均等级为 4.76 等；其中评价为 1~3 等的耕地面积为 6.32 亿亩，占 31.24%；评价为 4~6 等的耕地面积为 9.47 亿亩，占 46.81%，评价为 7~10 等的耕地面积为 4.44 亿亩，占 21.95%。[①] 2021 年 8 月，自然资源部发布的《第三次全国国土调查主要数据公报》显示，截至 2019 年底，我国位于 2 度以上坡度的耕地占 38.07%，降水量低于 800mm 地区的耕地占 65.04%。[②] 我国后备耕地资源分散零碎，可利用性十分有限，大多是生态环境脆弱的边缘地区。

我国农业经营目前仍以家庭经营为主体，即改革开放之初实行的"人人分田，户户种地"的经营模式，农地的所有权归集体，承包权由原来统一归农户发展为承包权和经营权分离，即"三权分置"，承包权和经营权归经营农户所有，并严格执行"增人不增地，减人不减地"的政策。这使得我国以家户为单位的生产经营具有耕地规模狭小、经营地块分散、现代化水平不高等特点，不利于机械化的全面推广，限制了农业综合生产能力提升。因此，通过家庭联合形成横向规模或者通过企业链接产供销形成纵向一体规模，将是我国规模化经营的新方向。

（二）社会经济条件

我国自改革开放以来，逐步打破计划经济体制藩篱，构建、发展、完善了中国特色社会主义市场经济体制，施行"以公有制为主体、多种所有制经济共同发展"的基本经济制度，并与"以按劳分配为主体、多种分配方式并存"的分配制度相结合。我国经济实现了快速发展和质的飞跃，工业化和城市化加速推进。在市场经济的影响下，在工业化、城市化的推动下，农业分工与市场化不断发展，农业生产力加速提升，农业生产关系优化调整，为农业适度规模经营的发展创造了条件。

[①]　《2019 年全国耕地质量等级情况公报》，http://www.ntjss.moa.gov.cn/zcfb/，最后访问时间：2023 年 5 月 19 日。

[②]　国务院第三次全国国土调查领导小组办公室、自然资源部、国家统计局：《第三次全国国土调查主要数据公报》，https://www.mnr.gov.cn/dt/ywbb/202108/t20210826_2678340.html，最后访问时间：2023 年 5 月 19 日。

1. 我国综合经济实力不断提升

据联合国亚洲及太平洋经济社会委员会的统计，1949 年新中国成立之初，我国人均国民收入只有 27 美元，不足印度 57 美元的一半，也远远低于亚洲 44 美元的平均水平，是一个贫穷落后的传统农业国。在工业政策和"人民公社"体制的配合下，我国从长年累月的战乱中恢复了经济增长，1978 年我国国内生产总值提高到 3678.7 亿元，是 1952 年 679.1 亿元的 5.4 倍；人均国内生产总值提高到 385 元，是 1952 年 119 元的 3.2 倍；2022 年我国国内生产总值达到 1210207.2 亿元，人均国内生产总值达到 85698 元，分别是 1952 年的 1782.1 倍和 720.2 倍。[①] 中国在 2000 年左右只是世界第七大经济体，但在 2007 年超过了德国成为世界第三，在 2010 年超过了日本成为世界第二大经济体。从新中国成立到改革开放再到党的十八大，我国逐渐从站起来、富起来向强起来转变，取得了令世界瞩目的伟大成就，创造了一个又一个人间奇迹。1952~2022 年中国国内生产总值如图 3-2 所示。

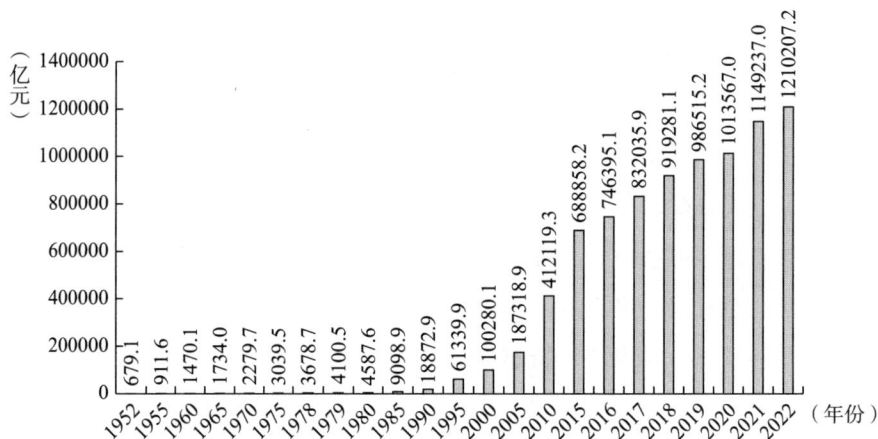

图 3-2　1952~2022 年中国国内生产总值

资料来源：笔者根据国家统计局数据整理绘制，https://data.stats.gov.cn/easyquery.htm?cn=C01，最后访问时间：2023 年 7 月 25 日。

2. 土地产权制度几经变革为适度规模经营奠定了产权基础

土地制度是我国农村基本经营制度的核心内容和政策基石。自 1921 年

[①] 数据由笔者根据国家统计局官方数据整理获得，https://data.stats.gov.cn/easyquery.htm?cn=C01，最后访问时间：2023 年 7 月 25 日。

中国共产党成立至今，我国土地制度几经变革，不断适应我国经济发展实际。中国共产党成立以前，我国以传统小农经济为主，土地具有所有权和使用权两重属性，并且"两权分离"——所有权归地主所有，使用权归农民，形成了"地主所有，农民使用"的土地制度。新民主主义革命时期，为了实现"耕者有其田"，中国共产党"团结一切可以团结的力量"争取革命胜利，历经大革命、土地革命、抗日战争、解放战争时期土地政策实践，构建了"没收地主土地、平均分给农民、自愿租赁买卖"的农民土地私有制。新中国成立后，我国以社会主义建设为主线，制定了《中华人民共和国土地改革法》，在农田、水利、交通、农具、机械等生产力水平较为落后的条件下，为了增强农业发展后劲、优化生产力布局、提高粮食产量，实行了对农业的社会主义改造，进入"人民公社"时期，实行"一大二公、一平二调"的集体所有制。1978 年党的十一届三中全会开启了农村改革，探索实行了"家庭联产承包责任制"，把集体所有的土地和生产资料分配给农户，土地的所有权仍归集体所有，承包权和经营权归农民所有。党的十八届三中全会后，为保障国家粮食安全，守住 18 亿亩耕地红线，我国实行了农村土地制度新的改革，把土地产权分为"所有权、承包权和经营权"，实行"三权分置"，从而更好优化资源配置，充分利用好土地，有效防止农地"非农化、非粮化"。农村逐渐兴起了劳动力市场、资本市场、产品市场、服务市场等，农产品交换日益频繁，农村产权，特别是土地产权、资产产权等改革不断深化，农业内部形成了公共产权、私人产权、集体产权以及混合产权等多种产权形式，为农业经营组织形式的创新、农业市场的发展奠定了产权基础。

3. 农业分工与专业化发展为农业适度规模经营奠定了组织基础

农业分工与专业化是农户服务组织化和社会化的催化剂。我国的经济改革是从农业改革开始的。党的十一届三中全会后，我国开启了由计划经济体制向市场经济体制转轨的新征程，农村普遍推行家庭联产承包责任制，农业由自给自足的生产方式向市场调节的生产方式过渡。分田到户和市场化改革让中国两亿多小农户成为独立的市场主体，自主经营、自负盈亏。改革之初，农民家庭食品消费的 70% 是自给自足的，时至今日，农民家庭消费的粮食蔬菜等食品，有超过 90% 是通过市场购买获得的。[①] 在长期的小农经济体制下，我国农业生产工具落后，生产效率不高，产业链条有限，农民主要从事初级农产品的生产，农业生产迂回程度较低，先进的科技、大型机械、生产社会化等受到排斥。市场经济的发展促进了我国农村产业结构调整、农民分业和农业专业化。我国农村内部分化形成了农村四大产业，分别是专门从事农业生产的农业劳动者即"纯农民"，从事农产品粗加工、精加工和手工业生产制造的私营企业主，从事资金、良种、农药、化肥和农产品收购服务的个体工商业者，以及从事生活消费品零售、生产和销售信息咨询的服务者等，农业生产具备了经营者"横向联合"和产业链"纵向联合"的基础条件。总体来看，乡村就业人数占总就业人数的比重呈下降趋势，1952 年乡村就业人数为 18243 万人，占总就业人数 20729 万人的 88%；1978 年乡村就业人数为 30638 万人，占总就业人数 40152 万人的 76.3%；2012 年乡村就业人数为 38967 万人，占总就业人数 76254 万人的 51.1%；2022 年乡村就业人数为 27420 万人，占总就业人数 73351 万人的 37.38%。[②] 大量青壮年劳动力进城务工经商，剩下妇女和老人经营农业，农业兼业化、老龄化趋势日益明显。经济作物和粮食作物是农业生产中的两大支柱，在利益引导下，农民在作物品种选取上更倾向于经济作物。基于历史因素和基本国情，我国农村虽已建立了农村市场经济体制框架，但是农村市场仍不够健全，资本、劳动力、土地等要素资源在一定程度上仍无法有效在城乡之间流通，农业兼业化现象依然普遍。

4. 农业生产力水平加速提升

生产力水平是衡量人类社会进步的重要尺度。在农业生产经营过程中，生产工具的改良、农业科技的运用、劳动者素质的提高是农业生产力水平提升的重要标志。

第一，农业机械化水平不断提高。1978 年我国拥有的农用大中型拖拉机、小型拖拉机、大中型拖拉机配套农具、小型拖拉机配套农具分别为 55.7

---

① 吴重庆、张慧鹏：《小农与乡村振兴——现代农业产业分工体系中小农户的结构性困境与出路》，《南京农业大学学报》（社会科学版）2019 年第 1 期，第 17 页。

② 数据由笔者根据国家统计局数据整理获得，https://data.stats.gov.cn/easyquery.htm? cn = C01，最后访问时间：2023 年 7 月 25 日。

万台、137.3 万台、119.2 万部、145.4 万部。农用大中型拖拉机数量呈增长趋势，2017 年增加至历史最高的 670.1 万台，2018 年迅速降低到 422.0 万台，2020 年恢复至 477.3 万台，2022 年提高到 525.4 万台。小型拖拉机数量从 1978 年到 2011 年逐渐增加，2011 年后开始缓慢回落，2018 年增加到历史最高点 1818.3 万台，而后又逐渐降低，2022 年小型拖拉机拥有量为 1618.7 万台。2022 年，农用大中型拖拉机数量是 1978 年的 9.4 倍，小型拖拉机是 1978 年的 11.8 倍（见表 3-2）。21 世纪以来，我国农用大中型拖拉机数量增长速度较快，小型拖拉机数量增长较慢，一般而言农用大中型机械与较大农业规模相适应，小型机械与较小规模农业相适应，从这一点来看，我国农业经营规模有扩大趋势。

表 3-2　1978~2021 年中国农业机械化水平

时间	农用大中型拖拉机数量（台）	小型拖拉机数量（台）	大中型拖拉机配套农具（部）	小型拖拉机配套农具（部）
1978	557358	1373000	1192000	1454000
1979	666823	1671000	1313000	1934000
1980	744865	1874000	1369000	2191000
1985	852357	3824000	1128000	3202000
1990	813521	6981000	974000	6488000
1995	671846	8646356	991220	9579774
2000	974547	12643696	1399886	17887868
2005	1395981	15268916	2262004	24649726
2010	3921723	17857921	6128598	29925485
2011	4406471	18112663	6989501	30620134
2012	4852400	17972300	7635200	30806220
2013	5270200	17522800	8266200	30492100
2014	5679500	17297700	8896400	30536300
2015	6072900	17030400	9620000	30415200
2016	6453546	16716149	10281100	29940300
2017	6700800	16342400	10700281	29314300
2018	4219893	18182601	4225657	
2019	4438619	17804249	4364677	
2020	4772737	17275995	4594418	

时间	农用大中型拖拉机数量（台）	小型拖拉机数量（台）	大中型拖拉机配套农具（部）	小型拖拉机配套农具（部）
2021	4980682	16749904	4796902	
2022	5253595	16186963	5259970	

资料来源：根据国家统计局数据整理获得，https://data.stats.gov.cn/easyquery.htm? cn＝C01。

第二，农业科技创新日新月异。我国面临资源趋紧、设施薄弱、耕地减少、农民收入增长缓慢等情况，把科技作为推动农业发展的重要手段，科学技术被提升到"第一生产力"的战略地位。1978 年全国科学大会上邓小平就提出了"科学技术是生产力"的重要观点，1988 年又在同捷克斯洛伐克总统胡萨克谈话时提出"科学技术是第一生产力"的重要论断。进入21 世纪以来，我国加入世界贸易组织（WTO），加快了科技引进，促进了科技进步，尤其是基因技术、计算机技术、生物工程技术的运用和普及，促进了我国农业由"畜力农业"向"机械农业""化石农业"再向"绿色农业""都市农业""数字农业""智慧农业"的不断升级。农业科技水平的提高是确保国家粮食安全的重要支撑，是加快我国农业现代化水平的决定性力量。衡量农业科技进步的重要指标是美国经济学家罗伯特·索罗所提出的科技进步贡献率。索罗把科技进步因素纳入柯布-道格拉斯生产函数，剔除资本和劳动增加对经济增长的贡献，剩余部分即科技进步贡献率，这便是著名的"索罗余值"。农业科技进步贡献率即农业生产中因科技进步导致的农业总产值增长部分所占比重，也就是说农业科技进步率与农业总产值增长率的比重就是农业科技进步贡献率，或者称农业科技投入的产出弹性。一般而言，计算我国农业科技进步贡献率时，物质费用、劳动力和耕地的产出弹性取固定值 0.55、0.20 和 0.25。据此测算，我国农业科技进步贡献率在"一五"时期为 20%，"二五"时期为负值，"三五"时期为 2.3%，"四五"时期为 15%，"五五"时期为 27%，"六五"时期为 35%，"七五"时期为 28%，"八五"时期为 34%，"九五"时期为 45%。[①] "十五"时期我

---

① 朱希刚：《我国"九五"时期农业科技进步贡献率的测算》，《农业经济问题》2002 年第 5 期，第 12~13 页。

国农业科技进步贡献率达到48%，"十一五"时期为53%[1]，"十二五"时期为56%，"十三五"时期突破了60.7%[2]。目前，我国农作物耕种收综合机械化率超过71%，主要畜种核心种源自给率超过75%，农业科技论文、农业专利申请量、植物新品种权申请量位居世界第一，作物基因组学与生物技术育种研究迈入国际前列。[3] 我国正在构建系统的农业科技推广体系，以发展现代农业为关键切入点，不断完善自主创新的体制机制，发展环境和政策体系，通过建设科研队伍，提高科研经费，实施创新驱动战略，增强成果转化，实现科技与农民的"零距离"，使专家的科研技术成果能够真正转化，有效地解决了农业科技推广"最后一公里"和农业科技进村入户"最后一道坎"问题。我国已基本形成了信息技术群、新能源技术群、生物技术群、海洋技术群和空间技术群，各类农业科技园区纷纷涌现，推动了农业科技创新的产业化发展。[4]

第三，我国农业劳动力结构发生了很大转变。1949年新中国成立之初，我国还是一个典型的农业大国，农村人口为4.8亿人，占总人口的89.4%，第一产业就业人数约占总就业人数的83.5%，第一产业占国内生产总值的比重高达50%以上，比重最大。1978年改革开放之初，我国农村人口增长到7.9亿人，占总人口的比重为82.08%，第一产业就业人数占总就业人数的70.5%，第一产业产值占国内生产总值的比重降至27.7%，第二产业占比提升到47.7%，表明我国已经由农业国向工业国转变。[5] 国际经验表明，工业化是一国不可逾越的经济发展阶段。诺贝尔经济学奖获得

---

① 《科技日报：我国科技进步对农业增长贡献率已达53%》，https://www.most.gov.cn/ztzl/kjhjms/hjmsmt/201202/t20120229_92889.html，最后访问时间：2023年5月19日；《我国农业科技水平整体大幅提升》，https://www.most.gov.cn/index.html，最后访问时间：2023年5月19日。

② 《农业农村部2020年我国农业科技进步贡献率达60.7%》，http://www.moa.gov.cn/xw/shipin/202111/t20211123_6382809.htm，最后访问时间：2023年5月19日。

③ 杨舒：《我国农业科技整体实力进入世界前列》，《光明日报》2021年11月22日，第1版。

④ 张小甫、赵朝忠、符金钟、杨文静：《我国农业科技发展现状及趋势研究》，《农业科技与信息》2015年第12期，第35页。

⑤ 数据由笔者根据国家统计局官方数据整理获得，https://data.stats.gov.cn/easyquery.htm?cn=C01，最后访问时间：2023年7月26日。

者西蒙·库兹涅茨认为，当第一产业比重下降到 20% 以下，并且第二产业比重高于第三产业，此时进入工业化中期阶段；当第一产业比重降至 10% 左右，第二产业比重上升到最高水平，且第三产业比重逐步超越第二产业占比，这时进入工业化后期阶段。据此判断，改革开放之初，我国仍处于工业化前期阶段。但经过改革开放 40 多年的高速发展，我国农业劳动力结构发生了巨大变化。"十五"时期我国经济进入工业化中期阶段，"十二五"时期我国经济进入工业化后期阶段。2021 年，我国第一产业占国内生产总值的比重仅为 7.2%，第二产业和第三产业比重分别为 39.3%、53.5%，乡村人口占总人口的比重降至 35.3%，乡村就业人数占总就业人数的比重为 37.3%。农村居民人均可支配收入从 1978 年的 134 元，提高到 2021 年的 18931 元，增长了 140 倍。农村居民恩格尔系数[①]从 1978 年的 67.7%，降低到 2021 年的 32.7%，实现了农村居民由贫困向富裕的转变。[②] 21 世纪之初，我国农民平均受教育年限不足 7 年，初中及以下文化程度的占 88.38%。[③] 中央财经大学人力资本与劳动经济研究中心发布的《中国人力资本报告 2022》显示，2001~2020 年，全国劳动力平均受教育年限从 8.4 年提高到 10.7 年，其中城镇地区从 9.8 年提高到 11.6 年，农村地区从 7.5 年提高到 9.2 年。自 1978 年改革开放后，农村大量剩余劳动力开始纷纷进城务工经商，谋求出路，成了具有中国特色的"农民工"现象，农闲时进城务工、农忙时返村务农，几亿人的大规模农民劳动力迁徙，为我国工业化和城市化快速发展创造了红利。2008~2021 年我国总就业人数与农民工数量统计如表 3-3 所示。

---

① 19 世纪中期，德国统计学家和经济学家恩格尔对比利时不同收入家庭的消费情况进行了调查研究，发现一个家庭收入越少，家庭收入中（或总支出中）用来购买食物的支出所占的比例就越大，随着家庭收入的增加，家庭收入中（或总支出）用来购买食物的支出比例则会下降，这一规律被称为恩格尔定律。恩格尔系数则由食物支出金额在总支出金额中所占的比重来最后决定。恩格尔系数达 59% 以上为贫困，50%~59% 为温饱，40%~50% 为小康，30%~40% 为富裕，低于 30% 为最富裕。恩格尔系数不仅可以衡量一个家庭的贫富状况，也可用来衡量一个国家或者某个地区的贫富状况。

② 数据由笔者根据国家统计局官方数据整理获得，https://data.stats.gov.cn/easyquery.htm?cn=C01，最后访问时间：2023 年 7 月 27 日。

③ 朱建文：《"三农"问题的破解与农民教育》，《成人教育》2006 年第 5 期，第 3 页。

表 3-3　2008~2021 年我国总就业人数与农民工数量统计

年份	总就业人数（万人）	第一产业就业人数（万人）	农民工总量（万人）	第一产业就业人数占总就业人数比重（%）	农民工总量占总就业人数比重（%）
2008	75564	29923	22542	39.60	29.83
2009	75828	28890	22978	38.10	30.30
2010	76105	27931	24223	36.70	31.83
2011	76196	26472	25278	34.74	33.18
2012	76254	25535	26261	33.49	34.44
2013	76301	23838	26894	31.24	35.25
2014	76349	22372	27395	29.30	35.88
2015	76320	21418	27747	28.06	36.36
2016	76245	20908	28171	27.42	36.95
2017	76058	20295	28652	26.68	37.67
2018	75782	19515	28836	25.75	38.05
2019	75447	18652	29077	24.72	38.54
2020	75064	17715	28560	23.60	38.05
2021	74652		29251		39.18

资料来源：农民工总量根据国家统计局发布的 2012 年、2017 年和 2021 年《农民工检测调查报告》整理获得，总就业人数和第一产业就业人数根据国家统计局统计数据整理获得。

从全国层面来看，我国农业劳动力中 45 岁及以上人口所占比例从 1990 年的 22.7% 提高到 2000 年的 35.0%，2010 年进一步提高到 47.1%，35 岁以下各年龄组人口所占比例呈明显下降趋势。[①] 随着大量青壮年劳动力非农化转移，农业劳动力老龄化速度快于其他产业劳动力老龄化速度，而且农业老龄化程度已经远高于其他产业。《中国乡村振兴综合调查研究报告 2021》显示，农村常住人口中 60 岁及以上人口的比重达到了 23.99%，65 岁及以上人口的比重达到了 16.57%，超过了"老龄社会"标准，距离"超老龄社会"的标准只差 3.43 个百分点，农村地区的老龄化程度远超全国。农村全部劳动年龄人口中近 1/3 的人口为全职务农，平均年龄超过 50 岁，15~64 岁的劳动年龄人口中受教育程度为初中的占主体，

① 刘妮娜、孙裴佩：《我国农业劳动力老龄化现状、原因及地区差异研究》，《老龄科学研究》2015 年第 10 期，第 23 页。

高中及以上学历的仅占 10% 左右，农业劳动力被人们形象地称为"386199部队"，以上情况造成了农业生产力投入不足、产业发展缺乏后劲、农业农村发展衰退落后等问题。[①]

5. 农业生产关系优化调整

农业生产关系是指在农业生产过程中所形成的人与人之间的关系。新中国成立后，我国农村社会经历了土地改革、生产合作化、人民公社、包产到户、户籍改革、税费改革、新型农村合作医疗、农村土地"三权分置"等若干阶段的生产关系调整。我国农业生产关系的优化调整是以土地产权制度改革、户籍制度改革以及农村公共资产产权改革为基础的，在这些改革的基础上，进行了产权组合和制度创新，形成了集体产权、私人产权和混合产权等产权形式的农业经营组织制度。

第一，土地制度改革和农业生产方式调整。土地是农业生产中最重要的生产资料，处理好农民和土地之间的关系是一条贯穿我国革命、建设和改革时期的主线。农村土地制度是关乎我国农村发展稳定的重要制度，新中国以降，我国农村土地制度经过多次变革，从经营方式来看可划分为农民所有农民经营、集体所有集体经营、家庭联产承包经营为主体统分结合的双层经营三个时期。[②] 1949～1956 年，为了实现"耕者有其田"，土地产权归农民所有，即农民所有农民经营；1956～1978 年，为"多快好省"实现马克思所设想的共产主义，农业生产经营由农户单干到互助合作，由初级社到中级社再到高级社，一切生产资料归生产队、生产大队、人民公社三级所有，即依照"政社合一""一大二公""一平二调"集体所有集体经营，由于这种体制机制不能满足我国农村生产力的发展需要，人民公社制破产；1978 年改革开放后，人们充分认识到了人民公社体制的弊病，逐步推行了以家庭联产承包为基础的统分结合的双层经营体制，土地的所有权仍归集体所有，承包权和经营权归农民，农民获得了经营土地的自主权，促进了我国农村经济的快速发展。随着我国市场经济体制的建设和完

---

① 魏后凯、苑鹏、王术坤：《中国乡村振兴综合调查研究报告 2021》，中国社会科学出版社，2022，第 9～25 页。

② 何自力、顾惠民：《土地制度改革、农业生产方式创新与农村集体经济发展》，《上海经济研究》2022 年第 1 期，第 51 页。

善，工业化和城市化加速推进，农村大量剩余劳动力抑或进城务工经商成为农忙务农、农闲务工的兼业农民，抑或完全放弃农业成为农民工，抑或坚守农村创业，农民分化为农村干部、农村企业主、农村个体户、打工者、以农为主兼业者、以工为主兼业者、纯务农者和无业者八个阶层，如表3-4所示。以家庭为基础的小规模经营在与市场化接轨的过程中暴露出了议价能力弱、缺乏市场判断力、资本和技术运用程度不高等弊端，土地流转集中、生产经营合作化、经营产权多元化趋势日益增强，家庭农场、专业大户、农业企业、农民合作社等新型经营主体不断发展壮大，进而倒逼我国农村土地制度实行"所有权、承包权、经营权"彼此分离的"三权分置"改革。2015年11月，中共中央办公厅、国务院印发了《深化农村改革综合性实施方案》，提出深化农村土地制度改革要"坚守土地公有性质不改变、耕地红线不突破、农民利益不受损'三条底线'，防止犯颠覆性错误。深化农村土地制度改革的基本方向是落实集体所有权，稳定农户承包权，放活土地经营权。落实集体所有权就是落实'农民集体所有的不动产和动产，属于本集体成员集体所有'的法律规定，明确界定农民的集体成员权，明晰集体土地产权归属，明晰集体产权主体。稳定农户承包权，就是要依法公正地将集体土地的承包经营权落实到本集体组织的每个农户。放活土地经营权，就是允许承包农户将土地经营权依法自愿配置给有经营意愿和经营能力的主体，发展多种形式的适度规模经营"。[①] 这些政策的实施有利于我国土地产权制度的创新，特别是农户在缺乏资金投入、缺乏市场经验、缺乏科学技术的情况下，可以通过土地产权入股、厂房入股、房产入股等股份制形式加入合作社或者与企业合作，使资源变资产、资金变股金、农民变股东，实现分散农户与市场对接。除此之外，土地产权的明晰化和承包权的稳定能够促进土地流转到种田能手、农业企业、家庭农场、农业专业合作社等经营主体中，从而实现集体产权、私人产权、混合产权等产权制度的组合创新，扩大经营规模，推动以机械化、规模化、市场化、专业化等为特征的农业适度规模经营发展。

习近平总书记指出："要把好乡村振兴战略的政治方向，坚持农村土

---

① 《深化农村改革综合性实施方案》，《人民日报》2015年11月3日，第6版。

地集体所有制性质，发展新型集体经济，走共同富裕道路。"[1] 农村土地产权制度的变革与调整促进了我国农村生产方式的创新演变。当前我国农村集体经济进入新的发展阶段，随着政策的完善、科技的进步、投入的增加，我国农业生产力和社会化水平将不断提高，新的经营主体和组织方式将不断涌现。[2]

表 3-4　农民的职业分化特征

分层标准	七阶层	八阶层
职业	无业者	无业者
	纯务农者	纯务农者
	兼业者	以农为主兼业者
		以工为主兼业者
	打工者	打工者
	农村个体户	农村个体户
	农村企业主	农村企业主
	农村干部	农村干部

资料来源：王春光、赵玉峰、王玉琪《当代中国农民社会分层的新动向》，《社会学研究》2018 年第 1 期，第 67 页。

第二，农业税收制度改革和农民福利增加。农业税收制度是一种古老税制，在我国延续了两千多年，曾是封建王朝维护国家机器正常运行的重要手段。新中国成立后，农业税收制度在推动社会主义现代化建设、促进工业化发展、增强综合国力和人民幸福感等方面发挥了重要作用。为了保障国家社会主义建设，巩固农业合作化制度，促进农业生产发展，1958 年6 月第一届全国人民代表大会常务委员会第九十六次会议通过了首个《中华人民共和国农业税条例》，对从事农业生产、有农业收入的单位和个人征收农业税，全国平均税率为常年产量的 15%。人民公社时期，实行"三级所有、队为基础"的管理体制，农民不是独立的生产经营者，土地、生

---

① 习近平：《把乡村振兴战略作为新时代"三农"工作总抓手　促进农业全面升级农村全面进步农民全面发展》，《光明日报》2018 年 9 月 23 日，第 1 版。

② 何自力、顾惠民：《土地制度改革、农业生产方式创新与农村集体经济发展》，《上海经济研究》2022 年第 1 期，第 54 页。

产资料、劳动力、农产品等都归人民公社统一调配，统收统支、政社不分，农民不直接缴纳税收，也不直接负担管理费用，而由人民公社全权代表。从1953年的"一五"计划开始，我国借鉴苏联的发展模式，走优先发展重工业的工业化路线，通过计划经济和人民公社相结合的体制机制，从农业中获取工业发展所需资金、粮食和原材料等，完成了资金积累。农业为国家工业化建设提供资金主要通过税收、工农产品价格"剪刀差"和储蓄三种形式，从阶段特征来看，新中国成立初期以税收为主，人民公社时期以工农产品价格"剪刀差"为主，改革开放后逐渐转向以储蓄为主。1958~1983年，农业为工业提供的资金积累量累计约5684亿元。1952~1990年，我国工业化建设从农业中提取的资金超过1万亿元，占国民收入全部积累额的22.4%，平均每年高达290亿元；每个劳动力每年无偿向工业化资本积累提供的剩余最高达322元，平均每年在100元以上（见表3-5）。[1] 从1971年到1988年的17年间，以"剪刀差"形式提取的农业资金占比年均超过80%，以税收形式提取的农业资金占比年均在10%以上，以储蓄形式提取的农业资金占比年均接近10%，从1981年开始储蓄占比基本超过税收占比，储蓄成为我国工业化建设资金提供的第二大形式。

从新中国成立之初到改革开放，我国农民的农业税负是逐渐降低的，1949至1960年税率在10.8%~14.3%，1961~1976年税率在4.9%~9.3%，年均税率为9.14%，农民的杂项负担除"大跃进"和"文化大革命"时期较重外，其他时期均较轻，且相对平稳。[2] 家庭联产承包责任制实行后，农民成为独立经营者和直接纳税人，生产所得"交够国家的、留足集体的、剩下的都是自己的"，农民不仅要缴纳农业税，还要缴纳村提留、乡统筹和杂项负担，农民直接感受到了税费负担。1991年国务院颁发的《农民承担费用和劳务管理条例》对"三提五统"的征税标准进行了说明，即"以乡镇为单位，不得超过上一年农民人均纯收入的5%"。"三提"是指农户上交给村级行政单位的三种村级提留费用，包括公积金、公益金和管理

---

[1]　冯海发、李溦：《我国农业为工业化提供资金积累的数量研究》，《经济研究》1993年第9期，第62~63页。

[2]　赵云旗：《中国当代农民负担问题研究（1949—2006）》，《中国经济史研究》2007年第3期，第99页。

表 3-5　农业为工业提供资金积累的数量结构

年份	农业提供的资金积累量（亿元）	"剪刀差"占比（%）	税收占比（%）	储蓄占比（%）	农业劳动者人均提供的资金积累量（元）	年份	农业提供的资金积累量（亿元）	"剪刀差"占比（%）	税收占比（%）	储蓄占比（%）	农业劳动者人均提供的资金积累量（元）
1952	55.56	44.1	55.9	0	32.12	1972	220.31	84.4	14.8	0.8	77.85
1953	67.40	53.7	46.3	0	38.08	1973	254.02	80.9	13.8	5.3	87.90
1954	81.60	53.2	46.2	0.6	44.84	1974	245.35	81.2	14.1	4.7	84.02
1955	79.62	52.5	44.1	3.4	42.81	1975	264.52	84.6	12.8	2.6	89.67
1956	83.03	61.8	41.2	-3	44.88	1976	244.67	84.7	13.7	1.6	83.22
1957	94.12	60.4	36.3	3.3	48.77	1977	270.95	84.2	12.4	3.4	92.47
1958	133.56	68.6	28.1	11.3	86.17	1978	297.06	84.5	11.0	4.5	104.97
1959	155.31	73.7	24.5	1.8	95.28	1979	322.22	81.2	10.5	8.3	112.66
1960	158.13	80.5	20.4	-0.9	93.02	1980	360.74	83.2	8.8	8.0	123.97
1961	105.29	68	23.7	8.3	53.45	1981	362.94	77.2	9.0	13.8	121.79
1962	121.02	61.1	21.6	17.3	56.82	1982	366.41	77.2	9.2	13.6	118.58
1963	121.41	73.1	22.7	4.2	55.19	1983	379.94	80.1	9.9	10.0	121.78
1964	150.96	72.9	19.7	7.4	66.21	1984	353.06	88.6	11.3	0.1	114.26
1965	157.61	77.6	18.8	3.6	67.35	1985	532.80	73.5	9.1	17.4	171.32
1966	194.64	76.8	17.5	5.7	80.10	1986	705.54	63.5	7.3	29.2	225.41
1967	171.75	73.0	19.4	7.6	68.15	1987	716.13	73.0	8.0	19.0	225.91
1968	141.30	75.2	24.4	0.4	54.14	1988	845.00	80.5	7.1	12.4	262.42
1969	160.58	79.2	21.2	-0.4	59.25	1989	1068.84	74.6	7.3	18.1	321.94
1970	103.92	79.9	18.0	2.1	37.38	1990	1127.55	64.4	7.2	28.4	289.86
1971	219.18	80.5	16.2	3.3	77.18	合计	11494.04	74.8	13.1	12.1	103.36

资料来源：农业提供的积累数量及占比情况引自冯海发、李溦《我国农业为工业化提供资金积累的数量研究》，《经济研究》1993年第9期，第63~64页。农业劳动者人均提供积累量根据国家统计局历年三大产业就业人员数量计算获得。

费；"五统"是指农民上交给乡镇一级政府的五项统筹，包括教育费附加、计划生育费、民兵训练费、乡村道路建设费和优抚费。"三提"和"五统"各占"三提五统"总额的50%。1992年"三提五统"和其他收费高达484亿元，占税费总额的80.27%，而税收仅为71.1亿元，占农民收入的

10%。1994 年分税制改革后，县乡财政吃紧，乱收费、乱摊派、乱罚款的
"三乱"问题严重。根据我国政府公布的统计数据，2000 年，农民承担的
税费总额达 1359 亿元，比 1990 年的 469 亿元增长 1.89 倍，其中，农业税
收负担增长 4.28 倍，村级提留增长 0.62 倍，乡级统筹增长 1.29 倍，其他
收入增长 4.7 倍，农民人均负担增长 2.01 倍，农民税费负担占农民收入的
比重上升到 7%～12%。① 2000 年，为了从根本上降低农民税费负担，党中
央、国务院下发了《关于进行农村税费改革试点工作的通知》，"十五"期
间，中国开始了以减轻农民负担为中心的农村税费改革，取消"三提五
统"等税外负担，不仅清理和废除乱收费现象，而且陆续取消了农业特产
税、牧业税、屠宰税等税种。2005 年 12 月 29 日，十届全国人大常委会第
十九次会议经表决决定，自 2006 年 1 月 1 日起废止《中华人民共和国农业
税条例》。同日，国家主席胡锦涛签署第 46 号主席令，宣布全面取消农业
税。中国延续了 2600 多年的"皇粮国税"从此彻底退出历史舞台。2006
年全面取消农业税后，中国农民每年减负总额超过 1000 亿元，人均减负
120 元左右。这表明中国在减轻农民负担，实行工业反哺农业、城市支持
农村方面取得了重要突破。

　　第三，户籍制度改革和农村劳动力转移。户籍制度是指与户口或户籍
管理相关的一项国家行政管理制度。历史上的户籍制度与土地直接联系，
是统治者按比户口、课植农桑、征调赋役、执行法律的重要依据。现代户
籍制度则是国家依法收集、登记公民人口基本信息的法律制度，具有证明
身份、资源配置和财富分配等多种功能。新中国成立以来户籍管理制度的
功能经历了一个不断演变的过程，大致分为以户籍登记管理为重点、以限
制人口流动为重点和以福利权益分配为重点三个阶段。1949～1958 年为户籍
登记管理阶段。1953 年在第一次全国人口普查的基础上，我国在农村建立了
户口登记制度；1954 年新中国第一部宪法规定公民有"迁徙和居住的自由"；
1955 年国务院发布《关于建立经常户口登记制度的指示》，规定了全国城乡
户口登记制度。1956～1957 年，国家连续发布四个文件开始限制农民盲目

---

① 赵云旗：《中国当代农民负担问题研究（1949—2006）》，《中国经济史研究》2007 年第
　　3 期，第 100 页。

流入城市。1958~1984 年为限制人口流动阶段。1958 年 1 月 9 日全国人民代表大会常务委员会第九十一次会议通过了《中华人民共和国户口登记条例》，将城乡居民划分为"农业户口"和"非农业户口"两种类型，并且严格限制人口自由流动，自此严格的城乡"二元"户籍制度开始施行，这一制度与人民公社体制相结合，把农民紧紧捆绑在土地上。1984 年 10 月，国务院颁发了《关于农民进入集镇落户问题的通知》，允许农民自带口粮进集镇落户，自此，我国严格的城乡二元户籍制度开始松动，农村剩余劳动力乘改革春风开始纷纷进城务工经商谋求出路。然而，随着时间的推移，户籍制度成为与福利权益分配密切相关的基本制度，农村户籍人口难以享受到与城市户籍人口相同的教育、医疗、社会保障等权益。为控制大城市人口规模，合理发展中小城市，尤其是加快城镇建设，2001 年国务院批转了公安部提交的《关于推进小城镇户籍管理制度改革的意见》，放开了小城镇落户的限制。户籍制度曾是我国劳动力流动的限制因素，特别是与户籍制度相关的社会服务制度，限制了农业劳动力非农化，广大农民不得不把农业视为生活保障的最后一道防线，采取兼业化的方式，亦工亦农，"候鸟式"迁移。这也致使农业劳动力结构出现老龄化、妇孺化等问题。党的十八届三中全会指出"城乡二元结构是制约城乡发展一体化的主要障碍"，而户籍制度正是几十年来强化城乡二元结构的媒介机制。[①] 户籍制度与人们的生活息息相关，随着城乡差距凸显，城乡人口流动加剧，户籍制度改革成为社会经济发展的必然要求。

近年来，对于户籍制度改革主要存在三种取向：一是"农转非"；二是取消农业和非农业的户口登记制度；三是剥离户口黏附利益。"农转非"就是农业人口转化为非农业人口，主要通过升学、参军、就业等形式进行。取消农业和非农业的户口登记制度就是实现城乡户口一体化，2014 年中央一号文件提出了加快农业转移人口市民化的目标，积极推进户籍制度改革，建立城乡统一的户口登记制度。剥离户口黏附利益是指削弱户籍制度与社会福利之间的直接联系。这种新的户籍制度改革取向将打破农民与

---

① 王瑜、仝志辉：《中国户籍制度及改革现状》，《中国农业大学学报》2016 年第 1 期，第 100 页。

土地、农民与农村的粘连，提高农民进城意愿，推动城市化和土地流转，也将有利于农业适度规模经营的实现。

二 农业适度规模经营的实现动因方面

随着我国市场经济的全面深化，国家构建和完善了农村市场体系，形成较为系统完整的农业劳动力市场、农业资本市场、农业技术市场等要素市场，以及农业产品市场和农业服务市场。工业化促进了农业劳动力非农化和生产性服务业的发展，城市化促进了农业劳动力转移、农业产业结构调整和农业非生产性服务业的发展。农业部门劳动力精简、产权制度明晰、市场机制有效，三者相互作用，推动了农业适度规模经营的发展。

（一）市场经济体制转变与微观经营主体形成

市场经济是与社会化大生产相关的高级商品经济，是有效配置社会资源的重要手段。从资源配置方式来看，人类社会经济发展历经自然经济、商品经济和市场经济三个阶段。原始社会和奴隶社会以自然经济为主要特征，封建社会以商品经济为主要特征，资本主义和社会主义社会以市场经济为主要特征，值得一提的是我国改革开放之前实行的是计划经济体制，改革开放后逐渐向市场经济转轨。分工和交换是商品经济产生的前提和基础，商品经济的发展历经简单商品经济阶段和社会化的商品经济阶段，简单商品经济是在原始社会末期随着社会生产力的发展、分工的出现、私有制的形成而产生的，经过奴隶社会和封建社会的漫长岁月，到生产社会化的资本主义社会形成之时转变为社会化的商品经济即市场经济。因此，市场经济是商品经济的高级阶段，是商品经济的继续和发展。市场经济的形成是以生产力的发展、商品经济的发展、生产社会化程度的提高、统一竞争开放有序发达的市场形成为前提条件的，这些条件愈是充分，构成市场机制的价值机制、供求机制、竞争机制、风险机制等愈是能有效发挥作用，愈是能有效优化配置资源；这些条件愈是不充分，封闭型自然经济愈是占主导，市场机制愈是难以发挥作用。在发达的市场经济中，不仅物品和劳务成为商品，而且资本、劳动力、技术、信息等生产要素也成为商品，不仅"现货"成为商品而且"期货"也成为商品，形成了较为完备的实体经济市场和虚拟经济市场。市场经济对人类社会发展的贡献是空前的，马克思在评价资本主义生产方式时曾指出，"资本的文明面之一是，它榨取剩余劳动的方式和条件，同以前的奴隶制、农奴制等形式相比，都更有利于生产力的发展，有利于社会关系的发展，有利于更高级的新形态的各种要素的创造"[①]。在《共产党宣言》中马克思也曾指出："资产阶级在它的不到一百年的阶级统治中所创造的生产力，比过去一切世代创造的全部生产力还要多，还要大。"[②] 资本主义能取得如此巨大的成就，主要得益于市场配置资源的方式。因此，市场经济是有效调配资源、配置余缺的有效方式，我国由计划经济体制向市场经济体制转型既是经济发展的理性选择，也是提高生产力的现实需要。

市场经济转型发展是推动我国经济实现跨越式发展的重要战略举措。新中国成立之初，在苏联模式的影响下，我国实行了以人民公社制度为基础的计划经济体制，通过计划的方式配置各类生产要素资源和工农业产品，这种体制在建国初期恢复经济、稳定国防、发展工业、保障民生等方面发挥了重要作用。然而，在世界经济全球化加速推进的时代，一国经济的发展离不开世界。因此，要融入世界贸易体系，就需要重新构建我国的市场经济体系，大力发展商品经济，完善价格机制、供求机制、竞争机制、产品市场和要素市场，由计划经济体制向市场经济体制转轨。

我国由计划经济体制向市场经济体制转轨大致经历了五个阶段。第一阶段为探索阶段（1978~1984年）。1978年党的十一届三中全会后，我国开始认识到计划经济的积弊，并开始重视经济规律和价值规律对经济发展的重要作用，尝试探索应用市场经济规律办事的制度。1979年11月26日，邓小平在接见美国《不列颠百科全书》副总编时提出了"社会主义也可以搞市场经济"的重要论断。1981年党的十一届六中全会指出，"必须在公有制基础上实行计划经济，同时发挥市场调节的辅助作用""要大力发展社会主义的商品生产和商品交换"。1982年9月，党的十二大又进一步提出了"计划经济为主，市场调节为辅"的改革原则，这对突破高度集

---

① 《马克思恩格斯全集》（第25卷），人民出版社，1974，第925~926页。
② 《马克思恩格斯选集》（第1卷），人民出版社，1972，第256页。

中统一的计划经济体制、重视市场经济调节功能、推动我国市场经济改革发展具有重要作用。1984 年党的十二届三中全会通过的《关于经济体制改革的决定》明确提出"社会主义计划经济必须自觉依据和运用价值规律，是在公有制基础上的有计划的商品经济。商品经济的充分发展，是社会经济发展的不可逾越的阶段，是实现我国经济现代化的必要条件"①。

第二阶段为有计划的商品经济阶段（1984～1992 年）。自 1984 年党的十二届三中全会提出实行"公有制基础上的有计划的商品经济"后，我国便展开了对"计划经济""市场经济""商品经济"的理论研究，尤其是对社会主义是否应该有市场、市场是否是资本主义独有、计划和市场的配比是否能改变社会主义性质等问题进行了深入研究。1990 年底邓小平指出："我们必须从理论上搞懂，资本主义与社会主义的区分不在于是计划还是市场这样的问题，社会主义也有市场经济，资本主义也有计划控制。"1992 年初，邓小平在南方谈话中明确提出："计划多一点还是市场多一点，不是社会主义与资本主义的本质区别。计划经济不等于社会主义，资本主义也有计划；市场经济不等于资本主义，社会主义也有市场。计划和市场都是经济手段。"② 这就把计划和市场作为两种资源配置方式来认识，为市场经济体制改革奠定了思想基础。

第三阶段是社会主义市场经济体制确立和建设阶段（1992～2002 年）。1992 年 10 月，党的十四大明确提出"我国经济体制改革的目标是建立社会主义市场经济体制"，发挥市场在国家宏观调控中的基础作用。党的十四届四中全会又进一步明确了建立社会主义市场经济体制，必须坚持公有制为主体、多种所有制经济共同发展的方针，指出要建立全国统一开放的市场体系，实现城乡市场相结合、国际国内两个市场相衔接，要使市场在国家宏观调控下对资源配置起基础性作用。2002 年 10 月党的十六大宣告，我国社会主义市场经济体制初步建立。

第四阶段为社会主义市场经济体系完善时期（2002～2012 年）。2003 年召开的党的十六届三中全会，通过了《中共中央关于完善社会主义市场

---

① 中共中央文献研究室编《十二大以来重要文献选编》（中），人民出版社，1986，第 568 页。
② 《邓小平文选》（第 3 卷），人民出版社，1993，第 373 页。

经济体制若干问题的决定》，规定了完善社会主义市场经济体制的目标和任务，即"完善公有制为主体、多种所有制经济共同发展的基本经济制度；建立有利于逐步改变城乡二元经济结构的体制；形成促进区域经济协调发展的机制；建设统一开放竞争有序的现代市场体系；完善宏观调控体系、行政管理体制和经济法律制度；健全就业、收入分配和社会保障制度；建立促进经济社会可持续发展的机制"①。这标志着中国经济体制改革进入完善社会主义市场经济体制的新时期。2012 年，胡锦涛同志在十九大报告中强调，要加快完善社会主义市场经济体制和加快转变经济发展方式，"经济体制改革的核心问题是处理好政府与市场的关系，必须更加尊重市场规律，更好发挥政府作用"②。我国在经历改革开放 30 多年的实践探索后，对市场经济规律的认识和驾驭能力、对政府和市场关系的处理能力不断增强。

第五阶段为中国特色社会主义新时代（2012 年以后）。党的十八大以来，中国特色社会主义进入新时代。2013 年 11 月 12 日，中国共产党第十八届中央委员会第三次全体会议通过了《中共中央关于全面深化改革若干重大问题的决定》，要求"紧紧围绕使市场在资源配置中起决定性作用深化经济体制改革，坚持和完善基本经济制度，加快完善现代市场体系、宏观调控体系、开放型经济体系，加快转变经济发展方式，加快建设创新型国家，推动经济更有效率、更加公平、更可持续发展"③。2017 年 10 月 18日，习近平总书记在党的十九大报告中指出："中国特色社会主义进入新时代，我国社会主要矛盾已经转化为人民日益增长的美好生活需要和不平衡不充分的发展之间的矛盾。"④ 党的十四大确定了我国经济体制改革的目标是"建立社会主义市场经济体制"，党的十五大提出"使市场在国家宏观调控下对资源配置起基础性作用"，党的十六大提出"在更大程度上发

---

① 《中共中央关于完善社会主义市场经济体制若干问题的决定》，人民出版社，2003，第 1 页。
② 《坚定不移沿着中国特色社会主义道路前进 为全面建成小康社会而奋斗——胡锦涛同志代表第十七届中央委员会向大会作的报告摘登》，《经济日报》2012 年 11 月 9 日，第 2 版。
③ 《中共中央关于全面深化改革若干重大问题的决定》，人民出版社，2013，第 3~4 页。
④ 习近平：《决胜全面建成小康社会 夺取新时代中国特色社会主义伟大胜利——在中国共产党第十九次全国代表大会上的报告》，《人民日报》2017 年 10 月 28 日，第 1 版。

挥市场在资源配置中的基础性作用",党的十七大提出"从制度上更好发挥市场在资源配置中的基础性作用",党的十八大提出"更大程度更广范围发挥市场在资源配置中的基础性作用",可以看出,我们党对政府和市场的关系认识在不断深化。党的十九大报告提出:"必须坚持和完善我国社会主义基本经济制度和分配制度,毫不动摇巩固和发展公有制经济,毫不动摇鼓励、支持、引导非公有制经济发展,使市场在资源配置中起决定性作用,更好发挥政府作用,推动新型工业化、信息化、城镇化、农业现代化同步发展,主动参与和推动经济全球化进程,发展更高层次的开放型经济,不断壮大我国经济实力和综合国力。"① 由此可见,新时代我国市场经济制度更加完善,政府和市场的关系更趋合理,公有制和非公有制经济更加和谐。

农村市场化建设是在社会主义市场经济条件下推进农村改革和发展的重要基础和关键环节。② 我国农村市场的建构是我国市场经济体制建构的重要组成部分,农业市场经济的发展也是在整体宏观框架的指导下建立起来的。自1978年改革开放至今,我国经济实现了由计划经济向市场经济的"渐进过渡"式蜕变,经济改革极大地促进了我国生产力水平的提高,使我国工业化、城镇化、信息化和农业现代化水平均发生了翻天覆地的变化,令世人瞩目。中国特色社会主义市场经济的优势和特色得到充分彰显,农村改革在宏观经济体制改革框架指引下持续进行,农村市场机制基本形成,社会化生产和商品化程度日益提高,农村商品流通体系日益完善。以人民公社制为基本单位的封闭型自然经济被打破,以单一农业、单一粮食、单一品种为主要特征的农业产业结构得到广泛深入的调整,乡镇企业异军突起,农、林、牧、副、渔五业并举。以家庭和乡镇企业为单位的生产单元,促进了生产力发展和分工程度的提高、农村产业结构调整、农业生产商品化和社会化程度不断提高,农产品市场、生产要素市场、农村金融、农村保险、农产品期货市场等市场形态日益发展和成熟。我国以

---

① 习近平:《决胜全面建成小康社会 夺取新时代中国特色社会主义伟大胜利——在中国共产党第十九次全国代表大会上的报告》,《人民日报》2017年10月28日,第1版。

② 习近平:《论市场改革发展进程中的市场化建设》,《中共福建省委党校学报》1999年第7期,第4页。

改革开放和加入 WTO 融入世界市场为契机，以工业化、城市化协调发展为动力，以"二元结构"为特征，以"民工潮""户籍改革""土地流转"为时代名片，以农村金融、农村保险、农村基础设施建设等农村社会化服务体系建构为基础，以家庭农场、专业大户、专业合作社、农业企业为经营主体，以具有市场化、规模化、科技化、社会化等特点的农业适度规模经营为新目标，形成了政府政策指导、市场机制调节、多元主体并存、垂直纵向分工、内外市场兼顾的立体网状农业现代化市场体系。

（二）工业化的促进、城市化的推进与农业现代化发展之需

1. 工业化的促进

如果说农业是立国之本，那么工业则是强国之要。一方面，农业既可以提供生活所必需的食物来源，又可为工业提供资本积累、劳动力和生产原料。另一方面，工业的发展不仅可以为农业生产提供最先进的生产工具，还可为农业提供最先进的生产技术，综合提升农业生产力水平。由此可见，农业与工业之间彼此联系、相互适应、互促互进。农业的改良是否得益于工业的发展曾是一个争论很大的问题。以阿瑟·扬（Arthur Young）为代表的一派认为农业的改良是工业发展的结果，他们认为工业制造中心的产生和城市的扩张以及新市场的开辟，造成了大批工人对粮食的消费需求高涨，农业生产方式向着满足工业发展需求的方向转变；以保罗·芒图（Paul Mantoux）为代表的一派则认为工业的发展是农业变迁的结果，芒图认为圈地运动和农场兼并将农村劳动力置于工业支配之下，促成了工厂制度的发展。两派观点前者基于长期的视角，后者基于短期的视角，均有道理，我们须承认农业和工业之间的关系极为紧密并互相影响，两者的影响程度在不同时期表现不同。显而易见的是在各国工业发展前期，农业在促进工商业发展中扮演了重要角色，如英国的圈地运动、我国的"剪刀差"、苏联的"重工业发展战略"等，而在工业革命中后期，工业发展对农业的影响远甚于农业对于工业，农业的机械化、规模化、信息化、科技化等都是工业发展的结果。[①]

---

① 张培刚：《农业与工业化（上卷）——农业国工业化问题初探》，华中科技大学出版社，2009，第111~115页。

工业革命发轫于 18 世纪的资本主义国家，标志着工业化时代的到来。工业革命实现了工场手工业向机器大工业的过渡，原有的产业门类逐步分化，新的产业门类不断涌现，产业结构日趋复杂。工业文明的到来加速了农业文明的瓦解，极大地改变了人们的生产方式和生活方式，使农业生产发生了质变和量变。尤其是与农业相关的农资工业的快速发展，为农业提供了先进的生产手段、生产技术、生产工艺，如农业机械、化肥、农药、薄膜、良种、基因工程、生物工程、信息工程等，提高了农业劳动生产率，增强了农业抵御自然风险的能力，粮食作物、油料作物、经济作物等农副产品产量不断增加，满足了日益增长的需求。工业较为发达的国家已经实现了传统低效农业向现代化高效农业的转型，虽然农业劳动力占劳动力总数和农业总产值占国内生产总值的比重日趋降低，但是农业工业化、农村城市化、农民现代化程度不断提高。工业革命以来，农业发展与工业发展的关系日益紧密，它们彼此依赖，相互促进，协同推进物质文明发展进步。

中国工业起步晚、发展快，中国在新中国成立之初还是一个传统的农业大国，改革开放后充分利用和平时机和经济全球化机遇，靠引进外资、引进技术、培养人才，大力发展"三来一补"（来料加工、来件装配、来样加工和补偿贸易）的外向型经济，凭借人口资源优势、劳动力成本优势、土地资源优势等，快速发展成为世界工业大国，并逐步开始向工业强国迈进。新中国成立至今，中国工业化的发展可划分为优先发展重工业阶段、外资导向型工业阶段、扩大内需工业阶段、双循环新发展格局阶段四个阶段。第一阶段，优先发展重工业阶段（1949～1978 年）。新中国成立之前，我国经历了长期的帝国主义侵略和掠夺，再加上清政府的腐朽统治、国民党反动统治的摧残，工业受到极大破坏，整个国民经济遭受重创，积贫积弱。1949 年，乡村人口占总人口的比重约为 89.4%；1952 年，我国第一产业即广义农业的就业人数占总就业人数的 83.5%，第一产业产值占国内生产总值的 50.5%。因此，从农村人口数量、农业就业量和农业产值来看，当时我国仍是没有现代工业基础的落后农业国。随着国民经济的日益恢复，我国开始进行大规模的经济建设，从"强国富民"的高度强调了工业化的重要性，把实现工业化作为振兴中华、摆脱落后的奋斗目标，列为全党工作重中之重。坚持把能制造重型机器、重要材料、精密仪器和能制造新式的、保卫自己的武器如原子弹、导弹、人造卫星等作为工业化发展的重要部分，以改变我们一辆汽车、一架飞机、一辆坦克、一辆拖拉机都不能造的落后状况。[①]"一五"时期，我国便确定了集中力量进行工业化建设的重要任务和优先发展重工业的发展模式。这一时期，我国对工业累计投资额达550亿元，施工的工矿建设项目达一万多个，实施项目遍布军事国防、机械制造、电子器件、化学工业、能源工业等各个方面，初步搭建了我国工业化的整体架构。虽然，经历了"大跃进""三年困难时期""文化大革命"的特殊动荡时期，工业发展大起大落，但是我国国防高精尖技术仍然取得重大突破，先后制成并试验成功了原子弹、氢弹、核潜艇、人造卫星等国之重器，飞机、汽车、重型机器、精密仪器、发电设备、新式机床等，也从无到有地建设起来，极大地改变了我国工业残缺不全的状况，夯实了工业现代化发展基础。

第二阶段，外资导向型工业阶段（1978~2008年）。发展中国家在实现工业化的进程中一般采取进口替代或者出口导向的工业发展战略。进口替代战略是20世纪五六十年代阿根廷著名经济学家劳尔·普雷维什提出的，他系统阐述了"中心—外围"理论。进口替代战略是为了改变发达国家与发展中国家贸易的不平等状况，发展本国民族工业，通过限制工业制成品的进口以促进本国工业发展的战略，之后亚非拉许多发展中国家都在不同程度上实行了进口替代战略。出口导向战略是由美国著名经济学家拉尼斯于1973年提出的，即政府为改变以初级产品出口为主的状况，鼓励加工业产品出口，从而改善产业结构、增加外汇收入、推动经济发展的战略。二战后，日本抓住有利的国际环境，工业发展由进口替代战略转向出口导向战略，1950~1980年经济持续高速增长，成为世界第二大经济体。1970~1990年，韩国、中国香港、中国台湾、新加坡利用发达国家向发展中国家转移劳动密集型产业的机会，吸引外资和技术，由进口替代战略转

---

① 李仁卿：《建国初期党的工业化思想是马克思主义工业化思想的创造性发展》，《理论月刊》2010年第6期，第20页。

向出口导向战略，成为亚洲继日本之后高速发展起来的经济体，被称为亚洲的"四小龙"。有鉴于此，改革开放后我国逐步由进口替代战略向出口导向战略转变，我国经济实现高速增长。1978 年我国的出口总额和进口总额分别为 167.7 亿元、187.4 亿元；2008 年出口总额首次突破 10 万亿元，进口总额达到 79526.5 亿元，与 1978 年相比分别增长了 597.4 倍和 423.4 倍。[①] 进出口总额占国内生产总值的比重（即外贸依存度）由 1980 年的 12.4% 提高到了 2008 年的 56.0%，2006 年外贸依存度历史最高达到了 64.4%，而后下滑并趋于稳定（见图 3-3）。我国在这一时期外汇储备世界第一，国民生产总值位列世界第三，成为世界第一制造大国，解决了"温饱问题"，达到小康水平。

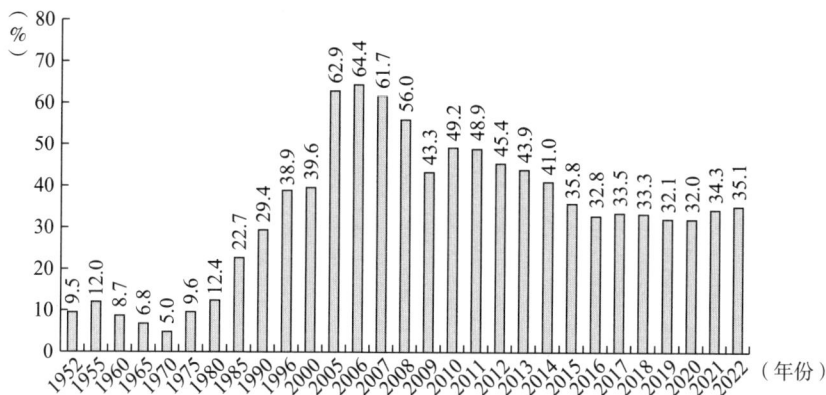

图 3-3　中国对外贸易依存度变化趋势

资料来源：根据国家统计局数据整理计算获得，https://data.stats.gov.cn/easyquery.htm? cn=C01。

第三阶段，扩大内需工业阶段（2008～2020 年）。2006 年春季美国"次贷危机"显现，并于 2007 年 8 月开始席卷美国、欧盟、日本等世界主要金融市场，引发了全球性的经济大衰退。以美国为首的西方资本主义国家纷纷出台了多种贸易保护主义政策，以挽救经济损失。为了抵御国际经济危机、加快国家建设、提高国民收入、促进经济平稳增长，2008 年 11 月国务院常务会议提出了扩大内需的十项举措，总投资达 4 万亿元人民币。

---

① 数据来源：根据国家统计局数据整理计算获得，https://data.stats.gov.cn/easyquery. htm? cn=C01，最后访问日期：2023 年 5 月 19 日。

自此，扩大内需成为我国经济稳定健康发展的战略选择和根本之策。2009年我国工业发展进入中期阶段，2010年我国成为世界第二大经济体，2013年我国成为世界货物贸易第一大国。中国社会科学院经济研究所团队开发出了工业化水平综合指数，把工业化划分为前工业化、初期、中期、后期和后工业化五个阶段，对应工业化水平指数取值为 0、1～33、34～66、67～100、大于 100。根据测算，我国 2010 年工业化水平指数为 66，处于工业化中期后半段，2011 年进入工业化后期，2015 年工业化水平指数达到84，2020 年进一步提高到 93，进入工业化后期后半段，至此基本实现了工业化。[①] 我国产业结构不断优化，服务大国初露端倪：2015 年后工业增加值比重趋于稳定，第三产业增加值比重从 1980 年开始稳步提升，2020 年提高到 54.5%创历史最高，并趋于稳定（见图 3-4），由此第三产业成为我国经济社会发展的主导产业。

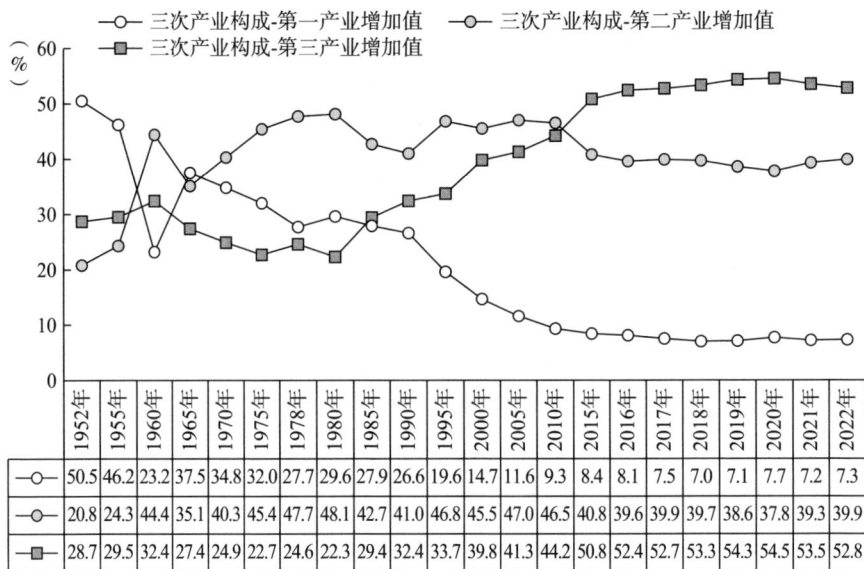

	1952年	1955年	1960年	1965年	1970年	1975年	1978年	1980年	1985年	1990年	1995年	2000年	2005年	2010年	2015年	2016年	2017年	2018年	2019年	2020年	2021年	2022年
—○—	50.5	46.2	23.2	37.5	34.8	32.0	27.7	29.6	27.9	26.6	19.6	14.7	11.6	9.3	8.4	8.1	7.5	7.0	7.1	7.7	7.2	7.3
—○—	20.8	24.3	44.4	35.1	40.3	45.4	47.7	48.1	42.7	41.0	46.8	45.5	47.0	46.5	40.8	39.6	39.9	39.7	38.6	37.8	39.3	39.9
—■—	28.7	29.5	32.4	27.4	24.9	22.7	24.6	22.3	29.4	32.4	33.7	39.8	41.3	44.2	50.8	52.4	52.7	53.3	54.3	54.5	53.5	52.8

图 3-4　中国产业结构比重变化趋势

资料来源：根据国家统计局数据整理获得，https://data.stats.gov.cn/easyquery.htm?cn=C01。

---

① 黄群慧：《2020 年我国已经基本实现了工业化——中国共产党百年奋斗重大成就》，《经济学动态》2021 年第 11 期，第 5 页。

第四阶段，双循环新发展格局阶段（2020 年以来）。2020 年 5 月 14 日，中共中央政治局常务委员会召开会议，首次提出"构建国内国际双循环相互促进的新发展格局"。这是党中央根据国内国际形势发展的新变化、全球产业链供应链重构的新趋势、我国经济社会发展面临的新挑战，及时提出的重大战略部署，为我国统筹国内国际两个大局，在危机中育新机，于变局中开新局指明了方向，是今后一个时期做好国内经济社会发展工作的重要遵循。①

由于我国城乡二元的经济结构特征较为明显，我国的工业化可从城市工业化和农村工业化两条线索进行分析，尤其是在建国初期确定的城市偏向和重工业优先发展的政策惯性影响下，城市工业化快于农村工业化。我国农村工业化以 20 世纪 80 年代末期兴起的乡镇企业为发端，在此之前，虽然以家庭为单位的工业在我国早已产生，但都是以家庭为单位的小规模手工业，直到乡镇企业产生，家庭手工业才大量转变为工厂手工业和机器大工业。虽然这"两条腿"看似独立，但也是相互影响、相互促进的，形成了"农业→乡镇企业→城市工业"上通和"城市工业→乡镇企业→农业"下达，以及"农业→城市工业"和"城市工业→农业"相互作用的三维互锁结构。

城市工业化历经"进口替代""出口导向""扩大内需""双循环新发展格局"四个时期。新中国成立初期的进口替代策略是以国有企业、集体企业为载体，以公有制经济为唯一产权组织形式，发挥了集中力量办大事的社会主义公有制经济优越性，这一时期我国工业发展的成就有第一颗原子弹爆炸、第一颗氢弹成功、第一个汽车厂建立、第一个飞机制造厂建立、武汉长江大桥建成、公路修到了世界屋脊等。1957 年，我国生产钢 535 万吨，原煤 1.3 亿吨，粮食 1.95 亿吨，社会总产值平均每年增长 11.3%，工农业总产值平均每年增长 11.1%，其中农业为 4.5%，工业为 18%。在工农业总产值中，工业总产值的比重由 1949 年的 30%上升到

①　黄汉权：《加快构建双循环相互促进的新发展格局》，《经济日报》2020 年 7 月 15 日，第 11 版。

1957 年的 56.7%，经济结构发生很大变化，为中国工业化奠定了初步基础。[①] 1978 年改革开放之后，我国抓住和平发展的关键时期，实施出口导向战略，引进外资、技术、管理、人才等，充分利用比较优势，实现了经济的腾飞。次贷危机引起全球恐慌，国外贸易保护主义抬头，我国众多出口导向型企业如临寒冬，或破产倒闭或垂死挣扎，这一时期扩大内需成为启动我国工业腾飞的又一道闸门。特别是党的十八大和党的十八届三中全会后，高铁出口、"互联网+"等开启了创新驱动发展模式，我国由制造业大国向制造业强国迈进。

农村工业化是在我国城市工业化的带动下和农业资本积累的驱动下成长的。由于我国城乡分割的历史和地区经济发展的不平衡，农村工业化在不同地区特征各异，有外生型、内生型和综合型三种基本模式。外生型是指城市工业部门因原材料、劳动力、土地价格、销售地距离等因素向农村地域扩散而形成的，内生型是随着农业资本积累、分工发展、技术进步而形成的非农产业集中和集聚，综合型是城市工业疏散、梯度转移等外生条件和农村就业扩张、非农发展等内生动力综合作用形成的。我国农村工业的发展具有显著的区域差异，特别是在当时的政策指导下，区域差异在很长一段时期内日益扩大，东部沿海地区起步早、发展快、较成熟，乡镇企业风起云涌，形成了"苏南模式""温州模式""珠三角模式"。随着农村工业化的发展，学界对农村工业化的认识进一步加深。我国著名经济学家张培刚 20 世纪 40 年代在《农业与工业化》中就对农业工业化的概念进行了前沿性的探讨，他认为工业化是"一系列基要生产函数连续发生变化的过程"，"可以将工业发展及农业改革包括在内"。[②] 湖南师范大学刘茂松教授等把农业工业化定义为农业与工业的趋同，具有市场化、集中化、企业化、规模化的特征。[③] 科学技术部发展计划司的申茂向认为，农村工业化[④]

---

① 洪梦、孟素：《新中国建设成就的若干精彩"第一"》，《党史文汇》2014 年第 10 期，第 14 页。
② 张培刚：《农业与工业化》，华中工学院出版社，1984，第 70~72 页。
③ 刘茂松、彭新宇：《论我国农业转型期的农业工业化战略》，《求索》2005 年第 12 期，第 1~2 页。
④ 一般认为，农村工业化即农业工业化。

与工业化密切相关，至少包含五个方面的含义：一是农村工业的建立和发展过程；二是用工业生产方式和产品对传统农业和农村经济结构进行改造的过程；三是现代工业文明对整个农村社会（文化、教育、卫生等）的渗透过程；四是以发展农村工业为先导，通过区域贸易方式与城市工业的融合过程。① 湖南农业大学曾福生教授等认为，农业工业化是一场农业革命，是新型工业化的重要方面，是实现农业转型的战略举措，是实现农业现代化和社会主义新农村建设的必由之路，是提高我国农业国际竞争力的必然要求，是加快城镇化步伐的重要保证。② 由此可见农业工业化是工业化道路中不容忽视的重要组成部分。

我国的农业工业化不同于传统工业化的发展路径，是以农业资源为基础的加工工业化。农产品加工业是与农业关联度最大的产业，其重要性可见一斑。新中国成立后，我国农产品加工业发展取得了巨大成就，1952～1978 年，农产品加工业产值年均增速为 7.97%；1979～2000 年农产品加工业产值年均增速为 13.06%。③ 自"十二五"时期以来，我国农产品加工业年均增速为 6%，产业附加值年均增速为 8%，规模以上农产品加工企业超过 8.1 万家，相关产业总产值超过 22 万亿元。④ 城市工业化和农村工业化的双轮驱动，促进了农村生产力水平的提高，使农业机械、农药化肥、农业科技等逐步推广，形成了各级各类农业科技推广体系和科技研发组织。良种培育、机械科技、生产技术、加工技术等取得较大突破，极大地提高了我国的农业生产力水平。此外，我国在工业反哺农业、农业支持工业方面已逐步扭转了工业偏向战略，基本实现良性互动。推进农业工业化、实现农业现代化，进一步提高农业生产力水平已成为当今时代的重要任务。

2. 城市化的推进

城市化是农业文明向工业文明、乡土文明向城乡文明发展的重要推动

---

① 申茂向：《中国农村工业化与现代化》，《中国科技论坛》2007 年第 9 期，第 3 页。
② 曾福生、匡远配、陈代双：《农业工业化进程的评价指标体系构建与实证分析》，《农业技术经济》2008 年第 2 期，第 38 页。
③ 冯伟、蔡学斌、杨琴、石汝娟、夏虹：《中国农产品加工业的产业增长特征与趋势》，《贵州农业科学》2016 年第 3 期，第 184 页。
④ 梁伙有：《我国农产品加工发展现状及对策分析》，《南方农机》2023 年第 11 期，第 193 页。

力，城市化与工业化相互作用，被称为经济发展的"两个引擎"。从现实情况来看，城市化是促进农业剩余人口转向城市社区人口、农村建设用地转变为城市建设用地、乡村产业发展为城市工业、农村乡土文明转向城市社区文明的有效途径，是提高社会生产力水平的重要动力，也是衡量我国现代化水平的重要指标。美国著名城市地理学家诺瑟姆（R. M. Northam）在1979年提出了城市化的诺瑟姆曲线定律。诺瑟姆以城市人口占总人口比重的城市化率为城市化水平指标，把城市化发展过程划分为三个阶段：城市化发展缓慢的低水平初始阶段（城市化率低于 25%），城市化水平急剧上升的加速阶段（城市化率达到 60% 或者 70%），城市化发展平缓的高水平成熟阶段（城市化率超过 60% 或 70% 以后）。城市化发展过程与城市化水平相对应呈现"S"形，因此，诺瑟姆曲线又被称为城镇发展 S 形曲线。诺瑟姆曲线被广泛用于讨论一国或一地区的城市化发展阶段，为城市化发展提供指导。18 世纪中叶之前，世界城市化进程比较缓慢，城市化水平比较低。1800 年世界城市化率仅为 3.2%，1850 年为 6.9%（见表 3-6）。从世界城市化进程来看，世界城市化可分为三个阶段。第一阶段（1760~1851 年）为英国城市化快速发展阶段。在这一阶段，英国率先开启的工业革命推动英国成为世界首个城市化率超过 50% 的国家，基本实现了城市化，而当时世界城市化率还不到 7%。[①] 第二阶段（1851~1950 年）为欧洲和北美等发达国家基本实现城市化的阶段。1850 年，发达国家的城市人口总数大约只有 4000 万，到 1950 年增加到了 4.49 亿，这些国家在这 100 年的时间里推动 4 亿多人转入城市，城市化率达到 51.8%，而发展中国家城市化率却仅为 16.2%。[②] 第三阶段（1950 年至今）发展中国家城市化进程加快，全世界基本实现城市化。20 世纪 50 年代后，世界城市化仍呈加速发展趋势，虽然发达国家的城市化陆续进入高水平成熟阶段，城市化速度开始放缓，但世界城市化水平仍在提高，主要发生在中国、印度等人口众多的发展中国家，尤其是 21 世纪以来，广大发展中国家正处于工业化社会

---

① 华桂红、高扬：《城市化历史进程的国际比较》，《世界经济与政治论坛》2002 年第 1 期，第 25 页。

② 高佩仪：《世界城市化的一般规律与中国的城市化》，《中国社会科学》1990 年第 5 期，第 128~129 页。

的中期，城市化进程空前加速，据估计，到 2030 年世界城市人口将达到 51 亿人，城市人口比重将提高到 61.1%。[①]

表 3-6　1800~2030 年世界及主要国家城市化发展情况

单位：%

全世界		英国		美国		法国		印度		埃及	
年份	城市化率	年份	城市化率	年份	城市化率	年份	城市化率	年份	城市化率	年份	城市化率
1800	3.2	1800	32	1800	6.1	1800	20.5	1941	14.1	1821	12.0
1850	6.9	1850	44	1850	15.3	1850	28.5	1950	17.3	1897	20.0
1900	14	1880	56	1860	19.8	1880	34.8	1951	17.6	1937	25.0
1920	19.4	1900	65	1870	25.7	1900	40.1	1960	18.2	1947	30.0
1925	21	1950	77.9	1880	28.2	1950	55.4	1961	18.3	1950	33.0
1930	21.8	1955	78.2	1890	35.1	1955	58.9	1965	19.1	1955	35.2
1940	24.8	1957	78.4	1900	39.6	1957	60.2	1970	19.9	1960	37.7
1950	28.2	1960	78.6	1910	45.7	1960	62.3	1975	21.8	1965	40.0
1960	33	1962	79.2	1920	51.2	1962	63.4	1980	23.5	1970	42.1
1970	38.6	1965	80.2	1930	53.4	1965	66.3	1985	24.4	1975	43.5
1980	41.2	1968	81.1	1940	56.5	1968	68.9	1990	25.5	1980	43.9
1990	43.0	1970	81.6	1950	64	1970	70.4	1995	26.5	1990	43.5
2000	46.7	1975	84.4	1960	69.8	1975	73.4	2000	27.4	1995	42.8
2010	51.6	1978	86.8	1970	75.2	1978	77	2005	28.8	2000	42.6
2018	55.2	1980	88.4	1980	82.7	1980	78.9	2010	30.3	2005	42.6
2030	61.1	2020	87	2020	82	2016	79.8	2018	32.5	2010	42.8

资料来源：数据主要参考焦秀琦《世界城市化发展的 S 型曲线》，《城市规划》1987 年第 2 期，第 36 页；20 世纪 90 年代后的数据根据世界银行数据库整理获得，https://data.worldbank.org.cn/indicator/SP.URB.TOTL.IN.ZS? view = chart。

　　我国的城市化起步较晚，城市化水平仍然不够高，城乡发展不平衡，城乡"二元结构"凸显。新中国成立之初，我国总人口为 5.4 亿，接近 90% 的人口属于农村人口，城市化率仅为 10.6%，城市化水平非常低。1978 年我国城市化率为 17.9%，1981 年首次超过 20%，达到 20.2%，

---

　　① 官卫华、姚士谋：《世界城市未来展望与思考》，《地理学与国土研究》2000 年第 3 期，第 7 页。

1987 年突破 25% 达到 25.3%，1996 年突破 30% 达到 30.5%，2011 年突破 50% 达到 51.8%，2017 年突破 60% 达到 60.2%。按照诺瑟姆曲线，我国 1987 年之前处于城市化发展缓慢的低水平初始阶段，2017 年之后开始进入城市化发展平缓的高水平成熟阶段（见图 3-5）。

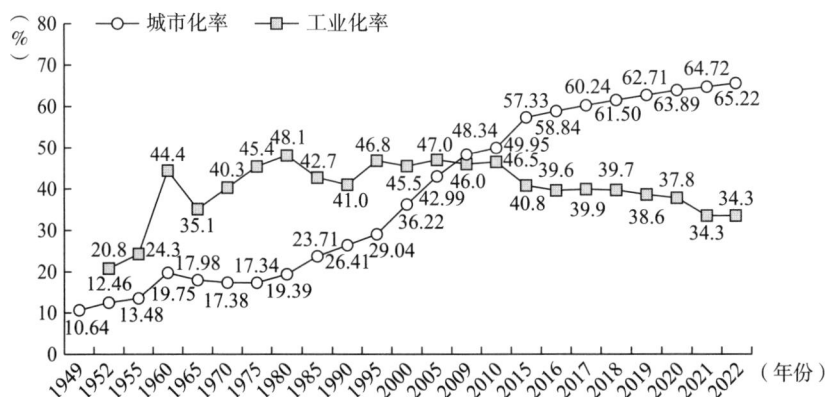

图 3-5　中国城市化和工业化发展情况（1949~2021 年）

资料来源：根据国家统计局数据整理获得，https://data.stats.gov.cn/easyquery.htm? cn = C01。

我国城市化进程中出现了诸多难解问题。一是城乡居民收入差距拉大。如表 3-7 所示，城乡居民不仅在相对收入水平上存在差距，而且绝对收入差距也呈扩大趋势。二是农村"空心化"问题严重。理想状态下，城市化的推进带动了农村生产力和技术的极大进步，促进了农村的大繁荣。但在实践中与我国城市化相伴随的是青壮年劳动力转移到城市，人口非农化导致"人走屋空"，农业生产副业化、兼业化、老龄化。承包地和宅基地的退出机制，以及"谁来种地"等问题突出。三是城乡融合度不够高，城乡经济循环不畅通。农村生产要素大多流入城市，绝大多数农村依然人气不旺、产业不强。

表 3-7　1978~2022 年中国城乡居民收入差距变动情况

年份	城镇居民人均可支配收入（元）	农村居民人均可支配收入（元）	城乡居民绝对收入差距（元）	城乡收入比
1978	343	134	209	2.6
1980	478	191	287	2.5

续表

年份	城镇居民人均可支配收入（元）	农村居民人均可支配收入（元）	城乡居民绝对收入差距（元）	城乡收入比
1985	739	398	341	1.9
1990	1510	686	824	2.2
1995	4283	1578	2705	2.7
2000	6256	2282	3974	2.7
2001	6824	2407	4417	2.8
2005	10382	3370	7012	3.1
2007	13603	4327	9276	3.1
2010	18779	6272	12507	3.0
2015	31195	11422	19773	2.7
2016	33616	12363	21253	2.7
2017	36396	13432	22964	2.7
2018	39251	14617	24634	2.7
2019	42359	16021	26338	2.6
2020	43834	17131	26703	2.6
2021	47412	18931	28481	2.5
2022	49283	20133	29150	2.4

资料来源：根据国家统计局数据整理获得，https：//data. stats. gov. cn/easyquery. htm？cn＝C01。

随着我国城镇化的加速推进，农村大量劳动力非农转移就业，农业生产方式发生深刻变革，农业适度规模经营不断被赋予新的时代内涵。首先，城市化率提高，农业劳动力大量转移，务农人员减少，为农业适度规模经营创造了条件。其次，城市化进程的推进，使城市各项服务向农村渗透，城市资本、技术、服务等对农村基础设施建设、农业非生产性服务水平、农业科技进步、农业资本积累等有极大促进作用，利于改善农业经营结构，形成与城市化发展相适应的规模农业。再次，在我国农业劳动力锐减、农村"空心化"、农业副业化问题突出的情况下，提高农业生产力水平，促进农业生产关系调整，形成规模化、集约化、市场化的现代农业迫在眉睫。

3. 农业现代化的发展要求

农业现代化是一个世界范畴的、历史的综合发展概念，具有动态性、渐进性和阶段性的发展特征，在不同社会条件和历史时期不断被赋予新的内涵。在发展过程中，农业现代化成为推动一国经济发展和实现全面现代化的重要基础，农业现代化程度成为衡量一国现代化水平的重要指标。自新中国成立以来，加快实现传统农业向现代农业转型便成为我国重要的战略目标和任务。新中国成立初期，百废待举，建立现代农业生产体系，以促进工业化尤其是重工业发展成为我国这一时期的重要任务。根据苏联农业机械化发展经验，我国确立了"农业的根本出路在于机械化"的发展目标和政策方针，为我国农业现代化奠定了坚实的物质基础。20世纪40年代至70年代，以计算机、原子能和空间科技为标志的第三次科技革命席卷全球，并逐步渗透到工业、农业、服务业等各个领域，极大地改变了人们的生产方式和生活方式，科学技术成为"第一生产力"，各种生物技术、信息技术、化学技术、新材料技术等广泛应用于农业。1992年，江泽民在党的十四大报告中提出"坚持依靠科技、教育兴农"[①]；1993年，江泽民在中央农村工作会议上的讲话中提出"充分运用现代科学技术改造传统农业，尽快缩短我国农业科技同国际先进水平的差距"[②] 的"科教兴农"战略思想。这一时期，我国实施了系列旨在提高农业科技的战略举措，如"星火计划""火炬计划""863计划""丰收计划""科技攻关""重点科技推广"等，有效地推动了农业科技变革。2002年至今，随着我国工业化、城市化和城乡一体化进程的加快，越来越多的农村劳动力弃农从商、弃农从工，农村的人力资源状况发生深刻变化。培育"爱农业、懂技术、善经营的新型职业农民"，壮大职业农民队伍，培育发展新型农业经营主体，完善农业产业体系、生产体系和经营体系，成为农业现代化的着眼点。

在工业化、城镇化的快速推动下，我国农村逐渐由传统"差序格局"的"乡土文明"向"法治为主"的"城乡文明"转型，由自给自足封闭式农业向"两种资源、两个市场"的开放式农业转型。随着中国特色社会主义市场经济体制日益完善，以家庭分散经营为基础的联产承包经营制度也面临诸多新问题，如老龄化、妇孺化严重，未来"谁来种地"等问题已成为"绕不过的弯"，培育职业农民和新型农业经营主体已成为政府"躲

① 《中国共产党第十四次全国代表大会文件汇编》，人民出版社，1992，第28页。
② 《十四大以来重要文献选编》，人民出版社，1996，第429页。

不过的坎"，小农户与大市场的有效衔接，成为我国实现农业现代化的关键。

我国农村的农民结构层次已发生了重大变化，解决未来"谁来种地"的问题已成为农业现代化的现实需要。人民公社体制的破产、家庭联产承包责任制的推行使农民具有了农业生产经营和生产要素配置的自主权，再加上户籍制度的松动，农村大量剩余劳动力或出于到大城市淘金的目的，或出于对大都市生活的向往，或因求学、服兵役等，大量非农化，促进了农村分工分业和农民分流分层，使农业的人力资源结构状况发生巨大变化。以家庭为单位的小规模经营农户在生产成本特别是劳动力成本提高和农产品价格偏低的双重挤压下，很难获得理想的农业经营收入，进一步促进了农村劳动力的转移，同时，这一现象也使农村出现了"土地抛荒"无人耕种、"空心化"、产业凋敝等问题。因此，提高农民素质是我国迫切需要解决的重大问题，传统农民向职业农民的转变成为必然。传统农民转向职业农民，体现了农民从身份意义向职业意义转变、从兼业向专业转变、从传统农业生产方式向现代农业生产经营方式转变的新要求，有利于回答和解决未来"谁来种地"的问题。①

农业生产社会化的发展规律要求家庭承包的小农户与现代化大市场有机衔接，农业适度规模经营成为农业现代化的本质内涵。随着我国市场经济体制逐渐完善和发展，在市场经济的背景下，地域界限被打破，无论工业生产还是农业生产的社会化程度都越来越高，全国一体化市场形成。加入 WTO 后，国内市场与国外市场连通，我国生产社会化程度进一步提高，农产品、工业品的价格不再仅受制于国内市场，而且受制于国际供求情况。在市场经济条件下，农业在自身进步和工业影响的综合作用下，对农业现代化的要求进一步提高，农村工业化、农业产业化步伐加快，农业产前、产中、产后相关的企业和农业社会化服务体系建设全面推进。农业产业由劳动密集型向资本密集型、技术密集型转变，农业生产由"自给自足"转向"规模化、市场化、科技化、信息化"，这就对"有文化、懂技

① 周雪松、刘颖：《传统农民向职业农民转化问题研究》，《第一资源》2013 年第 2 期，第119 页。

术、会管理、善经营、担责任"的职业农民队伍建设提出了要求。推动传统农民向职业农民转化，有利于提高农民组织化程度，推动专业大户、家庭农场、农民合作社和农业企业等新型农业经营主体的发展，促进农业生产力和农业生产关系的转变，有利于多元化产权经营形式的实现，有利于农业增效、农民增收、农村发展。

4. 传统农民向新型职业农民转变

农民就是指专门从事农业生产活动的人。《谷梁传·成公元年》记载："古者有四民。有士民，有农民，有工民，有商民。即士农工商四民。"一般认为传统农民是以从事农业生产为主业的农业劳动者，现代农民则是知识水平较高、经营能力较强、组织化能力较高的从事农业生产相关的生产经营单位和个人。

我国传统农民向职业农民的转变是随人口流动政策和土地流转政策的变化，在工业化、城市化阶段推进、新农村建设、城乡统筹发展中阶段性转变的，具体来看，可分为三个阶段。第一阶段，传统农民转向新型农民（1978～2006 年）。1949～1978 年我国逐渐建立起了高度集中的人民公社制，这一制度具有集体化、规模化大生产的特征，虽然生产力水平低、劳动工具简陋，但已不符合传统小农的含义，故不做传统小农的分析。1978 年家庭联产承包责任制的建立使我国农业生产以家庭个体为单位，这种自给自足经营形式和生产力、生产工具状况符合传统农民的定义，这一阶段的农民正是传统意义上的农民。1984～1988 年，乡镇企业开始产生并吸纳农业剩余劳动力，在国务院对乡镇企业的发展予以充分肯定之后，乡镇企业风起云涌，吸收了大量农村剩余劳动力，出现了农村剩余劳动力转移的第一次高潮。1978 年，我国乡镇企业就业人数为 2862.6 万人，1984 年增加到 5208.11 万人，1988 年达到 9545.45 万人，这一时期平均每年有近670 万农村剩余劳动力到乡镇企业就业。[①] 1988～1991 年，社会需求过旺，国民经济结构中供求总量矛盾和结构性矛盾加剧，出现了明显的通货膨胀，国家采取紧缩政策，对乡镇企业进行治理整顿，限制贷款并关停并转了一批乡镇企业，农民出现回流。1992 年邓小平南方谈话后，中小企业迅

---

① 李宝库：《中国农村剩余劳动力转移与小城镇发展》，《城市问题》1997 年第 3 期，第 12 页。

速发展，大量农村剩余劳动力转移至第二、第三产业，出现了农村剩余劳动力转移的第二次高潮。由于户籍制度的限制，农民进城在这一时期较为不便，社会对农村剩余劳动力转移存有偏见，对转移农民的保障不够完善，因此，兼业是这一时期农民的主要特征。2005年，党的十六届五中全会提出了新型农民的概念，把新型农民概括为"有文化、懂技术、会经营"的职业农民。2006年中央一号文件《中共中央 国务院关于推进社会主义新农村建设的若干意见》明确提出要"培养造就有文化、懂技术、会经营的新型农民"。这在政策上提出了传统农民向新型农民转化的目标，提出了加强农民职业教育，规模开展劳动技能培训，整体提升农民基本素质，促进农民转型转业的要求。这一时期，农民的受教育水平低、劳动技能水平不高、法律意识淡薄。

第二阶段，新型农民转向新型职业农民（2007~2012年）。随着进城务工人员数量的增加，农村出现了"空心化"的问题。为繁荣农村经济、统筹城乡发展，2007年中央一号文件指出"培养新型农民，造就建设现代农业的人才队伍"，这一提法把农民视作"人才队伍"，蕴含了农民的"职业"概念，新型农民开始向新型职业农民转化。2012年中央一号文件正式提出"大力培育新型职业农民"的政策目标，重新定位农民的职业身份、放宽进城安家落户条件成为这一阶段工作重点。

第三阶段，新型职业农民转向职业农民（2013年至今）。随着人均国民收入的增加，特别是农业劳动者人均收入水平的提高，新型职业农民开始进一步转向职业农民。职业农民和新型职业农民的最大区别是新型职业农民以半工半农的兼业形式从事农业生产为主，处在提升知识水平、劳动技能等的自我提升阶段，而职业农民以从事农业生产为主且具有较高的知识水平、管理能力、机械操作能力、市场拓展能力、法律保护能力等。职业农民最初的形式有两种，即兼业农民和农民工人，前者没有放弃土地，采取"农忙务农、农闲务工"的形式，后者则完全放弃土地从事非农业劳动。职业农民的发展是个历史渐进过程，与生产力发展水平密切相关。随着农业生产力水平的提高和农业生产关系的调整，以及工业化、城镇化水平的提高和城乡一体化的形成，农业收入水平和城市务工收入水平大致相当之时，职业农民开始出现。农村的专业大户、家庭农场、农民合作社、农业企业等农业经营主体的数量日益增长、规模不断扩大，农业雇佣工人数量也日益增加，职业农民队伍日渐壮大。

我国传统农民向职业农民的转变具有鲜明特点。一是思想指导一以贯之。我国始终坚持用马克思主义及其中国化创新理论指导经济发展，不断提高我国的工业、农业的生产力水平，在工农之间既采取不平衡发展策略又采取协调手段，在工业发展的同时形成了"以农补工、以工促农"和"工业反哺农业"的农业转型之路。二是渐进改革有条不紊。家庭联产承包责任制实行之后，我国改革无论是整体改革还是局部调整均采取渐进手段，既维护了稳定又促进了发展。从农户土地产权所有权和承包经营权两权发展到所有权、承包权、经营权三权分置，从严格限制农村人口进城到推出暂住证制再到全面放开进城制度，都体现出了制度改革的渐进特征和有条不紊。三是建构市场培育机制。我国建立了覆盖城乡的完整的市场体系，农村生产社会化水平逐渐提高。在职业农民培育上形成了政策支持、教育培训、制度建构、产业推进、法律支持、地位提升等机制，有效推进农村各类经营主体的发展和职业农民的形成。

（三）政府和市场的导向作用

政府和市场是配置资源和协调社会经济活动的两种主要机制。在市场经济条件下，政府和市场是相互作用、相互影响的，市场机制不能完全脱离政府单纯发挥作用，政府也不能过度干预经济，使经济陷于僵化，政府和市场的互动关系，形成了政府和市场的作用边界。政府和市场相互交织、彼此影响，形成了四对关系：一是政府和市场在社会经济中是一种此消彼长的博弈替代关系；二是政府和市场是一种"你中有我，我中有你"的互补融合关系；三是有些领域市场难以发挥作用或者市场失灵，有些领域政府也是无能为力或者是政府失灵，这种政府和市场的内在缺陷导致了政府和市场的相互排斥关系；四是有些社会问题政府和市场都做不了或者做不好，存在政府和市场双失灵的现象，称为政府和市场的共同失灵。[①]

---

① 杜人淮：《论政府与市场关系及其作用的边界》，《现代经济探讨》2006 年第 4 期，第 67～70 页。

我国在农业农村改革过程中，始终坚持渐进性改革的策略，逐步调整政府和市场的关系，充分发挥政府"有形之手"的调控作用与市场"无形之手"的调节作用，使各项改革举措落实落地。

1. **政府的作用**

中国特色社会主义市场经济体制的特色和优势就是更好发挥政府的作用。在中国特色社会主义市场经济建设和完善的过程中，正确处理好政府和市场的关系是基础和关键。我国的改革不同于苏联的"休克疗法"，而是采取了政府主导的"渐进式"的改革方式：在一项新的改革举措正式落地之前，首先选取试点进行初步试验，成效显著、措施可行、得到验证之后，再逐步全面推行。如家庭联产承包责任制就是先在安徽凤阳县小岗村等地进行试点，成功之后再在全国逐步推行的；再如国企改革、户籍制度改革、土地制度改革等，都是采取这种先试点后推广的方式，使不同制度之间可以平稳过渡的。事实证明，这一改革思路大大降低了试错成本，是十分有效的。

政府在引导我国农业现代化进程中发挥了突出作用。无论是人民公社时期还是家庭联产承包时期，政府对"三农"工作的战略政策和安排部署，都具有统领和协调各方的作用。在 20 世纪 80 年代末期，家庭联产承包责任制的边际效应递减，乡镇企业异军突起，大量农业剩余劳动力进城务工经商，农民兼业、土地撂荒、增收困难等问题突出，甚至连家庭联产承包责任制都遭受质疑。在这种情境下，邓小平充分考虑世情、国情、农情，提出了我国农业发展的"两个飞跃"思想，把农业适度规模经营确立为我国农业发展的"第二个飞跃"目标，为我国农业现代化发展指明了方向。中央一号文件原是党中央每年发布的第一份文件，现已成为中共中央、国务院重视"三农"问题的表征。中共中央自 1982 年至 1986 年、2004 年至 2023 年，共发布了 25 份中央一号文件，强调了"三农"问题在中国社会主义现代化转型时期的重要性，表明了破解"三农"难题的决心和信心。2005 年党的十六届五中全会提出了"社会主义新农村建设"；2017 年党的十九大首次提出了"乡村振兴战略"，并把解决好"三农"问题作为全党工作的重中之重。2022 年党的二十大报告提出："全面推进乡村振兴。全面建设社会主义现代化国家，最艰巨最繁重的任务仍然在农村。""加快建设农业强国……统筹乡村基础设施和公共服务布局，建设宜居宜业和美乡村。巩固和完善农村基本经营制度，发展新型农村集体经济，发展新型农业经营主体和社会化服务，发展农业适度规模经营。"① "三农"问题是关系国计民生的根本性问题，只有解决好"三农"问题，才能确保全面小康和现代化建设的成色和质量。

在促进农业适度规模经营发展上，我国以中央一号文件的形式不断引导，在土地产权制度、户籍制度、资产产权制度等方面进行改革，为农业适度规模经营提供有力抓手。政府主导土地流转，进行适度规模经营探索，如"崇州模式"等；鼓励和发展多种形式的农业经营主体，在财政税收方面给予支持。政府引导工商资本下乡，支持新农村建设、脱贫攻坚和乡村振兴，形成了龙头企业、专业合作社、"龙头企业+合作社"、股份合作制等多种农业经营形式，② 新型农业经营主体不断壮大，新业态、新模式、新产业不断涌现，构建了由政府主导、中介组织参与、科研院所支持的科研推广体系和职业农民教育体系，并不断加强管理，发挥其职能和效用，为农业适度规模经营的发展奠定了科技基础和人力资源基础。我国在金融支持政策、财政税收政策、法律制度等方面对农业适度规模经营的组织规范、组织运行等给予支持引导，促进了农业经营主体的发展和农业适度规模经营的多样化。办好中国的事情关键在党，党管农村工作是我们的优良传统，这个优良传统不仅不能丢，而且要发扬和传承。

2. 市场的作用

改革开放后，我国坚持和完善公有制为主体、多种所有制经济共同发展的基本经济制度，促进各种所有制经济公平参与市场竞争，激发市场活力。坚持公有制的主体地位，发挥国有企业的主导作用，把企业搞活，使企业成为市场真正主体，强化市场的优胜劣汰和激发创新创造的优势，依

---

① 习近平：《高举中国特色社会主义伟大旗帜　为全面建设社会主义现代化国家而团结奋斗——在中国共产党第二十次全国代表大会上的报告》，《人民日报》2022 年 10 月 26 日，第 1 版。

② 于传岗：《政府主导性农地流转模式特征与演化趋势》，《商业研究》2012 年第 12 期，第 186~192 页。

靠市场力量推动经济提质增效，加强市场监管，为社会经济发展保驾护航。

实现农业适度规模经营必须充分发挥市场的作用。我国通过农村深层次改革，调动农业生产经营中各方面的积极性，较好地解决了市场经济条件下生产资料的所有权和经营权关系，构建了系统完整的市场经济体系，使市场机制能够较好地发挥作用。首先，优化要素配置使农业生产朝适度规模经营方向发展。市场机制导向作用下，不愿种地、无力种地、种不好地的农户逐渐把土地流转给种田能手或经营组织，提高了土地的利用率和生产效益，有利于保持地力、实现农业可持续发展。同时，在市场机制的作用下，农村劳动力为获得更多收益，在工业和农业、城市和乡村之间进行衡量，做出理性选择，农业劳动力日益非农化、城市化。其次，发挥市场作用，解决好小规模生产与大市场的矛盾。单个农户势单力薄、信息不足、商品量低，抗风险能力差。在市场机制作用下，不能适应市场发展的农户被陆续淘汰，生产要素逐渐集中于有市场适应能力的经营单位，促进了农业经营规模的适度扩大。另外小农户会通过自组织或加入市场适应能力强的组织，形成合作经营，使农业商品率提高，缓解"小农户"与"大市场"之间的矛盾。再次，发挥好市场机制作用，促进机械化水平的提高和科技的推广。承包经营地规模过小，再加上购买农机成本高昂，单个农户难以承担，农户缺乏投资农机的动力不利于机械使用和科技普及。在市场机制作用下，农户购买农机的方式发生改变，联合购买、股份合作式购买或专门提供农机服务购买等成为农户购买农机的新方式，扩大了农机使用范围，提高了农业劳动生产率和土地产出率，利于农业适度规模经营。农户与农户之间对于科学技术存在认知差异，不利于农业科技普及，在市场机制下，农民获取信息的能力加强，对利益的期待提高，科学技术易于应用，因此科技水平的提高在一定程度上促进了农业适度规模经营的发展。最后，利用市场机制，促进产权多元化和农业适度规模经营主体形式多样化发展。我国一系列的农村深化改革举措，明晰了土地产权、资产所有权等，使不同产权以各种形式参与市场，有利于经营主体的形成和组织创新，如我国普遍出现的家庭农场、专业大户、农民专业合作社、农业企业等。

三 农业适度规模经营的实现方式方面

随着农村土地制度改革、户籍制度改革、财税体制改革等的不断深入，我国农村在"坚持和完善公有制为主体、多种所有制经济共同发展的基本经济制度"的指导下，在以家庭联产承包责任制为基础"统分结合"的双层经营体制的土壤里培植和引导了一批以家庭农场、专业大户、农民专业合作社、农业企业等为代表的新型农业经营主体，形成了土地集中型、合作经营型、社会服务型等多种农业适度规模经营模式。农业适度规模经营形式不断拓展，内容不断创新，为实现我国农业现代化开辟了新的路径。

（一）农业适度规模经营的实现主体

农业经营主体是指专门从事农产品生产、加工、销售和服务的组织或个人。改革开放初期，我国农业经营主体仍以相对同质的家庭经营农户为主，随着农村剩余劳动力城市转移就业和市场因素向农村的渗透发展，产生了以家庭农场、专业大户、农民专业合作社、农业企业等为主的多种类型的农业经营主体，我国学者称之为"新型农业经营主体"。新型农业经营主体是以家庭联产承包责任制为基础，具有较大经营规模、较好物质装备和经营管理能力，劳动生产率、资源利用率和土地产出率较高，以商品化生产为主要目标的经济组织。这种新型的农业经营主体具有导向市场化、手段专业化、规模适度和经营集约化的典型特征。

1. 家庭农场

家庭农场是源于欧美的舶来词。世界主要农业国对家庭农场的定义不尽相同，俄罗斯的《家庭农场法》把家庭农场定义为享有法人权利的独立生产经营主体。美国农业部发布的《1998年农业年鉴》认为家庭农场应具备以下五个条件：一是不仅是乡下住户，还要有一部分农产品用于出售；二是有足够收入（包括非农收入）支持家庭和农场的运营、支付债务、保持所有物；三是农场主自行管理农场；四是由农场主及其家庭提供足够的劳动力；五是可以在农忙时雇用季节工，也可以雇用少量的长期农工。①

---

① 王振、齐顾波、李凡：《我国家庭农场的缘起与发展》，《西北农林科技大学学报》（社会科学版）2017年第2期，第87页。

2008 年，党的十七届三中全会通过的《中共中央关于推进农村改革发展若干重大问题的决定》首次把"家庭农场"作为规模经营主体提出。家庭农场是指以家庭成员为主要劳动力，从事农业规模化、商品化、专业化、集约化经营，并以农业收入为主要收入来源的新型农业经营主体。家庭农场经营与传统农户经营大不相同，家庭农场一般具有法人性质，涉及农产品生产、加工、流通、销售等诸多领域，涵盖第一、二、三产业，商品化程度高、技术装备先进、管理经营效率极高。家庭农场的劳动力劳动时间主要用于农业生产经营活动中，家庭的主要收入也来源于农业生产经营。传统概念中，人们将农业收入占家庭总收入的比重作为区分专业型农户和兼业型农户的标准，这一比重超过 50% 者则为专业型农户，这一比重低于50% 者则为兼业型农户。这一划分方法的缺陷是显而易见的，它忽视了规模因素，使许多自给自足的小农户被划分为专业型农户，而一些经营规模较大的农户却由于家庭内部子女外出打工获得较高收入而被划分为兼业农户。显然家庭农场的经营者已经是一种职业，他们的收入比较稳定且能接近甚至超过周围城镇工人的工资。家庭农场的经营者具有一定数量的农业机械、标准温室大棚和标准畜舍，资金量的投入已经具有了一定的门槛，其所面临的经营风险也远非小农户所能承受。

家庭农场与普通农户相比具有诸多优势。一是规模收益大。家庭农场在农户经营的基础上，适度扩大了经营规模，在新技术和管理经营方式下，可以获得规模收益。二是合作收益多。家庭农场经营规模的扩大必然伴随生产链条的延伸和管理监督成本的提高，这就需要家庭农场不断加强家庭农场与劳动者、家庭农场与其他经营主体之间的合作，从而获得较高的合作收益。由于家庭农场大多是在原有农户经营的基础上发展起来的，因此，家庭农场与农户的联结最为紧密，也最为可靠和牢固。在我国小农户仍占绝对数量的情况下，加强家庭农场与农户的衔接和联合，能够使家庭农场成为引领适度规模经营、发展现代农业、促进农民增收的有生力量。

2013 年中央一号文件提出"坚持依法自愿有偿原则，引导农村土地承包经营权有序流转，鼓励和支持承包土地向专业大户、家庭农场、农民合作社流转，发展多种形式的适度规模经营。结合农田基本建设，鼓励农民采取互利互换方式，解决承包地块细碎化问题"①。自此，家庭农场得到大力推广。2016年，经农业部门认定，符合当地适度规模经营标准的家庭农场超过44.5万个，是2013年10.6万个的4倍多，平均经营规模170亩左右。② 农业农村部数据显示，"十三五"以来，我国家庭农场工作取得突破性进展。全国家庭农场数量大幅增加，大量符合条件的规模农业经营户被纳入家庭农场范围，2015~2019年，全国家庭农场经营土地面积由0.52亿亩增长到1.85亿亩，约增长2.6倍，家庭农场经营耕地由4310.9万亩增长到9524.1万亩，约增长1.2倍。③ 截至2021年底，全国农业农村部名录管理的家庭农场达到391.4万个，比2015年增长了10倍，每个家庭农场的平均经营收入为30.5万元，平均净利润达到12.5万元，家庭农场人均收入已接近城镇居民人均收入水平。④ 2022年，济宁市兖州区农村经济经营服务中心主任高永成在接受央视记者采访时说："据初步统计，家庭农场亩均收益可比一般农户高10%，农场家庭人均收入可高出本地农民人均收入的30%。家庭农场对确保国家粮食安全、确保农产品质量安全具有很大的促进作用。"未来我国将依托"耕耘者"振兴计划和乡村产业振兴带头人"头雁"项目，每年培养35000名家庭农场主和农民合作社的带头人，进一步推动农业高质量发展。⑤

2. 专业大户

专业大户是指从事种植、养殖业或其他与农业相关的经营服务达到一定规模、专业化生产经营的新型农业经营主体。我国学者一般认为专业大户具有三个特征：一是仍以农户为基本单位，属于家庭经营性质；二是专业化突

① 《中共中央国务院关于"三农"工作的一号文件汇编（1982—2014）》，人民出版社，2014，第260~261页。
② 《对十二届全国人大五次会议第5807号建议的答复》，http://www.moa.gov.cn/gk/jyta/201710/t20171017_5842404.htm，最后访问时间：2023年7月26日。
③ 《农业现代化辉煌五年系列宣传之二十：家庭农场加快培育》，http://www.ghs.moa.gov.cn/ghgl/202106/t20210615_6369594.htm，最后访问时间：2023年7月26日。
④ 侯明权、王燕男：《我国家庭农场发展现状及发展方向》，《今日养猪业》2023年第2期，第10页。
⑤ 《农业农村部关于实施新型农业经营主体提升行动的通知》，http://www.moa.gov.cn/xw/bmdt/202203/t20220325_6394044.htm，最后访问时间：2022年10月30日。

出，产值占家庭经营总量的 70% 以上；三是规模化明显，除家庭劳动力外新雇劳动力在 2 人以上，户均经济容量超过当地平均水平 1 倍以上。①2019 年中央农村工作领导小组办公室、农业农村部等 11 个部门和单位联合印发的《关于实施家庭农场培育计划的指导意见》指出，"把符合条件的种养大户、专业大户纳入家庭农场范围"。由此可见，专业大户与家庭农场类似，无本质差异，有些学者甚至把家庭农场视为专业大户的升级版。专业大户与家庭农场同属农户经营的范畴，但与普通的农户又大不相同。专业大户是以营利为目的面向市场生产的，其专业化程度较高，应对市场的能力较强。专业大户通常可划分为种植业专业大户和养殖业专业大户两大类。种植业专业大户一般是通过流转他人土地，对荒山、荒丘、荒沟、荒滩进行土地开发，并拥有一定数量的机器设备和生产设施，生产粮食、蔬菜、瓜果、花卉、果木等作物的专业农户。养殖业专业大户则一般利用自有土地通过大量资本投入进行科学化、规范化、规模化养殖，他们一般从事家禽养殖、牲畜养殖、水产养殖等，养殖的数量成百上千，远远超过普通农户。除此之外，专业大户还有以"种加养"为专业的专业种养大户、以农产品运销为专业的专业运销大户、以农产品加工为专业的专业加工大户。以种植粮食为主的种粮专业大户的种植面积一般要达 50~100 亩。

专业大户在发展适度规模经营、推进农业现代化、带动小农户衔接市场方面，能发挥中介作用和辐射效应。一是专业大户大多具有浓厚的乡土情结。专业大户的经营者以村干部、返乡创业农民、回乡创业大学生等致富带头人为主，这些经营者要么本身就是本村村民要么是附近村民，这些专业大户与小农户之间彼此熟悉，交情深厚，信任度高，有利于土地流转和生产合作。二是专业大户能发挥重要的桥梁作用。专业大户在信息渠道、资金来源、技术能力等方面占有优势，能够为小农户提供耕种收割等方面的机械化服务或提供技术示范，也能够为小农户传达国家政策、市场信息等，使小农户能够及时调整种养决策，适应现代农业发展要求。三是专业大户具有较强的辐射带动作用。专业大户的吃苦耐劳、开拓进取、稳

---

① 纪永茂、陈永贵：《专业大户应该成为建设现代化农业的主力军》，《中国农村经济》2007 年第 12 期，第 73 页。

扎稳打的创业精神正面激励了更多农民创业者加入适度规模经营的阵营。专业大户经常性地雇用当地村民进行生产活动，一方面增加了雇工的收入，另一方面增强了农户联合，使小农户与专业大户相连接，共同融入现代农业生产进程。

3. 农民专业合作社

2017 年 12 月 27 日第十二届全国人民代表大会常务委员会第三十一次会议修订的《中华人民共和国农民专业合作社法》对农民专业合作社作出了明确界定：农民专业合作社是指在农村家庭承包经营基础上，农产品的生产经营者或者农业生产经营服务的提供者、利用者，自愿联合、民主管理的互助性经济组织。该法还规定农民专业合作社要遵循以下五项原则：一是成员以农民为主；二是以服务成员为宗旨，谋求全体成员的共同利益；三是入社自愿，退社自由；四是成员地位平等，实行民主管理；五是盈余主要按照成员与农民专业合作社的交易量（额）比例返还。另外，农民专业合作社也具有法人资格。

合作主义思想最早兴起于 19 世纪初西欧的空想社会主义运动。以圣西门、傅立叶和欧文为杰出代表的空想社会主义者，提出了合作经济思想，以改造阶级矛盾突出的资本主义制度。圣西门提出了实业制度的设想。在实业制度社会，财产归私人所有，生产活动由社会中心计划和主持，任何人都要劳动，按照个人劳动和个人的资本份额进行收入分配，以此把有产者吸引到社会主义制度建设中来。傅立叶提出了农业协作社的构想。他通过构建"法郎吉"式的基层合作组织，实行合作所有制，工农结合，社员亦工亦农、自由择业、自愿结合，私人所有的财产由"法郎吉"成员共同使用，按比例分配。欧文提出了合作公社思想。在欧文设想的理想社会中，合作公社是财产公有制的集体生产单位和消费单位，社员参与公社管理并按需分配，公社之间可以分工和交换。欧文不仅在理论上构建了"合作公社"的基本特征，还对合作公社进行了试验，通过实践证明其合作社思想的优越性和可行性。19 世纪 30 年代世界合作社运动发生了很大变化，从早期的政治斗争形式转向了追求社员经济利益的经济组织形式。1844 年，英国兰开夏郡罗虚代尔小镇诞生了世界第一个合作社经济组织——罗虚代尔公平先锋消费合作社，此后合作社不断发展壮大。第二次世界大战期间，合作社发展陷入低潮。战后，合作社复兴并得到进一步发展，出现了股份制、公司制和专家负责制等形式，形成了以德国、荷兰、法国为代表的欧洲模式，以日本、韩国为代表的日韩模式，以美国、加拿大为代表的美加模式。欧洲模式以专业合作社为主，大多根据某一产品、某项农业功能或任务成立专业合作社，由农户提供股金，并吸收一部分政府财政资金。日韩模式是一种全国性、综合性"农协"合作社组织，具有半官半民性质，政府直接给予"农协"财政和政策支持。美加模式的主要特点是跨区域联合与协作，以共同销售为主，生产性的合作社非常少，一般专业合作社只经营一种产品。[①]

我国农村的合作经济组织的兴起和发展主要受马克思、恩格斯的"农业工人合作社"思想和苏联"农业生产合作社"实践的影响。新中国成立以后，我国的农村合作经济组织在曲折中前进，大致可分为三个阶段。第一阶段为农业合作化时期（1952~1957年）。新中国成立之初，我国在全国范围实行了土地制度改革，将封建土地所有制改造为农民土地所有制，农民成为拥有生产资料的自由生产者。但是由于这种以农民生产资料私有制为基础的小农经济，经营分散，规模很小，生产力落后，生产效率低，因此，党和政府对小农经济进行了社会主义改造，开展了由互助组到初级生产合作社再到高级生产合作社的农业合作化运动。1950年，全国建设互助组272.4万个，参加农户1131.4万户，初级社和高级社分别于1952年和1954年开始形成；1954年互助组激增到993.1万个，参加农户6847.8万户，创历史最高，初级社共11.4万个，但高级社仅有0.02万个；自1955年开始，互助组全部改组为初级社和高级社，1955年初级社数量为190万个，参加农户7000万户，创历史最高，而后初级社数量也大幅减少，1957年初级社数量极度减少到3.6万个，参加农户仅有160.2万户，高级社数量增加到75.3万户，参加农户增加到11945万户。[②] 第二阶段为

---

① 胡宗山、付强：《国外农村合作社：历史、经验与借鉴》，《社会主义研究》2006年第5期，第105页。

② 吴翔宇、丁云龙：《农民合作经济组织的制度演进研究》，《重庆大学学报》（社会科学版）2019年第5期，第63页。

人民公社时期（1958~1982年）。1958年8月，《中共中央关于在农村建立人民公社问题的决议》通过，全国迅速掀起了人民公社改组的热潮。从1958年夏季开始短短几个月的时间内，全国74万多个农业生产合作组织被改组为2.6万多个人民公社，加入公社的农民达1.2亿户，占全国农民总数的99%以上，这一阶段的农村合作组织实际上已快速演变为集体性质的高度集中的人民公社。① 人民公社实行生产队、生产大队和人民公社的三级所有制，"政社合一""一大二公"，人民公社成为农村社会结构的基层单位和政权组织。第三阶段为农村新型合作经济时期（1983年以来）。20世纪80年代初至90年代初，农民合作经济组织萌芽出现。这一时期的合作经济组织多称为"专业技术协会"，合作领域窄、层次低、结构松散。20世纪90年代初至90年代后期，农民合作经济组织开始起步。除技术合作外，还兴起了资料供应、市场信息、产品销售、产品储藏运输等服务合作。21世纪初至今，我国各类农民合作经济组织快速发展，数量和规模不断扩张，组织形式、运行机制和发展模式呈现多元化特点。②

如今，我国农民专业合作社按照《中华人民共和国农民专业合作社法》的规定，在以家庭联产承包责任制为基础的前提下，按照进入自愿、管理民主的原则，把经营同类农产品的分散农户联合起来，引导农户围绕市场需求进行专业化、品牌化和区域化生产，从而实现农业经营的组织化、专业化、市场化和规模化。合作经营型农民合作社以组织内部成员为主要服务对象，提供生产资料的购买，农业技术指导，农产品销售、加工、运输等技术服务，是具有法人资格的经济合作组织。据我国农业农村部门统计，到2015年10月底，我国农民合作社数量达147.9万家，比2014年底增加了15.5%；入社农户近1亿户，覆盖全国农户的41.7%，各级"示范社"超过了13.5万家，合作社联合社有7200多家。③ 2021年，

---

① 陈柳钦、胡振华：《中国农村合作组织的历史变迁》，《农业经济问题》2010年第6期，第55页。

② 耿红莉：《国内外农民专业合作社发展概况》，《北京农业职业学院学报》2007年第6期，第43页。

③ 《147万家合作社覆盖全国四成农户》，http://www.moa.gov.cn/xw/zwdt/201512/t20151208_4926634.htm，最后访问时间：2022年3月14日。

高春艳代表指出：当前农民合作社蓬勃发展，截至 2021 年 4 月底，全国依法登记的农民合作社达 225.9 万家，联合社超过 1.4 万家。① 农民合作社通过组织、服务农民"抱团"参与市场竞争，在建设现代农业、推动乡村振兴中发挥了积极作用，但也存在规模小、实力弱等问题，服务带动能力有待进一步增强。

4. 农业企业

农业企业是指使用一定的劳动资料，以现代企业的生产经营方式进行专业分工协作，独立经营、自负盈亏，从事商品性农业生产以及与农产品直接相关的经济组织，包括种植（含林业、中草药）、养殖、加工、流通、间接与农业相关的企业（如农资）、农业中介、农业信息和农业科技等企业。② 农业企业按照所有制性质可分为国有农业企业、集体所有制企业、股份制企业、联营企业、私营企业、中外合资企业、中外合作经营企业等，按照经营内容可划分为农作物种植企业、林业企业、畜牧业企业、副业企业、渔业企业等，按照生产过程可划分为农产品生产企业、农产品加工企业和农产品流通企业三大类。

农业企业是农业生产力水平和商品经济发展到一定程度，随着社会化大生产方式渗透到农村而产生的农业经营组织。西方资本主义国家的农业企业最早可以追溯到 14 世纪在英、法等国出现的"租地农场"。工业革命后，各种形式的家庭农场、合作农场、公司农场等农业企业大量发展，成为农业经营的基本单位。我国的农业企业在新中国成立之初数量极少，在改革开放以后随着中国特色社会主义市场经济的建设和发展，农业企业逐渐形式多样，发展壮大。在我国农业产业化进程中，农业企业成为农业产业化经营的龙头和载体，是连接分散农户与社会化大市场的桥梁和纽带。农业企业在覆盖农户、科技研发、经营效率、人才培养、科技推广等方面发挥着承载者、推行者、传播者、保障者等重要作用。

近年来，我国农业企业的数量逐年增加，质量不断提升。2021 年 10

---

① 《对十三届全国人大四次会议第 1004 号建议的答复》，http://www.moa.gov.cn/govpublic/NCJJTZ/202106/t20210615_6369582.htm，最后访问时间：2022 年 3 月 14 日。

② 林涛：《大力发展农业企业，推进农业产业化经营》，《广西农业科学》2003 年第 2 期，第 8 页。

月《农业农村部关于促进农业产业化龙头企业做大做强的意见》印发，指出：农业产业化龙头企业是引领带动乡村振兴和农业农村现代化的生力军，是打造农业全产业链、构建现代乡村产业体系的中坚力量，是带动农民就业增收的重要主体，在加快推进乡村全面振兴中具有不可替代的作用。该意见还要求到 2025 年末，培育农业产业化国家重点龙头企业超过 2000 家、国家级农业产业化重点联合体超过 500 个，引领乡村产业高质量发展。① 2022 年，全国县级以上龙头企业 9 万家，其中国家重点龙头企业 1959 家。国家重点农业龙头企业综合实力逐渐增强，2020 年平均总资产规模 9.26 亿元，平均固定资产规模 2.33 亿元，平均销售收入（不含农产品专业批发市场的交易额）9.22 亿元，平均资产报酬率 9.94%。除此之外，国家重点农业龙头企业涉及产业门类广泛，企业多从事农产品精深加工流通和新产业新业态，并且注重打造全产业链，科技创新能力较强，80% 以上的企业建立了研发中心，并通过质量认证。② 2020 年国家重点农业龙头企业平均辐射带动农户 2.3 万多户，带动就业 33.2 万人，其中农民 20.3 万人，促进农民人均增收 1.52 万元。国家不断出台政策，加大扶持力度，促进龙头企业做大做强，发挥乡村振兴的示范引领作用。③

（二）农业适度规模经营的实现形式

我国农业适度规模经营的主要形式是随着农业生产力水平的不断提高和生产关系的不断优化调整而逐渐出现的。我国农业适度规模经营形式的出现具有历史阶段性特点，受家庭联产承包"人人分田、户户种地"和城乡二元户籍制度影响，改革开放之初，"农地"矛盾突出，进城人员有限，早期农业适度规模经营主要是以土地的互换、出租、转包等方式出现的土地集中型适度规模经营，随着我国市场经济向农村渗透发展，农村市场经济日益完善，逐渐出现了合作经营型和社会服务型农业适度规模经营。

---

① 《农业农村部关于促进农业产业化龙头企业做大做强的意见》，http://www.gov.cn/zhengce/zhengceku/2021-10/27/content_5645191.htm，最后访问时间：2022 年 3 月 14 日。
② 《第七批农业产业化国家重点龙头企业名单公布》，http://www.moa.gov.cn/xw/zwdt/2021 12/t20211231_6386164.htm，最后访问时间：2022 年 3 月 14 日。
③ 江苏农村经济编辑部：《第七批农业产业化国家重点龙头企业名单公布》，《江苏农村经济》2022 年第 1 期，第 17 页。

1. 土地集中型适度规模经营

土地集中型适度规模经营又称"农地适度规模经营"，是农业经营主体通过适当扩大耕地规模，使其能够与科技化的农业生产工具、智慧化的农业机械设备、现代化的灌溉基础设施等相适应，从而提高土地产出率、劳动生产率、投入产出率，降低单位农产品成本，实现技术效益、劳动效益和规模效益的最佳组合的经营模式。土地是农业生产活动最基本的生产要素，我国是一个典型的人多地少的国家，人地矛盾突出，不利于大型机械的使用和综合生产效率的提高，农地经营规模偏小的弊病也一直被视为我国农业生产难以有效对接我国高速发展的市场经济的重要原因，甚至存在小农户只有借助农业企业、专业大户、农民合作社等"大平台"把千千万万小农户联结起来才能适应市场经济的需要的观点。这就在客观上要求耕地集中化经营。自 1984 年中央一号文件提出"鼓励土地向种田能手集中"以来，土地流转集中便成为提高农业生产经营效率的重要方式。

土地集中型适度规模经营与土地流转和产权制度密切相关。家庭联产承包责任制的改革实施，使农村土地产权制度由人民公社时期的所有权、经营权归属集体，转变为所有权归集体、承包经营权归属农户。这种土地产权制度的改革，在我国市场经济发展不完善、农村土地流转有限的情况下，并未暴露出明显的问题。尤其是，土地这一生产要素不仅是我国农民的经济保障而且是重要的社会保障，在这种情况下土地流转多数情况下仅限于村庄内部亲朋好友之间的转包、转让或互换，有少数情况农民宁肯土地"撂荒"也不愿流转，以便进城务工经商失利还能回归农村生活。因此，在土地承包经营权归属农户以及土地社会保障功能的影响下，农村土地流转的期限和规模十分有限。根据《中国农村经营管理统计年报》数据，直到 2005 年土地流转面积仅为 0.54 亿亩，流转比例仅为 4.57%。随着市场经济的日益发展和户籍制度的改革，农村剩余劳动力大规模非农转移，农村土地流转市场逐步发展起来。2008 年 10 月，党的十七届三中全会通过《中共中央关于推进农村改革发展若干重大问题的决定》，提出："加强土地承包经营权流转管理和服务，建立健全土地承包经营权流转市场，按照依法自愿有偿原则，允许农民以转包、出租、互换、转让、股份合作等形式流转土地承包经营权，发展多种形式的适度规模经营。有条件的地方可以发展专业大户、家庭农场、农民专业合作社等规模经营主体。"① 自 2008 年以来，农村土地流转规模开启了快速扩张模式，流转比例不断攀升。

土地集中型适度规模经营的制度效应经历了快速增长、快速下降、相对稳定、缓慢减速的转变。2013 年中央一号文件提出"鼓励和支持承包地向家庭农场等新型农业经营主体流转，以发展多种形式的适度规模经营"，2014 年中共中央办公厅、国务院办公厅印发的《关于引导农村土地经营权有序流转发展农业适度规模经营的意见》明确了"坚持农村土地集体所有，实现所有权、承包权、经营权三权分置，引导土地经营权有序流转，坚持家庭经营的基础性地位，积极培育新型经营主体，发展多种形式的适度规模经营，巩固和完善农村基本经营制度"②。农村土地"三权分置"是继家庭联产承包责任制后的又一项重大制度创新，是农村基本经营制度的进一步完善，对于稳定土地承包权、放活土地经营权、推动土地流转集中、吸引工商资本下乡等具有重要意义。2018 年底，全国已有 5.39 亿亩农地实现了流转，流转面积是 2005 年的近 10 倍，占家庭承包经营农地面积的 38.92%。③ 然而近年来，土地集中型适度规模经营的制度效应开始逐步递减。据统计，2014 年以来，全国家庭承包耕地流转面积环比增速由 18.3%下降至 2019 年的 3%，2019 年全国经营耕地 10 亩以下的农户占全部农户比重依然高达 78.2%，小规模经营仍是我国农业最基本的经营方式。④

2. 合作经营型适度规模经营

合作经营型适度规模经营是以家庭联产承包责任制为基础，以农户为核心，通过土地入股、资金入股、劳动力入股、技术入股、农用机械入股等方式，成立股份农民合作社，聘请职业经理人管理合作社，进行统一生

---

① 《中共中央关于推进农村改革发展若干重大问题的决定》，《人民日报》2008 年 10 月 20 日，第 1 版。

② 《关于引导农村土地经营权有序流转发展农业适度规模经营的意见》，《人民日报》2014 年 11 月 21 日，第 3 版。

③ 杨佳利：《我国农地流转运行现状分析》，《行政事业资产与财务》2022 年第 6 期，第 4 页。

④ 梅付春、马开轩：《农业适度规模经营路径之争：土地规模还是服务规模》，《经济经纬》2022 年第 2 期，第 46 页。

产、统一管理、统一销售、统一分红，探索"资源变股权、资金变股金、农民变股东"的发展模式。合作经营型适度规模经营兼具企业性质和集体性质，原有农户既可以参加合作社自主劳动，也可以加入合作社提供劳务，还可以外出务工以股份获得分红收益。根据我国农村土地经营组织的合作方向，可把合作经营型适度规模经营划分为三大类：内部合作经营模式、外部合作经营模式和混合合作经营模式。其中，内部合作经营模式是指合作社通过资本联合成立合作社，主要为合作社成员提供服务的农业经营模式。该模式在现实中表现为三种情况，一种情况是合作社仅作为农户服务的提供者，提供农用机械、水利设施和科技咨询等，但不干预农户经营管理；一种是合作社统一规划经营品种、统一协调管理，实现农地的连片经营，取得规模效益；一种是合作社承包农户的土地，构建企业式的经营模式，雇佣农民经营土地或将土地反租倒包给农民。外部合作经营模式是通过引进工商企业，构建多样化分工体系，为农户提供各种服务的农业经营模式。在实际发展中，也存在三种形式：一种是工商资本进入后成立农业服务公司，仅为农户提供农业生产经营相关服务，不干预农户经营管理；一种是企业实行产权重组，在生产、管理、销售等环节，形成纵向一体化的经济组织；还有一种是工商资本大规模流转土地，按照现代农场方式经营。混合合作经营模式是既采用内部合作积累资金，又采用外部合作引进工商资本，成立合作公司和企业集团，管理合作社和农户的农业经营模式。[①]

　　合作经营型适度规模经营也可以划分为计划经济时期的合作经营型适度规模经营和改革开放新时期的合作经营型适度规模经营两大类。计划经济时期的合作经营型历经劳动联合、初级合作、中级合作和高级合作阶段，最后发展为"一大二公"的人民公社。改革开放新时期的合作经营型适度规模经营，主要以家庭联产承包责任制为基础，把分散的农户组织起来，为适应现代化市场的要求而实现的资本联合、劳动联合、技术联合等，解决了小而散的农户难以对接市场的问题。通过合作组织，农户可以与市场对接，先进的机械、科技、信息等也能传达到农户，提高了农户的

---

　　① 　于洋：《中国农业合作经营模式研究》，《农村经济》2005年第9期，第124页。

生产经营效率和收益，也提高了合作组织的规模经济效益。

合作经营型适度规模经营在我国以专业合作社为主。随着农村改革的推进和农民分工分业的深化，农民对合作方式、合作内容、合作领域的需求呈现多元化特点，合作社形式不断创新、日益多样。合作经营型适度规模经营在组织形式、业态形式、运行机制等方面发展出诸多形式。首先，在组织形式上实现了土地、资产、技术等资源要素合作形式。如以土地承包经营权入股形成的土地股份合作社，以集体资产股权量化改革实现的社区股份合作社，以农业剩余劳动力组建的劳动合作社，以房屋、厂房入股实现的物业合作社，等等。其次，在业态形式上，产生了种养加、产供销、贸工农等为一体的休闲农业、观光农业、旅游农业等产业融合样态。最后，在运行机制上，形成了"合作社+农户""公司+合作社+农户""公司+合作社+基地+农户""合作社+基地+农户"等多种农业经营运行机制。尽管我国目前出现了形式各异的合作型适度规模经营形式，但其也具有一定的相同点：一是以家庭联产承包责任制为基础，以民主自愿为原则，在承包经营权基础上进行产权组合创新；二是与我国现阶段农业生产力水平相适应，与单位农民经营规模的大体情况相适应，将传统农业生产技术与现代农业生产技术相结合；三是把广大农民组织起来，增强其参与市场的能力，提高其社会化生产的能力。

3. 社会服务型适度规模经营

社会服务型适度规模经营是指以公共服务机构为依托，以合作经济组织为基础，以龙头企业为骨干，以其他社会力量为补充，为农民提供产前、产中、产后各环节的全程服务和种苗、植保、农资、农机、加工、销售等多领域的专业服务，通过发展统一的农业社会化服务体系而实现的农业适度规模经营。改革开放以来，我国农业社会化服务组织体系的建设主要通过两条途径，一是依靠市场力量引导各类经营性服务组织发展，二是通过改革国家技术部门的服务组织，完善服务方式。近年来，在市场经济导向和政府政策支持下，新型农业社会化服务组织不断涌现，组织形式不断创新，服务规模日益扩大，服务质量日益提高，在增加农民收入、提升农业综合生产能力上发挥着重要作用。

目前，我国以家庭承包经营为基础、以公共服务机构为主导，多元化、社会化的市场主体广泛参与的新型农业社会化服务体系不断完善，各农业社会化服务主体在农业产前、产中、产后的服务上与农民经营有机结合，创新发展出很多有效的农业社会化服务模式。社会服务型适度规模经营主要包括以下几种形式。一是"政府+农户"供给模式。这一模式是指与农业相关的政府部门，包括中央到省市县乡（镇）各级农业部门建立的农业服务中心、服务站等，直接为广大农户提供农业科技信息和技术指导，如浙江省衢州的科技110服务中心、山东临沂的庄稼医院等。二是"村集体+合作社+农户"模式。这种模式主要表现为村集体为合作社提供办公场地和服务场所，并对其进行管理，合作社为村集体和广大农户提供服务，村集体资产以折价入股的方式加入合作社，主要为农户提供土地流转服务、科技信息服务、销售服务等。如浙江省安吉县皈山乡的尚林毛竹专业合作社等。三是"合作社+农民"模式。农民以加入合作社的方式实现农业生产过程合理分工，农民专心从事农业生产活动，而把农业经营活动交由合作社完成，合作社负责农业产前、产中、产后服务。四是"龙头企业+中介组织+农户"模式。龙头企业通过与合作社、农民协会、政府机构、村委会等中介组织合作，把广大农户连接起来，降低企业直接与农户对接的交易成本，中介组织架起了沟通的桥梁，也起到了很好的监督作用。五是"龙头企业+农户"模式。龙头企业利用资金、信息、技术等优势把分散农户集中起来，为其提供良种、种植技术等产前、产中、产后服务，统一良种、统一种植、统一管理、统一加工销售。六是"农户+农户"服务模式。这种服务模式由村集体内部的能人，利用自有资金、人脉等建立起农村服务站、农产品批发市场、农村经纪人等，为其他农户提供农业产前、产中和产后服务。

经济日报社中国经济趋势研究院新型农业经营主体调研组于2019年发布了《新型农业经营主体社会化服务报告》，报告显示：绝大多数农户对各类社会化服务内容不了解，了解比例仅为2.74%到9.73%，而各类生产主体接受或购买服务的比例较高，达到了50%到70%。政府和公共服务组织为农业社会化服务的供给达到53.97%，远高于新型经营主体服务供给，同时政府和公共组织提供的社会化服务具有专业性和公益性，而新型经营主体提供的社会化服务具有经验性和经营性。总体而言，我国农业社会化服务的有效供给能力目前还比较低，尚不能完全匹配各农业生产主体对农业生产社会化服务的需求。因此，需要按照农业农村部印发的《新型农业经营主体和服务主体高质量发展规划（2020—2022年）》要求，"按照主体多元、形式多样、服务专业、竞争充分的原则，加快培育各类服务组织，充分发挥不同服务主体各自的优势和功能"，鼓励支持新型经营主体提供社会化服务，发挥社会化服务功能，把新型农业经营主体建设成社会化服务主体，提高带动农户的能力和服务规模化效益。

四　农业适度规模经营的实现保障方面

农业适度规模经营的实现必须由农业社会化服务体系来提供支撑和保障。农业社会化服务体系是为从事农业生产经营的主体提供各种服务的组织网络体系，是衡量一国农业商品化和现代化程度的重要指标。从服务的性质来看，农业社会化服务可划分为生产性服务和非生产性服务，从服务类型看有政府引导型、企业带动型和社会服务型等，从服务内容看有产前服务、产中服务和产后服务等。由于分类方法不同，社会化服务可划分为多种类型，因此，为分析方便，我们仅对生产性服务和非生产性服务进行研究。

（一）生产性服务

农业部、国家发展改革委、财政部在2017年联合下发的《关于加快发展农业生产性服务业的指导意见》中，把农业生产性服务界定为"贯穿农业生产作业链条，直接完成或协助完成农业产前、产中、产后各环节作业的社会化服务"，并且指出农业生产性服务领域包括农业市场信息服务、农资供应服务、农业绿色生产技术服务、农业废弃物资源化利用服务、农机作业及维修服务、农产品初加工服务、农产品营销服务，共七项内容。①

生产性服务业的界定是基于对服务业或服务部门的"功能性分类"，

---

① 农业部、国家发展改革委、财政部：《关于加快发展农业生产性服务业的指导意见》http://www. gov. cn/gongbao/content/2018/content_5271797. htm，最后访问时间：2023年4月18日。

最早由格林菲尔德（Greenfield）提出的，后经过勃朗宁（Browning）等经济学家的进一步研究而得到深化。生产性服务业的发展存在着一个规律性趋势，即由"内部化"或"非市场化"向"外部化"或"市场化"演进。在经济发展水平与市场化程度较低、市场交易成本较高时，生产性服务通常由企业自身提供。随着经济的发展、市场化程度的提升以及市场交易成本的降低，经济系统中就开始涌现出专门提供诸如财会、营销、咨询、物流等服务的独立市场主体，服务需求者可以通过市场来购买所需要的服务，而无须进行自我服务。生产性服务的外部化、市场化与产业化发展是专业化分工和资源配置从企业内部走向市场的自然扩展。伴随这一趋势，一方面企业内部的价值链和产业链会得到优化、核心竞争力会得以提升；另一方面企业乃至整个经济的资源配置和利用效率会得以提高，产业分工与产业结构更趋合理，整体经济的创新力与竞争力随之提升。生产性服务业的发展不仅反映其自身专业化分工的广度（服务门类或种类）与深度（服务质量与效率），还反映出与其他产业之间的分工水平。新的产业分工不同于传统的"水平分工"和"垂直分工"，而是呈现出以"微笑曲线"为代表的分工模式，这在 IT 制造业领域表现得尤为明显。[①]

　　农业劳动生产率的第一次大规模提高主要得益于制造业发展带来的机械化，第二次提高则与生产性服务投入的增加有密不可分的联系。中国农业以家庭经营为主，农户在农业生产中面临着生产成本"地板"和自然资源禀赋约束、农产品销售难、利润低等问题，这在客观上制约了农户经营的土地规模。中国政府和学界日益认识到农业生产性服务是现代农业发展的重要支撑。一般认为，生产性服务作为一种生产要素投入农业，可以促进农业分工的进一步细化，从而带动整个农业的产业化和市场化，提高农产品的市场竞争力和农民收入。农业生产性服务从根本上缓解了上述要素对农地规模的制约，推动了农业的规模经营。从生产成本来看，劳动力成本的提高导致了农业生产成本的大幅上升，专业的生产性服务是改变这一"短板"的重要路径，如专业化的农机服务大大降低了农业生产中的人工

---

① 程大中：《中国生产性服务业的水平、结构及影响——基于投入—产出发的国际比较研究》，《经济研究》2008 年第 1 期，第 77 页。

成本。同时，生产性服务实现了农业生产中的专业化分工。如在种植水稻的过程中，育秧单位来负责育秧工作，收割单位进行机械化收割，统防统治由专业的植保队来承担，既可以降低农民的种植成本，又能有效防范经营风险，使农业生产中的各主体所需承担的经营成本和经营风险降到最低。从农产品销售的角度来看，专业化的销售服务组织为农民提供了各类农产品生产销售的有效信息，解决了产销信息不对称的矛盾，扩大了销售范围，减少了农民个人在销售过程中产生的运输、储藏等成本。从生产资金获得角度，由于缺少有效抵押物，农民普遍面临着正规金融的信贷约束，非正规金融利率普遍较高、风险大。有效的农业金融服务能缓解农户自身的信贷约束，保证扩大农地经营规模所需的资金来源正规可靠。此外，农业保险服务降低了农户从事农业生产经营的风险系数，为农业生产"兜底"。这些都会激励农户扩大农地经营规模。

新中国的农业生产性服务发展大致经历了三个阶段，即人民公社时期由村社集体统一提供生产性服务阶段、改革开放初期政府为主市场为辅的基层公益性服务阶段、21世纪以来市场经济体制改革形成的多元主体并存的社会化服务体系阶段。[①] 当前我国农业生产性服务主要面临农业服务规模化发展与小农户主体选择缺乏有效匹配及服务主体之间缺乏分工协同，使农业生产性服务供给呈现非专业化和碎片化现象的问题，服务主体提供的服务内容与小农户需求缺乏有效衔接，使服务供给结构失衡。[②] 发展农业生产性服务业是推进多种形式适度规模经营的迫切需要，是建设现代农业的重要组成部分，也是引导农户进入现代农业发展轨道，促进农业增效和农民增收的有效手段。因此，发展农业生产性服务业，要着眼满足普通农户和新型经营主体的生产经营需要，立足服务农业生产产前、产中、产后全过程，充分发挥公益性服务机构的引领带动作用，重点发展农业经营性服务。

---

① 沈兴兴、刘帅、尚旭东：《农业生产性服务供求关系演变趋势与功能优化研究》，《农村经济》2021年第6期，第130~132页。

② 刘威、程国平：《面向小农户的农业生产性服务演进脉络及供需复衡路径》，《中州学刊》2021年第11期，第39~40页。

（二）非生产性服务

非生产性服务是指与农业生产过程无直接关联，但却有间接影响的社会化服务，诸如居民服务、公用事业、文化教育、医疗康养、社会福利、基础设施等。非生产性服务与经济发展水平密切相关，一般随着经济发展水平的不断提升而日益完善，推动非生产性服务体系发展的动力主要有政府投资、城乡一体化、农村工业化等。其中，我国快速推进的工业化和城市化进程促进了我国农村非生产性服务业的发展，特别是在公共基础设施建设、道路交通建设、文化卫生建设等方面具有较大影响。

在我国工业化优先和城市化偏向战略的影响下，农村与城市的差距日益拉大，城乡二元结构凸显。2002 年党的十六大报告指出："统筹城乡经济社会发展，建设现代农业，发展农村经济，增加农民收入，是全面建设小康社会的重大任务。"2005 年 10 月，党的十六届五中全会提出了"建设社会主义新农村"的重大历史任务。自 2006 年起，我国全面取消农业税，进入改革转型新时期。统筹城乡发展、建设社会主义新农村、发展现代农业成为新时期农业和农村经济工作的中心任务。

党的十六大以来，我国不断出台新政策，制定新战略，旨在补齐"三农"短板，加快农业农村现代化，在非生产性服务方面不断提升农民福祉。一是基础设施不断完善。国家财政用于农村综合改革的投资连年增加，2010 年为 607.9 亿元，2020 年达 1822.4 亿元，比 2019 年增加 10.8%，比 2010 年增加了近 2 倍。根据《第三次全国农业普查主要数据公报（第一号）》，截至 2016 年末，有 91.3% 的乡镇实现了集中或部分集中供水，90.8% 的乡镇生活垃圾实现集中处理，8.6% 的乡镇建有火车站，有高速出入口的占到了 21.5%。全国 73.9% 的村生活垃圾得到集中处理，17.4% 的村生活污水得到集中处理，53.5% 的村完成或部分完成改厕，99.3% 的村通公路，99.7% 的村通电，61.9% 的村内主要道路有路灯，11.9% 的村通天然气，25.1% 的村建有电子商务配送点。[①] 二是农村基本公共服务不断提升。2016 年末，96.8% 的乡镇有图书馆、文化站，11.9% 的乡镇有剧场、

[①]　《第三次全国农业普查主要数据公报（第一号）》，http://www.stats.gov.cn/sj/tjgb/nypcgb/qgnypcgb/202302/t20230206_1902101.html，最后访问时间：2023 年 4 月 18 日。

影剧院，16.6%的乡镇有体育场馆，70.6%的乡镇有公园及休闲健身广场。96.5%的乡镇有幼儿园、托儿所，98.0%的乡镇有小学，99.9%的乡镇有医疗卫生机构，98.4%的乡镇有执业（助理）医师，66.8%的乡镇有社会福利收养性单位。59.2%的村有体育健身场所，32.3%的村有幼儿园、托儿所，81.9%的村有卫生室。① 三是农民生活条件不断改善。2016年末，99.5%的农户拥有自己的住房，47.7%的农户使用经过净化处理的自来水，36.2%的农户使用水冲式卫生厕所，68.1%的乡镇有商品交易市场，47.5%的村有50平方米以上的综合商店或超市，4.9%的村开展旅游接待服务，30.0%的村有持有营业执照的餐馆。② 农村的面貌焕然一新，特别是在城市近郊以及东部沿海发达地区，乡村和城市在公共基础设施方面的差距已不十分明显。

在城乡统筹、新农村建设、城乡一体化等战略的指导下，农村的生产生活有了显著改善，"宜居、宜游、宜业、宜养"成为新目标。首先，我国不断加强乡村公路建设，2005年农村公路里程为142万公里，2012年为206万公里，2019年农村公路已达420万公里。其次，我国在农村医疗卫生设施建设、人员配备、卫生室建设等方面不断加强，2005年村卫生室数量为583290个，逐步增加到2011年的662894个，2022年精减至588000个；2005年乡村医生和卫生员有91.65万人，逐年增加到2011年的112.64万人，而后人员有所减少，2021年减少到69.67万人。③ 再次，农村教育情况和卫生情况不断优化，如表3-8所示，乡镇卫生室床位数由2000年的73.5万张，增长到2020年的139.1万张，乡镇卫生人员从2000年117万人，增加到2021年的149.2万人，乡村小学阶段、初中阶段在校生人数缩减。1995年乡村有普通小学55.9万所，2000年减少到44万所，2015年减少到11.8万所，2021年仅剩8.2万所；小学专任教师1995年有382.7万人，

---

① 《第三次全国农业普查主要数据公报（第一号）》，http://www.stats.gov.cn/sj/tjgb/nypcgb/qgnypcgb/202302/t20230206_1902101.html，最后访问时间：2023年4月18日。
② 《第三次全国农业普查主要数据公报（第三号）》，http://www.stats.gov.cn/sj/tjgb/nypcgb/qgnypcgb/202302/t20230206_1902103.html，最后访问时间：2023年4月18日。
③ 根据国家统计局数据整理计算获得，https://data.stats.gov.cn/easyquery.htm?cn=C01，最后访问时间：2023年5月16日。

2000 年有 367.8 万人，2015 年减少到 203.6 万人，2021 年进一步减少至 169.8 万人。[①] 不过，随着工业化和城市化的推进，我国乡村人口也在大量减少，根据国家统计局数据，1995 年我国乡村人口为 85947 万人，2000 年我国乡村人口为 80837 万人，2015 年乡村人口为 59024 万人，2022 年我国乡村人口减少到 49104 万人，因此按照人口比计算的卫生资源和按照师资比计算的教育资源均有了质的提升。最后，农村医疗卫生条件不断改善，农村医疗水平不断提高，使农村基本实现了学有所教、病有所医。

表 3-8　1995~2015 年中国农村教育、卫生情况

年份	在校生人数（万人）			乡镇卫生室（个）	乡镇卫生人员（人）	乡镇卫生室床位数（张）
	普通高中	初中阶段	小学阶段			
1995	113.2	2659.8	9306.2	51797	1051752	733064
2000	157.8	3428.5	8503.7	49229	1169826	734807
2005	233.7	2784.7	6947.8	40907	1012006	678240
2010	162.9	1784.5	5350.2	37836	1151349	994329
2015	77	702.5	2965.9	36817	1277697	1196122
2016	75.7	667	2891.7	36795	1320841	1223891
2017	77.9	643.4	2775.4	36551	1360272	1292076
2018	82.1	648.6	2666.4	36461	1391324	1333909
2019	82.9	650.4	2557.5	36112	1445043	1369914
2020	90.5	637.8	2450.5	35762	1481230	1390325
2021	98.7	609.9	2247.4	34943	1492416	1417410

资料来源：1995~2015 年和 2020 年、2021 年数据来源于国家统计局农村社会经济调查司编《2022 中国农村统计年鉴》，中国统计出版社，2022，第 271 页；2016~2019 年数据来源于国家统计局农村社会经济调查司编《2021 中国农村统计年鉴》，中国统计出版社，2021，第 279 页。

我国在农村公共基础设施建设、道路交通建设、医疗卫生服务建设、文化建设等方面虽已有较大转变和改善，但从整体上看，城乡收入差距依然较大，工农差距仍在加剧，二元结构特征凸显。城乡差距的存在使城市对农村青壮年劳动力的吸引力较强，农业从业人员大量外流，致使农业从业人员不稳、技能不高、劳动力质量较差。加快构建和完善覆盖城乡的一

---

① 国家统计局农村社会经济调查司编《2022 中国农村统计年鉴》，中国统计出版社，2022，第 271 页。

体化社会化服务体系建设，是农业留住人才、稳定发展的重要保障。

第三节 中国农业适度规模经营的现实困境

自邓小平提出我国农业发展的"两个飞跃"思想以来，农业适度规模经营便成为我国农业现代化发展的重要理论指导和实践指向。农业适度规模经营是我国农业未来发展的目标遵循，也是一项长期性、系统性的农业现代化改革。因地制宜、因时制宜地探索农业适度规模经营有效实现形式，贯穿于我国农业现代化的进程之中。从我国改革开放至今的现实发展情况看，我国农业现代化的步伐时缓时急。尤其是随着市场经济制度的建设和完善，以及工业化、城市化的加速推进，农村大量剩余劳动力纷纷进城务工经商，农民"非农化"、农村"空心化"、农业"老龄化"趋势日益严重，城乡差距日益增大，"二元结构"矛盾突出，家庭联产承包制下以家户为单位的小规模、细碎化生产模式难以为继，"谁来种地""怎样种地"成为亟待破解的难题。在"两个飞跃"思想的指导下，我国农村逐渐探索出土地集中、合作经营、社会化服务等模式，家庭农场、专业大户、农民合作社、农业企业等新型经营主体不断发展壮大。但我国农业适度规模经营在实现条件、实现动因、实现方式、实现保障等方面，仍然面临着诸多困境，因此，只有明确制约农业适度规模经营的各类问题，才能为农业适度规模经营的实现铺平道路。

一 实现条件不够充分

我国推进农业适度规模经营仍处于试点探索阶段，农业适度规模经营实现的前提条件不够充分是一个重要原因。首先，从自然条件来看，一是我国人均耕地面积非常小。根据国家统计局发布的《国际统计年鉴2022》的统计数据，截止到 2020 年，我国的耕地面积为 11947 万公顷，居世界第四位，美国的耕地面积为 15774 万公顷，居世界第一位，印度的耕地面积为 15537 万公顷，居世界第二位，俄罗斯的耕地面积为 12165 万公顷，居世界第三位，而巴西的耕地面积为 5576 万公顷、加拿大的耕地面积为

3824 万公顷、澳大利亚的耕地面积为 3064 万公顷、日本的耕地面积为 410 万公顷。① 根据《国际统计年鉴 2020》中各国就业人数和按产业类型划分的就业构成的相关数据，笔者将 2019 年第一产业就业比重拟合为 2018 年第一产业就业比重，计算得出 2018 年中国第一产业就业人数为 19706.84 万人，印度第一产业就业人数为 15288.17 万人，美国第一产业就业人数为 202.49 万人，俄罗斯第一产业就业人数为 420.67 万人，巴西第一产业就业人数为 834.99 万人，澳大利亚第一产业就业人数为 32.76 万人，日本第一产业就业人数为 226.58 万人，以此进一步计算得出每个农业劳动力承担的耕地面积，其中中国为 0.60 公顷，印度为 1.02 公顷，美国为 75.19 公顷，俄罗斯为 29.27 公顷，巴西为 9.70 公顷，澳大利亚为 140.57 公顷，日本为 1.84 公顷。由此可见，中国劳均耕地面积非常小。另外，据王福成和马素洁测算，2018 年我国人均耕地面积仅为 0.096 公顷，仍具有"户均不过十亩、人均不超一亩三分"的小农经济特点，也就是说时至今日，中国农区小农经济仍占主导地位。② 二是我国地理环境复杂，农业经营分散，具有"东耕西牧""南稻北麦"的特点。南北经营差异较大，不同作物的生长周期、生长特点不同，对机械化操作的要求不同，这些都限制了机械化的全面推广。

其次，从社会经济条件看，一是农业机械化程度依然较低。导致农业机械化推行的因素很多，其中主要有自然条件限制、农民对机械的投入不足、耕地面积狭小不利于机械推广、我国对农机的财政支持不足等。二是农业科技推广体系建设仍不完善。科技推广体系主要有政府主导型、中介组织参与型、个体经营型。政府主导型虽然建构了系统整体的科技服务组织，但是在人员配备、服务内容、功能效果等方面十分欠缺；中介组织参与型的合作模式较为单一，主要是政府与高校进行合作，大多基于理论研发，实际运用效果不佳；个人经营型多以营利为目的，受资金、个人能力等条件限制，科技成果仅限于低水平的推介。三是短期内城乡"二元结

---

① 数据由笔者根据国家统计局官方数据整理获得，https://data.stats.gov.cn/files/lastestpub/gjnj/2022/zk/indexch.htm，最后访问时间：2023 年 7 月 30 日。

② 王福成、马素洁：《浅析中国耕地和人口变化对小农经济转型升级的影响》，《农村经济与科技》2020 年第 11 期，第 34 页。

构"矛盾难以消解。我国仍处在城市化的快速上升期，2022年末，我国常住人口城市化率达65.22%，但与发达国家80%以上的城市化率相比仍有一定差距，城市化仍是我国转移非农就业和促进经济增长的持久动力。农村青壮年劳动力仍会持续不断转向城镇就业，城乡发展不平衡、农村发展不充分已成为我国经济社会发展的主要矛盾的主要方面。

二　实现动力仍然不足

农业现代化过程中，既需要工业化成果的运用，也需要城市化文明的推动和农业生产资本的投入，三种因素协同有利于推动农业适度规模经营的形成与发展。但是在我国农业适度规模经营的形成与发展过程中，三种因素的驱动作用仍未得到充分发挥，实现动力仍然不足。

农业工业化发展动力不足。农业工业化是我国工业化的重要组成部分，并且影响着我国工业化的全面实现。改革开放以来，东部沿海地区乡镇企业风起云涌，促进了农业工业化的发展，但是这一现象并未在全国兴起，中西部农业劳动力在东南沿海城市的吸引下纷纷朝东部迁移就业，东西部差距日益扩大。我国长期存在的"二元结构"在很大程度上也是农业工业化的发展不足导致的。造成农业工业化发展动力不足的原因归结起来有以下几点。一是农村缺乏主导产业。绝大部分农村仍然从事以家庭经营为主的传统型种植业或养殖业，缺乏主导产业的辐射和带动。二是农业产业链条短。农村提供的农产品仍以初级农产品为主，产业链条短、附加价值低、缺乏竞争力。三是农业发展缺乏后劲。农业生产被大部分农民视为城市打拼失利后的"最后一道防线"，并不作为发财致富的手段，因此在农业投资、人才投入、科技运用等方面并不积极主动。

农村城市化发展机制不稳。从工业化和城市化同步演进的理想状态同我国工业化和城市化脱节的现实观照，城市化的动力在于工业化的推进和产业工人收入的提高。而目前我国农村工业化发展动力明显不足，农业劳动者收入面临"内忧外患"，不仅财政支持不足，而且严重受到国外农产品价格冲击。农村城市化与农业工业化的联结机制、农村城市化与城镇城市化的联结机制、农村城市化与城镇工业化的联结机制，都不十分紧密。

农民在工业和农业之间游离、在城市和乡村之间穿梭，就业不稳、收入不稳、人才不稳等造成农村城市化发展机制不稳，影响了农村公共基础设施建设、农业社会化服务水平提高、职业农民发展等，不利于农业适度规模经营发展。

农业产业化和职业农民教育发展不足。我国农业产业化起步晚、发展慢，从整体来看，分散经营限制了规模发展，农产品市场化程度较低、龙头企业发展后劲不足、利益双方合作缺乏法律约束等使农业产业化发展受限。职业农民教育对农业适度规模经营的推动具有重要作用，发达国家农业适度规模经营无不重视职业农民教育，而我国职业农民教育存在教育投入不足、培训随意性大和持续性差等问题，职业农民发展不足影响了适度规模经营的推进。

三　实现方式缺乏创新

自邓小平提出"两个飞跃"和"农业适度规模经营"思想以来，我国对农业适度规模经营的实现方式进行了全面探索，兴起了家庭农场、农民专业合作社、专业大户、农业企业等新型经营主体，形成了土地流转集中型适度规模经营、生产合作型适度规模经营、社会服务型适度规模经营等适度规模经营模式。但总体而言，我国农业适度规模经营仍然处于较低水平，小农户家庭经营仍是我国农业生产经营的主要形式，新型经营主体数量偏少、质量不高、盈利能力不强、带动力不足等问题突出。

第一，现阶段家庭经营的小规模农户仍占主导。根据第三次全国农业普查数据，我国小农户数量占到农业经营主体的98%以上，小农户从业人员占农业从业人员的90%，小农户经营耕地面积占总耕地面积的70%。我国现有农户约2.3亿户，户均经营规模仅为7.8亩，经营耕地10亩以下的农户仍高达2.1亿户，占91.3%。[①] 在丘陵山区，不仅户均经营规模偏小，而且地块也特别零散。第二，新型农业生产经营主体发展处于初级阶段，

---

① 《让党的农村政策惠及广大小农户——中央农办副主任、农业农村部副部长韩俊等介绍〈关于促进小农户和现代农业发展有机衔接的意见〉并答记者问》，《农村工作通讯》2019年第5期，第11页。

辐射和带动作用仍然有限。虽然目前部分种植大户、农民专业合作社、农业产业化龙头企业等新型农业生产经营主体已经具备一定规模，但由于经营规模小、科技含量不高、自然风险偏多等因素制约，多数经营主体的土地经营仍处于初级阶段，比较效益还没有充分凸显，整体带动土地流转规模有限，没能充分发挥应有的辐射带动作用。第三，目前我国的适度规模经营主体数量不够多、能力不够强、和农民的利益联结不够紧。大多数农业企业、农民合作社、家庭农场等经营主体资金实力不强、技术能力有限、人力资源不足、管理水平不高。农业经营主体以营利为目的，或以圈地为目的，或已获得财政支持资金为目的，与农民的利益联结不是十分紧密。

四　实现保障仍需完善

党的十八大以来，我国农业农村制度改革深化发展，土地"三权分置"深入实施，土地确权颁证陆续完成，新型农业经营主体日益发展壮大，社会化服务体制机制逐步形成。但从我国农业社会化服务体系建设来看，仍然存在服务体系不健全、服务组织分工不明确、服务供需矛盾突出、对服务市场监督不够等问题。

首先，农业社会化服务体系不健全。无论是生产性服务还是非生产性服务，公共服务的能力不强，政府的公共职能没有充分发挥。虽然在服务体系上基本形成了政府引导、市场主导、企业参与、社会协同的农业生产社会化服务体系，但在生产性服务上，政府主导的农业科技推广部门普遍存在人员队伍素质不够高、设施条件较落后、与农户的联系不紧密、管理体制不顺等问题；在非生产性服务上，城乡差距大、二元结构矛盾突出的问题依然存在，城乡公共基础设施一体化建设仍待完善，乡村公共教育、医疗卫生、就业创业条件等仍需改善。其次，服务组织分工不明确。在政府主导型、中介组织参与型、私营型服务组织中，形成了"政府+农户"式、"政府+中介组织+农户"式、"农户+农户"式的服务。但是中介组织、政府、农户之间的服务分工关系复杂，分工不明、定位不清，服务的质量和效益不高。农业服务仍然主要靠农户之间的相互帮助实现，其他类型的服务对农户的渗透效果仍不明显。最后，在生产性服务上，目前的农业产前、产中、产后服务不平衡，大多倾向于产前和产中服务，产后服务不足，且服务水平较低。随着国际农产品开放程度的提高，对农产品的质量要求更高，农产品品牌化建设和农产品质量仍有待提升。

第四章

国外农业适度规模经营实现机制的特点

工业化、城市化和农业现代化的交互作用过程是农业适度规模经营的探索发展过程，也是农业经营规模不断与工业化、城市化发展水平相适应的农业现代化过程。各国根据自然资源禀赋条件和社会经济发展条件、农业生产力和农业生产关系发展状况、农业社会化服务体系的发展情况、政策法律环境等综合考量，理性决策并因地制宜地发展农业适度规模经营。综观率先实现农业适度规模经营以及农业现代化的国家，可把农业适度规模经营方式概括为三类：第一类以美国、加拿大为代表，这类国家人少地多、劳动力资源稀缺，追求劳动生产率最大化，历经农业工业革命和农业生物技术革命，不断提高劳动生产率，实现农业现代化和农业适度规模经营；第二类以日本、荷兰为代表，这类国家人多地少，以提高土地产出率为目的，历经工业技术革命和生物技术革命，实现了农业现代化和农业适度规模经营；第三类以英国、法国为代表，以提高劳动生产率和土地生产率为双重价值追求，以工业技术革命和生物技术革命为双轮驱动，实现农业现代化和农业适度规模经营。[①] 笔者分别挑选三种类型中较有代表性的国家进行深入分析，第一类以美国为代表，经营规模较大；第二类以日本为代表，经营规模偏小；第三类以英国为代表，经营规模中等。

---

① 参见张士云、江激宇、栾敬东、兰星天、方迪《美国和日本农业规模化经营进程分析及启示》，《农业经济问题》2014 年第 1 期。

第一节　英国的农业适度规模经营

18 世纪 60 年代至 19 世纪 40 年代，英国展开了工业革命，西方资本主义进入工业化和城市化的快速发展时期，极大地促进了社会生产力水平的提高，在此影响下实现了农业适度规模经营和农业现代化。美国、法国、德国等西方资本主义国家纷纷效仿英国进行了工业革命，快速实现了工业化、城市化和农业现代化，走在世界经济发展的最前沿。英国是世界上首个进行工业革命并率先实现农业现代化的国家。资本主义生产关系的发展引发了圈地运动，推动了工业革命和城市化，促进了农业资本主义生产方式的变革。

一　英国农业适度规模经营的实现条件

英国的农业适度规模经营是在自然条件和社会经济条件的双重影响之下孕育而成的。在自然条件方面，英国是地处欧洲边缘的国土面积狭小、人口数量有限的联邦制岛国，属温带海洋性气候，全年温和湿润，适合植物生长。在社会经济条件方面，16 世纪国际贸易的发展使英国成为大西洋商路中心，并于 1640 年爆发资产阶级革命。为进行资本原始积累而爆发的圈地运动，使封建农业制度瓦解，资本主义的大农场制建立，直接推动了工业革命和城市化，为农业现代化奠定了生产基础，是英国农业适度规模经营的首个阶段。工业化和城市化的深入发展，以及两次世界大战粮食短缺的教训，促使英国再次重视起农业适度规模经营。

圈地运动的发展，不仅为英国工业革命和城市化提供了大量人力，而且催生了资本主义大农场制，为农业适度规模经营奠定了制度基础。首先，圈地运动引发了英国土地制度的变革。圈地运动之前，英国农村普遍实行敞田制。圈地运动历经两个时期：圈地运动早期（15 世纪末至 17 世纪末），是农村社会上层以及小农为适应市场而做出的自发调节行为；圈地运动后期（18 世纪初至 19 世纪末），是资产阶级、政府、地主贵族以个人利益为目的，共同发起的强迫扩张行为。在圈地合法政令的指导下，圈地运动迅速加快，原来敞田制下分散的小规模条田连接成片，形成了规模较大的牧场。经过 18~19 世纪的圈地运动，敞田制这一传统农业经营规模制度基本不复存在，封建土地所有制瓦解，资本主义大土地所有制形成。其次，圈地运动造成了农业生产关系的变革。无论是早期自愿性的圈地还是后期强制性的圈地，最终结果是大量农民与土地分离，农民由占有分散条田的自耕农转变为除劳动力以外一无所有的产业雇佣工人。圈地运动使农民与生产资料分离、成为无产阶级，资本家凭借对生产资料的占有成为资产阶级，农业生产关系俨然成为雇佣劳动关系，实现了资本主义的"社会革命"。由于封建社会生产力水平很低，农民生存技能非常贫乏，这一"社会革命"成为资本主义诞生之时农民的血泪史。再次，圈地运动催生了资本主义大农业。圈地运动一个鲜明特征就是农场规模化。圈地运动之后，资本主义的大农场在英国普遍建立。1400~1750 年，在英格兰土地制度中出租农场的现象已十分普遍；到 1851 年之时，100 英亩以上的大农场占农业经营土地的比例高达 70%~80%。[1] 80% 的农业劳动力是雇佣工人，他们主要在大农场中工作，其中 40% 以上的工人在超过 300 英亩以上的超大农场工作。[2] 1851~1871 年，英国的农场结构发生了较大改变，经营面积低于 100 英亩的农场大量减少，经营面积超过 300 英亩的农场数量增加，从 11018 个增至 13006 个，增加了 1988 个，其中增长最快的是经营规模超过 500 英亩的特大农场。[3] 这种大农场制采用雇佣劳动的用工制度，便于机械化运作、技术推广和经营创新，因此推动了英国农业发展。但是，这一时期英国农业生产力水平虽有巨大进步，但依然不够高，以追逐利润为目的的经营难免具有盲目性和自发性，农场规模边际效应递减现象也时有发生。

二　英国农业适度规模经营的实现动因

英国的工业革命和城市化是相伴而生、相互促进、互为影响的，并对

---

① 于民：《圈地运动与英国农业资本主义发展的典型性问题新论》，《安徽史学》2009 年第 2 期，第 69 页。

② David Grigg, *English Agriculture：An Historical Perspective*（New York：Basil Blackwell Press, 1989），pp. 141–142.

③ 史美兰：《农业现代化：发展的国际比较》，民族出版社，2006，第 12 页。

农业现代化的发展起到了极大的促进作用。工业革命的成果应用于农业，推动了农业生产力水平的极大提高，而城市化则为农业劳动力转移开拓了空间。英国工业革命以蒸汽机的使用为标志，从18世纪60年代持续到19世纪40年代，推动了生产力和生产关系的巨大进步。如果说圈地运动为英国工业革命奠定了基础，那么工业革命又进一步促进和巩固了大农业的发展。工业革命促进大农业的发展主要表现在生产组织形式的变革、农业生产力水平的增进、农业分工和专业化的发展以及农业市场化程度的提高等方面。除此之外，两次世界大战期间英国的粮食短缺，也激起了英国政府发展现代农业的决心。

工业革命和城市化促进了农业生产力水平的提高。一是推动了农业机械革命。17世纪末的英国农村还在普遍使用木犁和锄头，18世纪就普遍使用铁制犁，19世纪标准化、多样化的铁犁被广泛使用，19世纪中后期出现了钢制犁头、蒸汽机犁和多犁头双铧犁等耕具。不仅如此，蒸汽动力机器也被应用于农业，农业发展进入机器时代。二是农业生产技术大幅提高。农药、化肥逐步推广适用，排灌等基础设施日益完善，良种培育、畜种改良的方法不断改进并传播发展，农业劳动生产率提升。1700年英国谷物总产量为1477万夸脱，1800年为2110夸脱，1851年达29.4蒲式耳；1616年史密菲尔德市场上所卖的牛平均重量370磅、小牛50磅、羊38磅，到1785年分别达800磅、150磅、80磅。[①] 三是基础设施建设现代化。19世纪英国铁路、公路、火车、汽车、船舶的发明创造和迅速推广，建构了较为完善的交通运输网，有利于农产品交易。

工业革命和城市化使农业生产关系优化调整。一是产业结构优化调整。工业革命后，机器生产开始取代手工劳动，机器大工业替代工场手工业，蒸汽动力替代自然力。在新技术和新的组织制度作用下，英国的产业结构发生了巨大转变。1770年，农业占国民经济的比重为45%，工业占比为23.6%；1821年农业占比为26.1%，工业占比为31.9%；1861年农业

---

① 史美兰：《农业现代化：发展的国际比较》，民族出版社，2006，第22页。

占比下降至 17.8%，工业占比上升至 40%。① 二是农业劳动力非农化和农业劳动力转移。与制造业密切相关的采矿业、交通运输业、建筑业、商业服务业迅速发展，不仅为失地农民提供了就业岗位，还促进了工业集聚和城市发展，为农民就业拓展了空间。1700 年，英国城市人口约占总人口的2%，1760 年约占 10%，1801 年占 26%，1900 年占 75%；英国 5 万人以上的城市 1801 年有 105 座，1851 年增至 265 座；英国 10 万人以上的城市1861 年有 11 座，2001 年有 57 座；首都伦敦人口从 1801 年的 96 万人增至1901 年的 634 万人，成为当时著名的大都会。② 三是形成了多种农业劳动力转移模式。农村农民被剥夺土地、手工业落后、生活条件恶劣、就业无门，构成农民离农推力；城市生活水平高、文化娱乐方式丰富、工资较高构成城市拉力，吸引了农业劳动力就业转移。除此之外，英国不断开拓殖民地，大批农民选择了海外移民之路。于是在英国的农业劳动力转移中形成了"农村—农村""农村—城市""农村—国外"三种转移模式。

两次世界大战的粮食短缺教训坚定了英国发展农业的决心。16 世纪末英国击败西班牙"无敌舰队"取得海上霸权。工业革命后，英国成为世界头号工业强国，凭借工业后盾，实行炮舰政策，肆意侵略扩张，走向海外殖民道路，占领了 150 倍于国土的殖民地，把殖民地视为原材料的供应地和工业品的倾销地，2/3 以上的粮食、1/2 以上的畜产品依赖进口。③ 在约两个世纪的时间里，英国重工轻农，农业发展远远落后于工业。在第二次世界大战期间，德国潜艇击毁英国远洋商船，英国海外粮道受阻，国内粮食紧缺，引起了政府对农业的高度重视，在雄厚的工业基础下，英国农业走向了现代化农业适度规模经营之路。

三　英国农业适度规模经营的实现方式

英国经历了 18 世纪农业处于世界领先地位、第二次世界大战前的轻农

---

① 赵煦：《英国城市化的核心动力：工业革命与工业化》，《兰州学刊》2008 年第 2 期，第138 页。

② 李亚丽：《英国城市化进程的阶段性借鉴》，《城市发展研究》2013 年第 8 期，第 24 页。

③ 张宝民、陈胜华：《英国农业经济概括》，《中国农村经济》1992 年第 4 期，第 60 页。

和战后重农几个阶段，如今英国农业现代化水平位居世界前列。英国国土面积为24.41万平方公里，其中农用土地面积1860万公顷，农场总数32.3万个，城市人口占80%，从事农业经济活动的人口只占从事经济活动总人口的1.5%左右，农业总收入占国内总附加值（GVA）的比例在0.6%左右（见图4-1），农业劳动力占总人口比例世界最低。[1] 在雄厚的工业技术支撑之下，英国建立了完整的农业支持服务体系，拥有强大的机械化设备、健全的农业科教体系、强大的科技团队，现已成为独具特色的现代化农业强国。

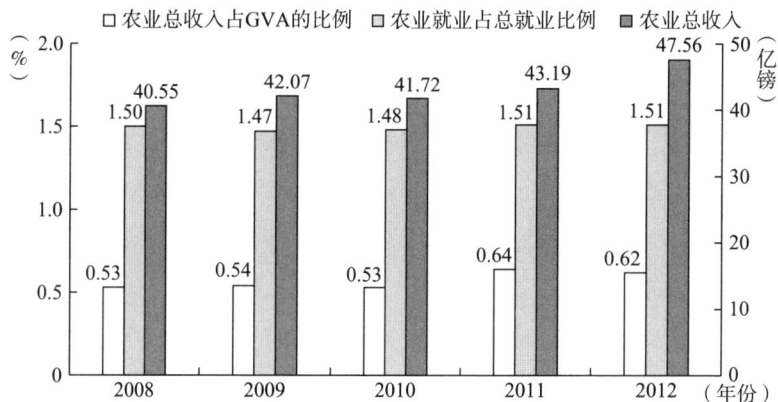

图4-1 2008~2012年英国农业收入与就业状况

资料来源：查明建、高健、李冠杰《现代职业农民培养的英国经验》，《中国职业技术教育》2015年第10期，第81页。

从生产技术水平来看，英国农业具有机械化、电气化、良种化的特征。一是实现全面机械化。英国从1931年开始了全面的农业机械化改造，1946年机械动力占农业牵引力的88%，到1948年基本实现了全面的机械化。此后，各类机械不断完善。而今，从产前的耕种，到产中的管理，再到产后的产品分拣、加工包装、运输仓储等每个程序均实现了机械化，畜牧养殖的各个生产环节也实现了全面的机械化。二是全面电气化。1948年使用电动机械的农场只占农场总数的30%，1976年电动机械设备覆盖率上

---

[1] 张培增：《英国的现代农业印象》，《农业机械》2011年第6期，第10页。

升到90%以上，种植业和养殖业的各环节均是电气化操作，极大地提高了农业机械效率。三是良种化。英国构建了系统的良种繁育组织体系，拥有国营、私营、合作型的多元化良种繁育组织机构，实现了良种繁育的专业化和标准化。

从经营方式方面来看，英国农业具有规模化、集约化、信息化、自动化、生态化的特征。一是规模化经营。英国实行土地私有制，农场是农业经营的基本单位。从所有制形式看，主要有租赁农场、自有农场和合作农场等，且已普遍实行了规模化经营，平均在90公顷以上，有的成百上千公顷。国家在土地租赁上有严格的法律制度和规范，鼓励农场规模经营。二是集约化经营。英国农业具有资本密集和技术密集的双重特点。农艺制度以农业机械操作为基础进行标准化设计、规范化操作，整个农艺过程实现机械化运作。三是信息化技术应用非常普遍。随着计算机技术和网络技术广泛应用，英国农业已进入数字化时代，从产前市场信息和生产资料信息的获取，到生产过程中系统的控制管理，再到产后的各项服务，几乎都由计算机网络完成，配有二维码、RFID产品追踪技术，以及基于卫星定位、自动导航、遥感监测、自动感知、专家系统、智能机器人等的精准农业控制技术。[1] 四是经营过程自动化。信息化与机械化融合，使劳动者能同时操作更多机械，提高了劳动生产率，促进了机械技术的发展，使生产更加简便、精准、高效。五是生态化经营。农业生产经营过程中，政府要求注意维护生态环境，注重对周围生物群的保护，实行环境许可证制，并出台了《水资源框架指南》等相关规定，以减少对土壤的破坏和污染，生态农业已成为英国农业可持续发展的特色。

四 英国农业适度规模经营的实现保障

从农业适度规模经营的实现保障来看，英国建立了较为完备的社会化服务体系，具有健全的农业科教体系、强大的科技团队、政府的政策支撑等，形成了较为完备的农业社会化服务体系。

---

[1] 农业生产经营信息化培训与考察团：《信息化促进英国现代农业》，《农产品市场周刊》2013年第1期，第26页。

英国高度重视职业农民教育，对农民的实践操作能力尤为重视。英国将高校、科研咨询部门和农业培训网有机结合，形成了初、中、高三个层次的教育机制，建立起学位证、毕业证、技能证互相配合，正规教育和职业培训互相补充的教育体系。英国根据农民在农业经营过程中扮演的不同角色，如农场主、农场经理、职业农民、兼业农民等，制定了相应的职业资格标准，并在 15 所综合性农业大学、42 所农学院和遍及全国的农校中设置职业技术课程，学员只有获得国家认可的职业资格证书方可进入农业领域就业。职业技能培训具有连续性和递进性特征，分为四个等级——初级必备知识、操作员、技术员、农场规划员，通过前两个阶段培训之后方可进入后续阶段的学习，通过四个等级的培训并获得相应证书之后，才有资格担任农场主。对于职业农民的培训，则采用校企合作的模式，使新技术、新思想不断进入实际操作层面，理论与实践紧密结合，使技能型人才具有较高的职业适应和产业推动能力。[①] 英国职业农民数量情况如图 4-2 所示。

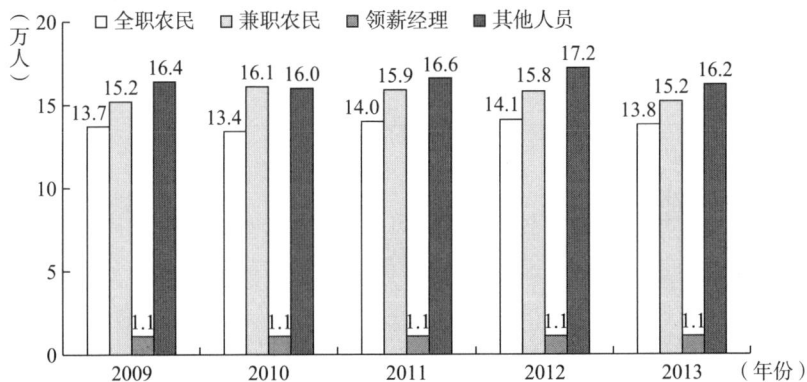

图 4-2　2009~2013 年英国职业农民数量情况

资料来源：查明建、高健、李冠杰《现代职业农民培养的英国经验》，《中国职业技术教育》2015 年第 10 期，第 81 页。

建立了较为完善的科研机构团队。英国的科研机构主要有两类，一类是政府农业研究机构，一类是私人农业研究机构。农业科研成果由"农业和农村发展咨询局"负责推广，科研机构与推广机构各司其职，分工明确，效率

___

[①]　李震、张萌：《英国农业科技人员管理的特点及其启示》，《古今农业》2014 年第 1 期，第 42 页。

较高。英国拥有 46 个政府所属研究机构，包括国家农业研究委员会、高校研究机构、农业事务部研究机构，主要进行动植物遗传学、土壤学、生物化学等基础理论研究和应用研究。[①] 各科研单位的经费由政府承担 2/3，其余由社会组织如慈善机构、理事会、基金会等捐助和农场企业自筹。

出台了一系列政策法律制度，形成了农业发展的强力支撑。一是制定了一系列职业农民教育法。英国为培养职业农民制定了各种保障措施，主要有法律保障、增收保障、教育保障、价值认同四个方面。英国分别于 1947 年、1967 年、1982 年颁布了《农业法》《农业教育法》《农业培训局法》，用法律手段支持鼓励农业教育与农业发展，培训工作由农业部培训局、地方教育局和农业院校合作进行，培训经费的 70% 由政府提供。[②] 二是建立健全财政、金融等制度，强力支撑农业发展。政府制定了农产品保护价、最低产品价、农民补贴等政策措施干预农产品价格，此外，还有鼓励农场规模化经营的专项财政补贴等（见图 4-3），以保证农民收入。为保证农业增产增收、稳定发展，英国政府还在金融、财税、保险、农村基础设施建设等方面颁布了相关法律，出台了一系列政策，构建了完善的社

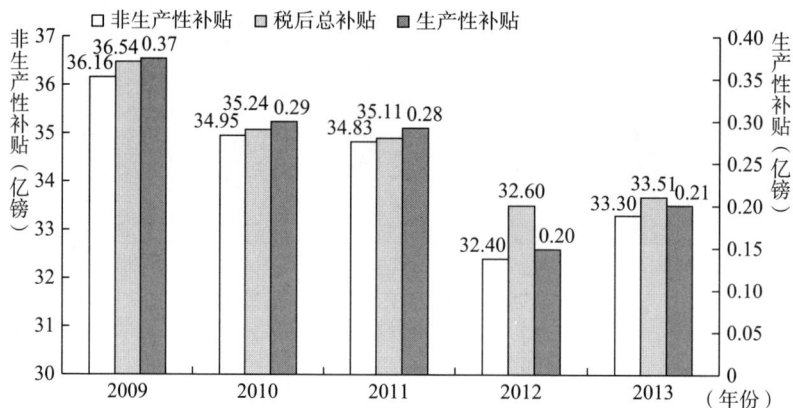

图 4-3 英国农业补贴情况（2009~2013 年）

资料来源：查明建、高健、李冠杰《现代职业农民培养的英国经验》，《中国职业技术教育》2015 年第 10 期，第 81 页。

---

① 张培增：《英国的现代农业印象》，《农业机械》2011 年第 6 期，第 11 页。
② 查明建、高健、李冠杰：《现代职业农民培养的英国经验》，《中国职业技术教育》2015 年第 10 期，第 81 页。

会化服务体系，增强了农民的务农积极性，提高了农业经营的服务保障。1928 年英国颁布《新农业信用法》，构建了以商业银行为主导，其他金融机构为辅助，政府设立的农村信贷联合会为补充的系统金融制度。2013 年《英国农业科技战略》颁布并实施至今，重点发展农业科技，促进农业科技转化应用，建立有效可持续的农业生产体系等。[①]

第二节　美国的农业适度规模经营

美国是世界上劳均耕地面积最大，农产品出口规模最大、耕地总面积最大的国家。1860 年美国进入工业化和城市化的高速发展期，并于 1920 年基本实现了工业化和城市化。美国是工业化、城市化、农业现代化相互促进协调发展较为典型的国家之一，在工业化和城市化的推动下，实现了农业适度规模经营和农业现代化。美国的粮食生产不仅可以满足本国需求，而且还大量出口，2013 年，玉米出口 3300 万吨，小麦出口 2894 万吨，大豆出口 4300 万吨。2013 年农户家庭年平均收入高达 11.84 万美元，远高于全美家庭平均收入 7.26 万美元（见图 4-4）。鉴于此，研究美国农业适度经营的实现经验具有重要意义。

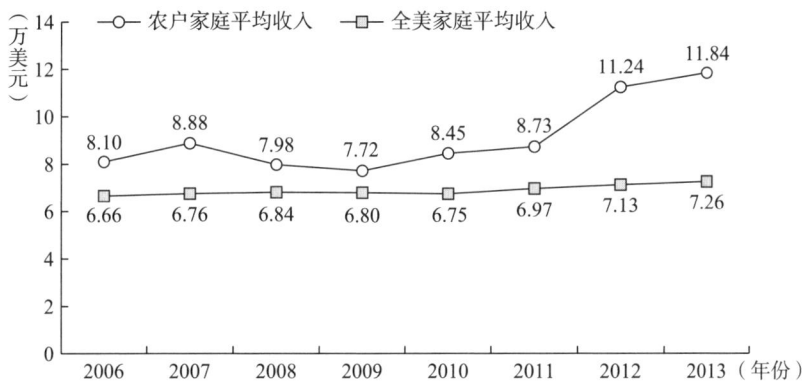

图 4-4　2006～2013 年美国农户家庭与全美家庭平均收入状况

资料来源：夏益国、宫春生《粮食安全视阈下农业适度规模经营与新型职业农民——耦合机制、国际经验与启示》，《农业经济问题》2015 年第 5 期，第 60 页。

---

① 龚雅婷、孙立新、毛世平：《英国农业科技政策及对我国的启示》，《农业现代化研究》2018 年第 4 期，第 560 页。

一 美国农业适度规模经营的实现条件

美国的农业适度规模经营与其自然条件和社会经济条件紧密相关，优越的自然资源、发达的社会经济为农业适度规模经营奠定了基础。首先，从自然条件来看，美国疆域辽阔，耕地广阔，大部分地区属大陆性气候。且以平原为主、土壤肥沃、利于耕作和规模经营。国家统计局发布的《国际统计年鉴 2022》显示，截至 2020 年，美国拥有耕地面积 15774 万公顷，占陆地面积的 16.65% 居世界第一位。从社会经济条件来看，美国农业现代化与工业化、城市化具有互促并进的特征，一方面农业农村的发展在解决粮食需求、提供原料和扩大国内市场上为城市化工业化创造了条件，提供了重要支撑；另一方面工业化、城市化的发展促进了农业农村生产力水平的提高和劳动力的分流转移。美国在 1840 年基本建成运河网，1880 年基本建成铁路网；美国农业在 1910 年基本实现了机械化，1950 年后实现了高度机械化；第二次世界大战前，美国农业劳动力占社会劳动力总数的 22%，1950 年下降到 12%，1960 年降到 6.6%，1971 年降到 3.1%；1920 年美国城市人口第一次超过农村人口，城市化水平达到 51.2%，1950 年美国进入工业化后期，第二、三产业产值占 95%，非农劳动力占 87%，城市化水平为 64%，1998 年美国城市化率达到 76%。① 美国的西部开发、快速的工业化和城市化，促进了美国农业的规模化、现代化发展。

二 美国农业适度规模经营的动因：西部开发、快速的工业化和城市化

美国西部开发使曾经广袤无垠的荒野变为粮食供应基地，快速的工业化不仅推动了城市化的快速发展，而且直接影响和带动了农业发展。工业化、城市化与农业现代化相互作用彼此促进，形成了内需主导、城乡协调、工农互促的良性循环发展机制，促进了农业适度规模经营。

西部开发，开荒拓土，使耕地规模成倍增长。西部开发始于美国建国

---

① 雷曜：《美国土地制度和土地金融的历史变迁》，《浙江金融》2020 年第 2 期，第 20~21 页。

之初，历经 1910 年前的初期开发阶段、1940 年前的深度开发阶段和 1960 年后的现代发展阶段。在这期间，美国耕地面积迅速扩大，1790 年为 3000 万英亩，1866 年增加到 4.07 亿英亩，1900 年增加到 8.79 亿英亩；农场数量不断增加，1890 年西部农场数量占到全国的 69.2%。[①] 西部开发使大批廉价劳动力涌入美国西部，为工业化发展提供了劳动力资源、工业原料和消费市场，促进了美国西部资本主义工业化的发展，制造业、采矿业、基础设施建设等行业蓬勃发展。工业发展和人口集聚促进了西部城市的迅速崛起，西部成为美国的重工业基地。除此之外，西部开发使美国交通运输业迅速发展，东西连通，贸易增加，国内统一市场日益形成。

快速的工业化使农业生产力水平迅速提升。美国工业化虽然起步晚于英法，但是发展速度较快，很快实现了赶超，在 1890~1920 年的 30 年间实现了工业化。美国工业化促进了农业的机械革命、化学革命、生物革命和管理革命，使农业生产力水平迅速提升。一是美国西部农业扩张，劳动力供给不足，再加上工业化的迅速发展，促进了农业机械化。1914~1945 年，美国在耕地、播种、施肥、喷药、收割、采摘、加工、运输等农作物生产的整个流程全部实现了机械化，畜牧业生产技术也实现了全程机械化。二是美国是农业化学化较早的国家之一，1950~1980 年间，化肥施用量不断增加，从 1933 年的 487.2 万吨，增加至 1984 年的 5018.3 万吨。1980 年后为保护环境，化肥施用量逐渐降低。[②] 三是生物技术革命。20 世纪 30 年代杂交技术取得突破，出现了杂交玉米、杂交高粱、杂交小麦、杂交水稻、杂交棉花等优良品种，在水果蔬菜方面也研究培育出了各种高产、优良、抗病的品种，在畜牧业上出现了人工授精、遗传基因工程等，在饲料生产方面研制出了饲料加工技术和促进动植物生长发育的技术。四是工业的产业集聚形成了农业专业区域。西部农业区依托健全的铁路运输网，形成了小麦生产带、玉米生产带、牛肉带、猪肉带等。除此之外，工业革命的发展还促进了农业管理的革命，形成了政府、市场、社会组织、农民立体式的农业教育、科研、推广组织体系。

[①]　史美兰：《农业现代化：发展的国际比较》，民族出版社，2006，第 44~52 页。

[②]　刘志扬：《美国农业新经济》，青岛出版社，2003，第 132~133 页。

　　城市化促进了西部农业区的城乡一体化，使工农互促、城乡互补。一是工业化推动了城市化。19世纪末20世纪初美国基本完成工业化，迅速发展起的钢铁、冶金、汽车制造等重工业，食品加工等新兴产业，以及运输服务等行业，极大地促进了城市的扩张与发展。美国的城市化起步于1880年，1920城市人口占比达51.2%，1950年城市人口占比达64%，随后进入城乡一体化发展阶段，1970年城市人口占比为74%，1983年为87%，而后进入人口"逆流"阶段，城市化率开始下降，1990年城市化率为76%，2000年城市化率为77.2%。① 二是城市化促进了劳动力转移。城市的迅猛发展提供了大量就业机会，交通运输业的发展不仅增加了劳动机会，而且使道路交通四通八达，贯通东西，吸引了更多移民。2001年农业就业人数为327.7万人，占总就业人数的2.43%，2012年农业人数为218.6万人，占总就业人数的1.53%（见图4-5）。三是农业现代化促进了农村城市化。城郊农业的发展促进了农业生产的集约化、商品化、专业化，以城市为中心的经济区促使经济活动和人口不断向城市经济转移扩散，农业产业结构中非农制造业和服务业成为经济支柱。农村的社会化服务水平提高。

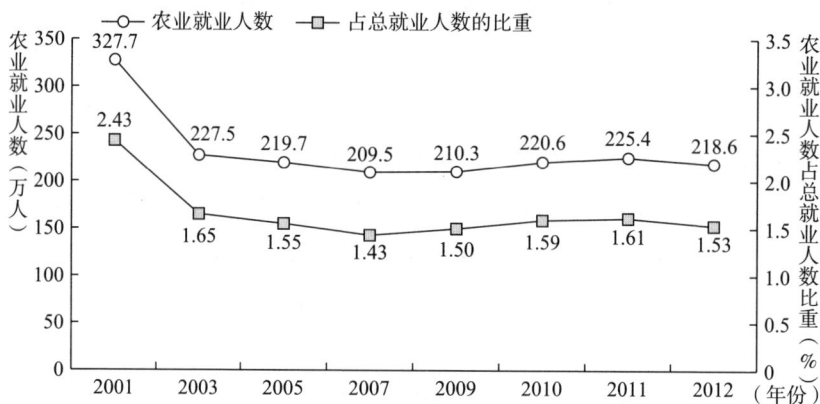

图4-5　2001~2012年美国农业就业人数

资料来源：李芳红《美国农业教育体系概况》，《中国职业技术教育》2015年第10期，第66页。

---

① 史美兰：《农业现代化：发展的国际比较》，民族出版社，2006，第57页。

三　美国农业适度规模经营的实现方式

狂飙突进的工业化带动城市化、促进农业现代化，形成了市场主导的三维互锁结构，相互依赖、相互促进的现代化发展道路也使美国不仅成为世界工业化强国而且成为农业现代化强国。农业市场化、专业化、区域化和政府政策支持体系等因素使美国农业适度规模经营别具一格。

首先，在农业生产特点上具有规模化、机械化、市场化、社会化的特征。一是大农场在美国农业中占支配地位，并且具有规模不断扩张的趋势。美国是目前世界上劳均耕地面积最大、农产品出口量最大、耕地面积最大的国家。1915 年美国家庭农场数量为 645.8 万个，平均规模为 142 英亩，并于 1990 年前后趋于稳定，2010 年农场数量减少到 220 万个，农场平均规模扩大到 418 英亩（见图 4-6），并且农场内部结构也发生了深刻变化，小农场和大农场数量增加，中等规模农场减少，耕地向大农场集中，2011 年 1000 亩以上大农场占农场耕地总面积的 53.7%，（见表 4-1）。二是美国不但在粮食作物、经济作物、蔬菜水果等农业产业领域全面实现了机械化，而且在畜牧业中也全面实现了机械化，两者与现代互联网、计算机技术充分结合。三是农业产前、产中、产后各环节均实现了市场化运作。四是社会化，农业产品的种植、加工、销售、运输等各环节都由专门的公司负责。

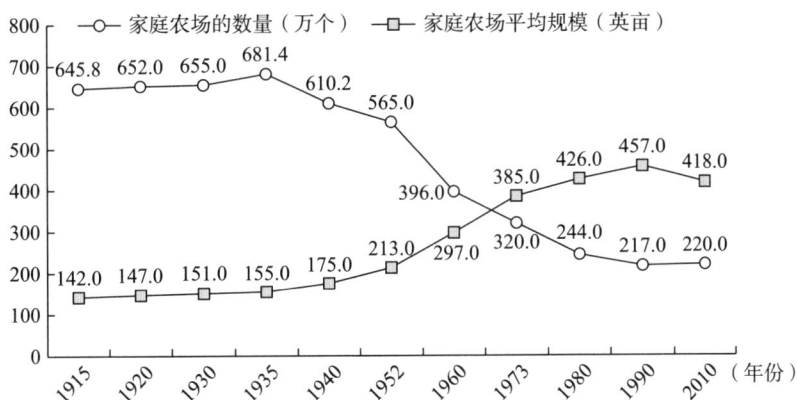

图 4-6　1915~2010 年美国家庭农场数量及规模变化情况

资料来源：肖娥芳、祁春节《农地制度变迁、政策支持及美国家庭农场发展》，《世界农业》2015 年第 12 期，第 105 页。

表 4-1 美国农场结构变化

单位：%

| 年份 | 农场占比 | 小农场 | 中等规模农场 | 大农场 |
		1~99 英亩	100~999 英亩	1000 英亩以上
2001	占农场总数的比例	59.7	34.7	5.6
	占农场耕地总面积的比例	8.4	44.8	46.8
2011	占农场总数的比例	66.4	28	5.6
	占农场耕地总面积的比例	8.4	37.9	53.7

资料来源：夏益国、孙群、刘艳华《美国农场的耕地集中：现状动因及影响》，《中国农村经济》2015 年第 4 期，第 82 页。

其次，在农业生产经营上形成了各类农场，实现了专业化、区域化经营。一是美国的农场包括家庭农场、合伙农场和公司农场三大类，分别占农场总数的 87%、10%、3%。二是美国农业生产经营的专业化程度很高。每个农场生产的产品十分明确，约有 73% 的农作物是由专门的农作物种植农场生产，约有 22% 的农作物由专门种植一种农作物的农场生产。[①] 三是区域化经营。美国农业分工明确，专业化程度高，形成了种植业和畜牧业区域化经营。美国把农业生产划分为十大区域，并且每个区域因地制宜生产作物，形成了玉米区、烟草区、棉花区、小麦区、养殖区、蔬菜水果区等。农业的技术进步特别是机械化、转基因技术、耕作方式、信息化技术等的发展促进了农业生产集中和土地经营规模的扩大，形成了具有专业化和区域化特征的农业集约化、规模化生产。

最后，着重培养职业农民，促进农业经营主体的发展。美国高度重视职业农民队伍建设，并建立了严格的行业准入制度，劳动者需取得职业技能培训证书、技术教育证书、绿色认证标准等，方可进入农业领域就业、享有农场买卖和继承的权利。美国的农业经营主体以家庭农场为主，并建立了农场等级制度，实行职业农民注册制，并对农场发展和职业农民定期进行核查。为促进职业农民和农业经营主体的发展，美国政府还在信贷支持、农业直补、税收缴纳等方面给予各类支持。除正规教育外，专业协会

---

① 夏益国、孙群、刘艳华：《美国农场的耕地集中：现状动因及影响》，《中国农村经济》2015 年第 4 期，第 88 页。

和农民合作社以及美国未来农民协会也可进行农业技术推广、农民教育。州政府每年划拨一定资金用于职业农民教育，对于公立的培训机构不仅不收培训费，而且对于接受教育的农民还给予培训补助。对于有农业生产技能的农民或者是大学生，给予减免税收和贷款优惠，以鼓励职业农民发展。

四　美国农业适度规模经营的实现保障

美国建立了"三位一体"的科教体系、完备的社会化服务体系、土地流转市场和政策支持体系，为农业适度规模经营的发展提供了强力的支撑和保障。

第一，建构了教育、科研、推广"三位一体"的科教体系。美国建立了由联邦政府农业科研机构、农业院校、私营企业构成的教育、科研和推广体系。1862 年的《莫里尔法案》、1887 年的《哈奇法案》使美国各州纷纷建立了赠地大学，设立了农业试验站，农业生产领域进行基础性、应用性和开发性研究，目前全美农业试验站多达 56 个；1914 年的《史密斯-利弗法》推动政府和赠地大学合作设立了农业推广服务中心和农业技术推广站，目前已有州立农业技术推广站 51 个、县级农业技术推广站 3100 个。[1]除此之外，农业私人企业对农业科研的投入也较大，特别是种子公司、机械公司、食品公司等。

第二，形成了完备的社会化服务体系。美国的农业社会化服务体系由农业公共服务体系、农业集体服务体系和农业私人服务体系构成。农业公共服务体系主要负责农业经营状况统计、农业市场信息发布、商品开发项目检视、国外农业监视、农场发展预测等；农业集体服务体系由农场合作社、信贷合作社和农业协会等构成，提供产前、产中、产后等各类服务，受政府立法、财政等支持；农业私人服务体系是在农业协会的带动下，为广大农民提供的农业生产、加工、运输、销售等交易服务。

第三，形成了以市场为中心的土地流转市场。美国通过一系列立法允许土地买卖并保障土地私有产权，建立了完善的土地交易流转市场。1820

---

[1]　李芳红：《美国农业教育体系概况》，《中国职业技术教育》2015 年第 10 期，第 67 页。

年颁布的《农业经济制度》规定将公地低价卖给农户；1862年的《宅地法》出台了免费获赠土地的规定，鼓励耕作和拓荒；而后相继颁布的《新地开垦法》《联邦土地政策和管理法》等，明确了土地私有权和土地的开发利用保护权，并利用信贷制度、财政补贴、地籍管理制度等方式鼓励和支持土地交易、流转集中，促进土地流转的市场化。①

第四，具有完善的政策支持体系。一是在信贷资金支持方面以立法形式予以明确。1916年出台的《农业信贷法》、1933年出台的《农业调整法》，以及1977年的《粮食与农业法案》等，不断在农业经营补贴、农业信贷支持、农业耕作方式改进、出口补贴等方面给予支持。2002～2011年，联邦政府对农业的直接补贴平均每年高达140多亿美元，占农业产值的比重平均为4.84%，单位种植面积补贴为104.5美元/公顷（见表4-2）。二是对职业农民教育、公共基础设施、医疗卫生等进行直接投资，以提高农业劳动力素质和产后服务水平。三是对农产品价格和农业保险以及税收给予补贴和优惠。在政府农业预算中，农产品价格补贴占有相当大的比重，美国国会于1980年通过了《农作物保险修正法案》，规定政府对农户所交保费的补贴比例为50%～80%，1990年修订后的《农业法》规定，购买联邦保险的农作物，在遇灾害时可获得往年产量40%的补偿。②此外，美国政府还对农业出口、谷物储备计划等给予政策支持。

表4-2　美国联邦政府对农业的补贴情况

年份	直接补贴（亿美元）	占农业产值比重（%）	单位种植面积补贴（美元/公顷）
2002	124.1	5.7	91.3
2003	165.2	6.8	121.5
2004	129.7	4.6	95.4
2005	244.0	8.9	179.4
2006	157.9	5.8	116.1

① 房加帅：《美国家庭农场的政策支持体系及经验借鉴》，《改革与战略》2015年第11期，第196页。
② 夏显力、赵凯、王劲荣：《美国农业发展对加快我国现代化农业建设的启示与借鉴》，《农业现代化研究》2007年第4期，第469页。

年份	直接补贴（亿美元）	占农业产值比重（%）	单位种植面积补贴（美元/公顷）
2007	119.0	3.6	88.8
2008	122.4	3.3	91.3
2009	121.8	3.7	90.9
2010	123.9	3.5	92.5
2011	104.2	2.5	77.8

资料来源：蔡海龙《美国农业政策支持水平变化特点分析》，《浙江农业学报》2013 年第 5 期，第 1126~1127 页。

第三节　日本的农业适度规模经营

日本的农业适度规模经营既不是美国那样的大规模经营模式，也不是英国等欧洲国家那样的中等规模经营模式，而是精耕细作的小规模经营方式。日本人多地少，人地矛盾十分尖锐，耕地面积又十分有限，因此农业土地规模扩张并不现实，但是日本的机械化水平、社会化服务水平、科技水平、组织化程度等都很高，农业现代化水平较高。日本的小规模农业经营模式说明农业适度规模经营也可通过集约化、合作化、服务化方式来实现。

一　日本农业适度规模经营的实现条件

从自然条件来看，日本位于亚洲东部，是一个多山岛国，由北海道、本州、四国、九州四个大岛和其他 7200 多个小岛组成，被称为"千岛之国"。世界银行统计，2020 年，日本的国土面积约为 37.8 万平方公里，土地面积为 36.45 万平方公里，耕地占土地面积的 11.3%，约 411.9 万公顷，谷物耕地面积约 175.3 万公顷，人均耕地面积约为 0.03 公顷，国土森林覆盖率高达 68.4%，2022 年总人口约 1.25 亿人。日本耕地十分有限，人均耕地面积狭小，再加上山川丘陵的阻隔，耕地零星分布难以接连成片，决定了日本农业发展与美国式大规模农场模式无缘。从社会经济方面看，日本自 1868 年明治维新开始工业化和城市化进程，第二次世界大战后，进入城市化和工业化的快速发展期，仅用了 30 年时间就完成了欧美国家 100 多年的城市化和工业化进程,[1] 如今已是高度发达的资本主义国家。根据世界银行的统计,2022 年,日本国内生产总值为 42311.4 亿美元,人均国内生产总值为 33815.3 美元,农业增加值占国内生产总值的 1%,城镇人口占总人口的比重高达 92%,科研支出占国内生产总值的比重高达 3.26%。日本拥有大量科研机构和跨国公司,科研实力强,制造业和服务业发达,是国民经济的支柱。[2] 1952 年日本还是一个发展中国家,其后 20 年间,日本经济高速发展,跨入发达国家行列,如今是世界第三大经济体。1945~1949 年,日本经历两次土地改革,废除了半封建的寄生地主所有制,建立了自耕农个人土地所有制。1952 年,日本颁布《农地法》对土地私有制予以保护,形成了"耕者有其田"的小规模家庭经营的自耕农体制,日本经济进入恢复发展期。20 世纪 50 年代到 80 年代,日本工业化和城市化进入高速发展期,促进了农业劳动力非农化、农业劳动力转移,以及农业适度规模经营和农业现代化。

二 日本农业适度规模经营的实现动因

工业化是城市化和农业适度规模经营的第一推动力。日本的工业化和城市化是协同发展的,在一段时期内它们与农业现代化彼此促进。日本的工业化和城市化在第二次世界大战后进入高速发展期,到 20 世纪 70 年代末基本完成了工业化并实现了城市化。1955~1976 年,国民生产总值增长了 4.8 倍,年均增速 8.7%,工业生产总值增长了 8.4 倍,年均增速 11.3%,国民收入增长了 6.4 倍,年均增速 10%。工业化的发展使人口集聚、工业集聚,农业人口非农化并向城镇转移,推动了城市化水平的提高。1955 年日本总人口为 8900 多万人,城市人口比重为 56%,1975 年总人口增加到 11193 多万人,城市化比重提高到 76%,旧城扩建、新城崛起,日本的城市化在工业化的推动下迅速发展,形成了东京、大阪、名古屋三

---

① 孙波、白永秀、马晓强:《日本城市化的演进及启示》,《经济纵横》2010 年第 12 期,第 84 页。

② 参见世界银行官网数据,https://data.worldbank.org.cn/indicator,最后访问时间:2023 年 7 月 26 日。

大都市圈，1998 年三大都市圈人口占到日本总人口的 46.8%。[①]

　　城市化与工业化的互动发展促进了农业适度规模经营。一是日本的工业化和城市化发展促进了土地制度的变革，土地产权的变革为农地流转和适度规模经营奠定了基础。伴随工业化和城市化的推进，农地制度经历了四次变革：1868~1920 年，废除德川幕府时期的禁令，改革领主土地所有制，制定"劝农政策"，改良农业技术、兴修农田水利、推广农业教育；1920~1950 年，废除封建农地制度，建立自耕农土地私有制，并实行农业税减免和农业信贷支持制度；1950~1977 年，工业化和城市化基本完成，工业反哺农业，农业机械化、农业科技化水平提高，传统农业向现代农业转型；1977 年后进入后工业化阶段和城乡一体化巩固发展阶段，农地减少、地价上涨，政策、法规等致力于使农地等农业生产要素可以在市场作用机制下流转集中，支持适度规模经营发展。[②] 二是工业化和城市化促进了农业劳动力转移和农业技术水平提高。1950 年农业就业人口为 1720.8 万人，占总就业人口的 48.3%，1980 年农业就业人口为 606.2 万人，占总就业人口的比重下降到 10.9%，而美国的农业劳动力份额从 1880 年的 51.3%降到 1960 年的 9.5%，用了近 80 年的时间，可见日本农业劳动力转移速度之快。此外，中小企业发展迅速成为农业剩余劳动力的"吸收器"，1954 年日本中小企业个数为 328 万个，从业人数 1477.58 万人，到 1971 年中小企业数量发展到 508 万个，从业人数增至 3040 万人。[③] 三是工业化促进了农业机械化发展和科技水平的提高。20 世纪 60 年代后日本农业机械全面普及，针对日本农地小规模的生产特点，山地小型农机快速发展，并且农机种类齐全，实现了农业生产全程机械化。[④]

　　日本农业适度规模经营的形成除了工业化和城市化发展的推动之外，也受农业生产特点和农业发展困境的内在驱动影响。日本农业生产的特点

---

①　史美兰：《农业现代化：发展的国际比较》，民族出版社，2006，第 89~90 页。

②　郝寿义、王家庭、张换兆：《日本工业化、城市化与农地制度演进的历史考察》，《日本学刊》2007 年第 1 期，第 81~86 页。

③　史美兰：《农业现代化：发展的国际比较》，民族出版社，2006，第 92~93 页。

④　李海荣：《二战后日本农业现代化发展的特点论析》，《农业考古》2015 年第 3 期，第 283 页。

主要在于人均耕地面积狭小、耕地细碎零散，在工业化和城市化的驱动下，农业发展面临农村劳动力大量进入城市，农业老龄化、兼业化趋势明显，耕地撂荒严重，食物自给率下降等多重困境。为冲破资源禀赋束缚，克服小农局限性，日本朝着集约化、产业化和适度规模化方向发展。日本食物自给率自 20 世纪 60 年代以来持续下跌，2015 年食物自给率下降至39%，谷物自给率降至 61%，成为世界上最大的食物净进口国；1960 年日本农户总数为 606 万户，2015 年农户数量减少至 216 万户，农业就业人口仅 200 万人，耕地撂荒面积高达 21.8 万公顷；农业兼业化十分普遍，非农收入占家庭收入的一半以上，专业农户比重仅为 33.09%；农业劳动力高龄化严重，从 2007 年开始就步入了高龄化社会，农业就业人口平均年龄达到 66.4 岁，骨干农业从业人员平均年龄高达 67 岁，农业面临后继乏人的严重危机。为此，日本政府持续创新农地制度，高度重视农业机械化、科技化、规模化、集约化、社会化发展，积极培育多元化农业经营主体，多层次开展农业人才培育，大力提升社会化服务效率，不断推动农业适度规模经营模式创新。[①]

三 日本农业适度规模经营的实现方式

日本的农业适度规模经营是在人多地少的资源禀赋条件下建立起来的，是小规模农业现代化经营的典型。日本与中国类似，同属于东亚小农社会，农业经营具有人多地少、规模小、农业兼业化和老龄化突出等特征。日本户均耕地面积 2.1 公顷，人均耕地面积 0.033 公顷，农地细碎零散，骨干农业从业人员的平均年龄高达 67 岁，超老龄化导致耕地大面积抛荒。[②] 日本通过持续创新农地制度、大力培育农业经营主体、健全农业社会化服务体系、加大科技投入、推动农业经营模式创新等举措，有效提升了农业生产效率和农业规模经营效益，形成了不同于英国和美国的小规模农业适度规模经营模式。

---

① 赵颖文、吕火明、李晓：《日本农业适度规模经营推行背景、应对举措及对中国启示》，《中国农业资源与区划》2019 年第 4 期，第 202~204 页。
② 赵颖文、吕火明、李晓：《日本农业适度规模经营推行背景、应对举措及对中国启示》，《中国农业资源与区划》2019 年第 4 期，第 201、204 页。

　　日本对农地制度进行了改革创新，为农地向农户和农业经营组织集中奠定了基础。20 世纪 70 年代至今，日本出台了一系列政策加快推进农地使用权和经营权流转，重点培育农业经营主体，以扩大农地经营规模。1967 年制定了"结构政策的基本方针"推动农地流转，1970 年修改《农地法》放宽农地租用限制，1980 年出台《农地利用增进法》保障农民租地权利，加快农地流动，1993 年实施《农业经营基础强化促进法》扩大农地经营规模，2012 年出台旨在培养年轻的、有经营管理能力的农业专业生产经营主体的政策，[①] 2013 年成立了"农地中间管理机构"，将农户手中细碎零散的土地进行集中整治，将农地出租给具有规模化经营能力的经营主体，以实现集约化和规模化经营的双重目标。日本政府划拨专项资金，用以保障土地顺利有序流转，制定了农民年金制度以保障农民的晚年生活，很好地解决了农地转让给农民带来的担忧。

　　日本高度重视农业经营主体的培育，形成了多种形式的农业经营主体。重庆市农业技术推广总站高级农艺师刘丽等对日本农业经营主体进行了总体研究和划分，他们把日本的农业经营主体划分为家庭型农业经营主体、村落营农法人、以农业协会为代表的农业团体法人和以株式会社为代表的公司法人等四大类，其中家庭型农业经营主体占比最高，公司法人占比其次，占比最低的是村落营农法人。[②] 日本通过放开法人注册登记、加大金融政策扶持力度、取消对农业法人农地流转经营限制等措施，鼓励多种形式的经营主体发展。日本曾计划在 2005～2015 年，培育家庭型农业经营主体 33 万至 37 万个，村落营农组织 2 万到 4 万个，农业团体法人组织 1 万个，将 70%～80% 的耕地集中到规模经营主体，扩大经营规模，提高规模经济和农业竞争力，使农业结构向集约化、规模化方向演变。[③] 2019 年，日本农业经营主体总量为 118.88 万个，比 2005 年减少了 40.84%，家庭经营

---

①　匡远配、陆钰凤：《日本发展农业适度规模经营的经验》，《世界农业》2016 年第 10 期，第 198～199 页。

②　刘丽、陈松柏、李杰、方立魁：《日本农业经营主体发展对我国山区农业适度规模经营的启示》，《贵州农业科学》2016 年第 7 期，第 160 页。

③　王国华：《日本农业规模经营的实现形式——以日本岩手县的村落营农为例》，《世界农业》2014 年第 7 期，第 144 页。

主体共 115.28 万个，比 2005 年减少了 41.8%，农业经营主体经营耕地总面积为 353.16 万公顷，平均每个农业经营主体经营面积为 2.97 公顷，比 2011 年增加了 0.7 公顷，组织经营主体的耕地面积为 70.9 万公顷，比 2011 年增加了 23.05 万公顷，组织经营主体平均经营面积为 19.69 公顷，土地流转加速，耕地逐渐向组织经营体集中，经营规模不断扩大。①

日本非常重视农业中小型机械的发展，已完全实现了农业生产机械化，农业适度规模经营的突出特点就是农业现代化装备水平很高。日本山区和丘陵占 80% 以上，耕地面积仅为国土面积的 13% 左右，山区农业和丘陵农业占 40% 以上，农业自然资源禀赋约束下的日本农业机械化不能走欧美大规模农业机械化道路，只能因地制宜地将农业机械与农业生产特点相结合，注重中小型机械设备的研发应用。通过研发推广适合老年人和妇女操作的小型化、轻便化、智能化的农业机械，提高农业技术水平和生产效率，同等耕地面积上日本的小型拖拉机保有量是德国的 45 倍、法国的 35 倍、英国的 80 倍，高水平的农业机械化为日本的农业适度规模经营提供了强有力的技术支撑。② 日本的农业机械化发展历经三个主要阶段：第一阶段为以小型农业机械为主的快速发展期（第二次世界大战后到 20 世纪 80 年代），第二阶段为大型机械发展期（20 世纪 80 年代初期至 90 年代中期），第三阶段为部分机械化向全领域机械化、自动化、智能化发展阶段（20 世纪 90 年代至今）。如今，日本拥有可在山区使用、可兼在水田和大田使用、可用于多种类型农作物生产的新型机械，以及用于林业、畜牧业、水产业的专门机械，逐步走向了高品质农业之路。③

四 日本农业适度规模经营的实现保障

日本政府建立了覆盖农业产前、产中、产后全面的社会化服务体系，

---

① 宋莉莉、张瑞涛、王忠祥：《日本农业经营主体发展经验及对中国的启示》，《农业展望》2022 年第 6 期，第 88~90 页。

② 赵颖文、吕火明、李晓：《日本农业适度规模经营推行背景、应对举措及对中国启示》，《中国农业资源与区划》2019 年第 4 期，第 205 页。

③ 杨印生、陈旭：《日本农业机械化经验分析》，《现代日本经济》2018 年第 2 期，第 78~90 页。

形成了以政府为主导，以农协为纽带，以组织机构为支撑的服务结构，为农业适度规模经营提供服务保障。日本的农业社会化服务具有较强的组织性和较高的效率，其中日本农协是提供农业社会化服务体系的主体力量，它是日本规模最大、覆盖最广、影响最深的农村综合性合作社，日本全国大概有99%的农户加入了农协。[①] 日本的农协分为专业农协和综合农协，专业农协是生产同种产品的农民自愿组成的农民合作组织，综合农协是区域内绝大多数农民参与的合作经济组织。日本农协在生产资料购买、农产品流通、技术指导、金融信贷和互助保险等方面提供全方位服务。日本政府为了把分散的农户组织起来，大力支持农协的发展，把农协作为贯彻日本官方农业政策的重要平台。与此同时，日本政府在健全农业立法规范、开展农村人才培育、构建社会化服务体系等方面不断改革创新，推动农业专业化、集约化和规模化发展。

　　为促进农业现代化发展和农业适度规模经营，日本制定了一系列政策法规。由于日本农业生产因帝国主义政策而遭受严重破坏，第二次世界大战后，为恢复农业生产，日本在1946年制定《自耕农创设特别措施法》和《农地调整法修正案》，政府从地主手中强制收购土地，并以低价卖给佃农，鼓励农民种地；1952年为防止土地集中于少数人制定了《农地法》，对土地买卖、租赁实行严格限制，通过农地改革打破了封建土地所有制，广大农民获得廉价土地，形成了以小规模自耕农为主导的农业经营格局。[②] 20世纪50年代后，随着日本城市化和工业化的高速发展、经济的快速增长，农村劳动力大量转移，城市人口大规模增加，农村人口流失、老龄化趋势明显，以1961年的《农业基本法》为起点，日本出台了一系列旨在改变土地细碎化经营格局，扩大农地经营规模的政策措施。其中，日本于1962年修订《农地法》，放宽了耕作农户土地最高限额，1970年再次修订《农地法》废除农户农地保有面积上限，1975年修订《农振法》放宽了农户土地流转和租赁等方面的限制，1980年修订《农地法》废除了农户经营

---

① 高峰、赵密霞：《美国、日本、法国农业社会化服务体系的比较》，《世界农业》2014年第4期，第36页。

② 徐梅：《日本农业现代化再探讨及启示》，《日本学刊》2018年第5期，第104页。

土地面积上限，2003 年、2005 年修订《农促法》，2009 年修订《农地法》，逐渐放开了对工商资本进行农业生产经营的限制，农业经营主体数量增长迅速，从 2014 年的 17840 个增加到 2018 年的 23648 个。①

日本非常重视农民素质的培养和提升，面对农业骨干劳动力老龄化趋势困境，积极倡导农业人才倍增计划，多重举措培育农村人才。日本 1947 年颁布《教育基本法》和《学校教育法》；1951 年制定了《产业教育振兴法》，并在农村建立了职业培训制度，帮助农民学习种田和饲养知识。1968 年，日本创立了"农民大学"，用于培养新型职业农民；1993 年制定了"认定农业者"制度；2012 年创设了青年务农补贴制度，鼓励青年从事农业经营活动，向新农民提供实践培训、务农援助资金、农技培训、设备补贴等扶持政策。日本还设立了"新农人培养专项资金"，对参与短期研修的年轻人每人给予 2 万日元的支持，对于长期研究人员资助额度最高达 120 万日元，以此鼓励年轻人去农业领域研修，以提升青年职业农民的经营能力。② 另外，日本修订了《国家战略特区法》，为吸引国外劳动者到日本从事农业生产经营构建了良好的政策法律环境。政府积极为新农民提供各种帮助，切实其解决进入农业经营领域所面临的难题，2015 年日本农业新增从业人员数量首次超过 6 万人，49 岁以下的有 2.31 万人，占 38.5%。③

日本农业快速发展也得益于财政信贷政策和科技推广体系向农业经营规模经营主体的倾斜。日本财政支农的主要方向和领域是农业基础设施建设、农业科技创新与服务、农业协同组合、农业产业结构优化和农业"六次产业"发展、有机农产品认证及管理、农业灾害预防及救济、乡村生态环境与民生福祉等。④ 日本政府以补助金、扶持金和低息贷款等方式，使金融资本和社会资本投入农业农村。为帮助大农户购买小农户的土地，加快土

---

① 廖媛红、宋默西：《小农户生产与农业现代化发展：日本现代农业政策的演变与启示》，《经济社会体制比较》2020 年第 1 期，第 86 页。
② 廖媛红、宋默西：《小农户生产与农业现代化发展：日本现代农业政策的演变与启示》，《经济社会体制比较》2020 年第 1 期，第 85 页。
③ 赵颖文、吕火明、李晓：《日本农业适度规模经营推行背景、应对举措及对中国启示》，《中国农业资源与区划》2019 年第 4 期，第 207 页。
④ 肖卫东：《美国日本财政支持乡村振兴的基本经验与有益启示》，《理论学刊》2019 年第 5 期，第 59 页。

地集中，政府对购买农地的大规模农业经营主体给予长期低息或无息贷款，"农地保有合理化法人"租入土地可通过政府资助分期支付地租。另外，价格支持是日本财政支农的主要手段，日本从 20 世纪 60 年代开始，建立起了多样化的价格直接补贴政策。大规模的农业补贴为农业适度规模经营提供了物质条件，加快了农业现代化发展的步伐。日本的农业科研体系由科研机构、高等学校、民间组织三大部分组成，形成了以政府为主导，以农协为纽带，以科研机构为支援的多维立体科研推广体系。其中，农协在社会化服务体系建设方面发挥了重要作用。日本的农协以提高农业生产力、提高农民收入、推进农村发展为宗旨，为农业生产提供生产指导服务、农产品销售服务、生产生活资料集中采购服务、信用合作服务、保险服务和权益保障，涉及农业产前、产中和产后的各种服务，农协提供的各种服务有利于农业生产集约化，提高农业生产要素的规模经济效益。[①] 日本对农业科技的大量投入和农协作用的发挥，为发展农业适度规模经营提供了有力保障。

第四节 国外农业适度规模经营评析

一 国外农业适度规模经营的经验

各国在农业适度规模经营的经验主要表现为农业适度规模经营深受自然条件和社会经济条件的影响，是在社会经济制度下的农业经营主体的理性选择。工业化推动了城市化，在工业化和城市化进程中有效实现农业劳动力非农化和农业劳动力转移，促进了农业适度规模经营的形成。经验表明，明确土地产权制度发展农业市场，高度重视职业农民的教育，着力培育农业经营主体，为农业发展创造良好的政策、法律等制度环境，完善社会化服务体系等，不断创造条件优化环境，有利于推动农业适度规模经营发展。

---

① 陈柳钦：《日本农协的发展历程、组织、功能及经验》，《郑州航空工业管理学院学报》2010 年第 1 期，第 84 页。

（一）在实现条件方面改革农地制度、明晰产权、发展农村市场

首先，改革农地制度、明晰产权。从发达国家的经验来看，这些国家的农地制度均发生过较大的改变，封建土地的国家、地主、贵族所有制转变为"耕者有其田"的土地私有制，而后对土地私有制予以规范，推动土地流转集中，形成规模经济。如英国废除了敞田制、美国废除继承制、日本废除封建土地所有制建立私有制。明晰的产权是市场交易有效进行的前提，土地确权为土地的流转集中奠定基础。其次，发展农村市场。就各国经验来看，农业并不是孤立的经济发展领域，而是与工业、城市协调互动，与工业化和城市化协同发展的，繁荣农村、农业市场是农业现代化的重要条件，要使工业和农业、城市和乡村的生产要素和服务要素按照市场规则合理流动，以促进农业劳动力非农化和农业劳动力转移以及资本等要素的流动，使各种要素资源能够在不同领域市场之间流动和优化配置。

（二）在实现动因方面力促"三化"协调发展并高度重视职业农民教育

职业农民是实现农业现代化的必然要求和基础。随着社会经济的发展，第一产业占国民经济的比重，无论是从产值比重还是就业比重来看均出现了下降的现象，这是人类历史进步的表征。工业化、城市化互动发展推进农业现代化，"三化"协调同步发展才能实现传统国家向现代国家转型，而现代农业要求通过广泛应用现代科学技术、现代化的生产工具、科学的管理手段，实现生产技术、发展观念、产业结构、组织方式等方面的转型，这些都需要有知识、懂科学、善管理、会技术的农业经营者即职业农民才能胜任。要实现农民职业化，就要高度重视职业农民教育，建立行业准入制度。英国、美国、日本均高度重视职业农民的教育和培训，建立了系统的农业教育、科技、推广体系，并且对农民的从业资格给予鉴定，提高了农民的职业认可度和社会地位。英国制定了职业农民资格鉴定和行业准入制度，美国的绿色证书、技能证书等证书制度和行业进入制度，日本的"认定农业者"制度，都对职业农民的素养给予认定，激励农民提高素质，并且建立系统的职业农民教育培训组织体系，不断提升农民技术和技能。

（三）在实现方式上着力培育农业经营主体创新组织方式

首先，大力培养各类经营主体。经验表明农业经营主体是现代农业发展的核心，由于不同地区自然资源的禀赋不同，农业经营主体并不完全一致，在美国和英国有大规模农场、中等规模农场和小规模农场，日本有农户、农场、组合法人、公司等。其次，利用工业化和城市化的成果发展农业，提高农业机械化、科技应用等，发展科技型农业，不断提高农业的生产力。再次，提高各类经营主体的组织化程度。各国对农业经营主体的发展给予政策资金支持，鼓励规模化、集约化、组织化、市场化的经营主体发展，并且通过合作社、农业协会、专业协会等组织拓展服务规模。通过个体组合、企业组织、社会组织等方式把经营主体连接起来，为农业发展定制度、做规划、谋发展。

（四）在实现保障方面构建了完善的社会化服务体系和政策法律制度

经验表明，农业产前、产中、产后各环节得以有效衔接的重要条件是社会化服务体系的完善，农业社会化服务体系的完善促进了农业适度规模经营的发展。一是在土地产权制度上进行立法，规定土地产权的有效性。二是在职业农民教育上进行立法，并给予财政支持。三是在农业经营主体发展上进行立法，对农业经营领域和范围予以规范，构建有利于农业经营主体自主经营和适度规模扩大的规章制度，并对农业生产经营的生产、销售等环节给予政策支持。四是建立农业经营组织体系和科研教育推广体系，提高组织化、社会化服务水平。通过组织体系使服务规模化，提高服务的规模经济效益，构建政府、中介组织和私营企业（农户）三元主体的科研机制和服务供给机构。五是财政全方位支农。从流转开荒、规模调整到良种培育、机械购置、生产管理、粮价稳定，农业生产过程各环节均需要政府财政予以支持，以确保农民收入稳定、农业增产增效，促进农村发展。

二　国外农业适度规模经营的启示

从理论分析和国内外经验来看，农业生产力水平提高、农业生产关系优化调整是农业适度规模经营发展的根本动力。工业化、城市化是推动农业生产力进步和农业生产关系调整的关键，农业适度规模经营受自然条件和社会经济条件所限，具有不同特征和模式，因此，我国应加强农民职业教育，培育多种形式的农业经营主体，提高组织化和社会化的服务水平，建立支撑农业发展的制度体系以推动农业现代化和农业适度规模经营的发展。

合理规范的土地产权制度是农业适度规模经营和农地流转集中的重要前提。科斯（R. H. Coase）指出，产权制度是决定经济效率的内生变量，不同的产权制度和不同的法律制度安排具有不同的激励作用，进而导致不同的资源配置效率。[1] 中国的社会性质及基本国情决定了我国农地制度与国外不同，家庭联产承包责任制的最大优势和成功之处就在于始终坚持农地的集体所有权。家庭联产承包的土地制度历经"两权分离"和"三权分置"两个时期，从 1978 年安徽凤阳小岗村率先实行大包干到 1983 年全国 97.8% 的农村基本实行包干到户，短短几年我国就建立起了家庭联产承包责任制，人民公社制的农地集体所有权被延续，并与承包经营权分离，农地的承包经营权是承包权和经营权的混合体。承包权属于成员权，只有集体经济组织成员才有，具有封闭性和不可交易性；经营权属于法人财产权，可以通过市场化的方式进行配置，具有开放性和交易性。在人口不流动、土地不流转的情形下，这两种差异较大的权利可以浑然一体、相安无事。[2] 但随着我国工业化和城市化的快速发展，农村剩余劳动力大量转移到城市，或务工或经商，承包主体与经营主体逐步增多，承包权与经营权混为一体，在法律上和政策上都给相关主体造成了诸多困惑，制约了土地的有效流转。党的十八届三中全会后，"三权分置"改革深入实施，农地的所有权仍归集体，承包权仍归农户，经营权则归经营主体所有，这不仅有利于明晰土地产权关系，维护农民集体、承包农户和经营主体的权益，也有利于我国土地的流转集中和适度规模经营的实现。需要注意的是我国现阶段农业生产力水平仍然不高，城乡收入差距很大，因此一方面应避免

---

[1] 钱忠好：《农村土地承包经营权产权残缺与市场流转困境：理论与政策分析》，《管理世界》2002 年第 6 期，第 36 页。

[2] 叶兴庆：《从"两权分离"到"三权分离"——我国农地产权制度的过去与未来》，《中国党政干部论坛》2014 年第 6 期，第 9 页。

土地流入工商企业对农民利益造成损害、形成农业垄断阶层；另一方面应注意调整农业经营者和农民的收入分配关系，避免农村内部出现贫富两极分化的问题。

培养职业农民是农业适度规模经营的基础，培育农业经营主体是适度规模经营的核心。一是在科教体系构建上应加强教育、科研与应用一体化建设。我国有政府农业机构，包括农业部以及省市县乡各级农业局和农业站；也有农业高校和各种农业企业，应提高科研机构的科研成果转化应用水平，制定职业资格标准，提高农民职业认可度和社会价值认同。二是培育多种形式的农业经营主体发展。我国农业人口多，耕地面积有限，农业生产力水平较低，既不能走美国大农场模式，也不能维持"人人分田，户均一亩三分"的细碎分散模式，日本的耕地模式与我国较为近似，并且其在农地规模化时制定了农地规模扩张的相关鼓励和支持政策。因此，我国一方面要发展多种形式的经营主体；另一方面要制定相关政策对规模扩张进行合理规范，既不能过大也不能过小，而是以适度为宜，各地根据自身经济发展和禀赋条件制定适度的标准。三是提高组织化和社会化服务水平，农业适度规模经营不仅仅是通过土地规模的扩大来实现，还可以通过组织化、服务社会化实现，从而提高规模经济效益。

农业适度规模经营离不开财政支持。从国外经验看，种子、机器设备等生产要素购置，农产品价格、农业贷款、农业保险等均有财政支持，因此，我国的财政支农也应涵盖农业产前、产中、产后各环节，特别是应对职业农民教育、经营管理、农产品价格、农业金融等给予高度重视和支持，财政支农是提高农民收入的重要方法和途径。新中国成立后，我国实行"以农补工"策略，"二元结构"问题突出，限制了农业生产力的发展。从英国和日本经验来看，工业化早期多多少少都存在"以农补工"现象，工业化后期会逐渐形成以工业化带动农业现代化、推动城市化，三维互锁的结构。目前，我国工业化和城市化在相当水平上已到了工业反哺农业、城市带动乡村的关键节点。因此，我国应把经济发展的成果向农业领域倾斜，补齐农业落后的"短板"。2013年开始，我国的惠农政策表现出向家庭农场等新型农业经营主体倾斜的特征，但是我国财政支农的一个很重要的特征就是以间接补贴为主，直接补贴较少。因此我国今后可以直接补贴为主，提高农业补贴的针对性和有效性，对财政支农予以立法规范，提高农业补贴的长期性和规范性。

健全的社会化服务体系是农业适度规模经营实现的保障。一是完善农业立法体系。在土地产权制度、职业农民教育、农业经营主体培育、财政支农政策、农业金融、农业准入等方面进行立法规范，保证农业稳定发展。二是构建政府指导、市场化运作、社会广泛参与的服务组织体系，加强农民合作社等组织建设，把分散农户连接起来，以提供产前、产中、产后服务，提高合作规模化和服务规模化水平。三是加强农业基础设施建设和农村非生产性服务设施建设。农民向城乡转移的原因除了工资吸引之外，很重要的原因就是城市的服务水平较高，因此，若想实现农村稳定有序发展，就需提高农业非生产性服务水平，实现城乡一体化服务。四是推动农业科技创新和应用。推动农业机械化由小型化向中大型化发展，运用现代科技手段武装农业，提高农业信息化水平。五是加强生产性服务体系建设，提高农业竞争力。发挥政府、组织力量和个体作用，在市场信息、教育培训、信息咨询、土地流转、加工运输、生产管理等方面提供系统完善的服务，以提高我国农业在国内和国际市场的竞争力。

第五章

中国农业适度规模经营的衡量标准及效益评价

前文已从定性角度详细论述农业适度规模经营的形成和实现机制，农业适度规模经营的机制要件决定了农业适度规模经营的实现。学界关于农业适度规模经营的衡量标准一直存在较大争论，争论的焦点就在于规模大小难以确定，缺乏效益评价体系。为破解这一难题，本章旨在从定量角度进一步研究农业适度规模经营的规模确定和效益评价问题。在市场经济条件下，农民及农业经营主体可谓具有充分理性的"经济人"，在政策环境、市场环境和禀赋状况动态变化情境下，农业经营主体通过调整经营规模和经营方式，以期达到经济效益、社会效益和生态效益等效益的综合提高，从而促进农业适度规模经营不断由初级向高级跃升。在政策环境和市场环境较为稳定的情境下，农业经营主体凭借土地、劳动力、资本、科技等要素优势或产业协同优势，选择土地集中型、合作经营型、社会服务型模式的农业经营方式，通过收益最优规模、区间最优规模和效率最优规模的方法，实现农业适度规模经营的农业现代化。收益最优规模一般采用投入—产出法确定，该方法构建投入产出函数，求解边际收益最大化条件，从而确定农业适度规模经营的最优生产规模。区间最优规模的确定是利用城乡推拉理论，寻求让农民安心务农的最低条件，使农业经营收入达到城镇居民最低收入或者使农业经营收入达到城镇居民平均收入，从而确定农业的经营规模的上下限区间。效率最优规模是基于时间序列搭建的 SBM–DEA 模型，根据我国现有生产条件，分析农业经营效率，确定最优规模值和调整值，以此为"适度规模"调整提供参考。综上，通过案例分析我国对农业适度规模经营的探索模式和基本经验，并分析其经济效益、社会效益和生态效益。

第一节　农业适度规模经营的收益最优规模

从经济学角度看，早在 18 世纪法国重农学派经济学家魁奈就提出了农业生产领域创造社会财富的主张，他把资本和生产直接联系起来，通过"经济表"这种原初的投入产出法分析了社会简单再生产过程，批判了重商主义流通领域创造财富的观点。魁奈认为农业生产才是真正的生产，并认为农业生产是增加社会财富的唯一源泉。亚当·斯密《国富论》的问世，使生产领域创造财富的观点进一步扩大到工业生产领域，他提出市场这只"看不见的手"会自动调节生产规模，市场不会存在商品过剩。19 世纪末 20 世纪初兴起的边际学派建立了以边际分析为基础，以分配理论为核心的理论体系，为分析厂商行为奠定了方法论基础。早期的厂商生产组织理论即"斯密传统"认为，在完全竞争市场条件下，信息对于各生产者而言是完全充分的，不存在欺骗和隐瞒，一切生产要素都以均衡价格的高低为导向，在不同部门之间自由调节流动，厂商只需按照边际成本等于边际收益的基本原则进行规模生产，就可使利润达到最大。马歇尔、古诺、斯拉法、埃奇沃斯等对垄断和不完全竞争厂商行为进行了分析，20 世纪 30 年代，张伯伦和罗宾逊夫人将市场细分为完全竞争、垄断竞争、寡头垄断和完全垄断四种类型，并运用边际分析法确定了厂商最优规模，推动实现了微观经济学革命。而后，随着博弈论在厂商理论的应用，厂商的规模选择既有静态性又有动态性。虽然厂商组织理论是研究企业行为的，但其对于农业经营主体而言也具有借鉴意义，鉴于农产品市场更接近于完全竞争市场，为分析简便，我们仅分析完全竞争市场下的农业经营主体行为。

在市场经济条件下，各农业经营主体都具有追求收益的本能，并且会尽最大可能地降低农业生产的投入成本，千方百计地使成本降到最低、收益达到最大，具有明显的"经济人"特征。因此，对于农业经营最优规模的核算，可借鉴 1928 年由美国数学家柯布和经济学家道格拉斯共同提出的柯布-道格拉斯生产函数，该函数形式为 $Y = AK^\alpha L^\beta$。其中，Y 表示产出量，

A 表示生产的技术水平，K 表示投入的资本数量，L 表示投入的劳动力数量，α、β 分别为资本的产出弹性和劳动力的产出弹性。假设 A 固定不变，当 $\alpha+\beta=1$ 时为规模报酬不变生产函数，当 $\alpha+\beta>1$ 时为规模报酬递增生产函数，当 $\alpha+\beta<1$ 时为规模报酬递减生产函数。按照劳动价值论生产领域创造价值的观点，农业生产与工业生产是创造价值的两大部门，并且从实践来看，农业生产与工业生产在生产组织方式上具有相似性。农业经营主体在生产经营过程中基本符合理性经济人的特征，生产过程中投入的生产要素主要有土地、劳动力、资本、技术等。因此，根据柯布-道格拉斯生产函数，假设农业生产函数与柯布-道格拉斯生产函数形式相类似，即

$$Q(L_1, L_2, K_1, K_2, H_1, H_2) = AL_1^{\alpha_1} L_2^{\alpha_2} K_1^{\beta_1} K_2^{\beta_2} H_1^{\gamma_1} H_2^{\gamma_2}$$

其中，Q 为农业总产量，A 为农业生产技术且一定时期内恒定，L 为劳动力，K 为资本，H 为土地，α、β、Y 分别为劳动、资本、土地的产出弹性。从经营投入方面来看，劳动力 (L) 包括自有劳动力 (L_1) 和雇佣劳动力 (L_2)，则 $L=L_1+L_2$；投入的资本包括固定资本和流动资本，固定资本（如各类机器设备、排灌设施、土地等），用 K_1 表示，流动资本（如化肥、农药、种子、薄膜、劳动力等），用 K_2 表示，则 $K=K_1+K_2$；生产经营中使用的土地包括自有土地 (H_1) 和租入土地 (H_2)，则 $H=H_1+H_2$。从经营收入来看，农业总产量为 $Q(L_1, L_2, K_1, K_2, H_1, H_2)$，包括自己使用的农产品产量 (Q_1) 及出售的农产品产量 (Q_2)，则 $Q=Q_1+Q_2$；农业经营收入就是农业产出的总价值，假设农产品总价格为 P_Q，总经营收入为 Y，则 $Y=P_Q \cdot Q(L_1, L_2, K_1, K_2, H_1, H_2)$。从生产成本方面来看，因为自有劳动力和雇佣劳动力的价格是一样的，所以假设用工价格 $P_L=P_{L_1}=P_{L_2}$，则投入劳动力的总成本为 $P_L \cdot (L_1+L_2)$；因为固定资本价格和流动资本价格不同，所以假设固定资本价格为 P_{K_1}，流动资本价格为 P_{K_2}，则投入资本的总成本为 $P_{K_1} \cdot K_1+P_{K_2} \cdot K_2$；因为自有土地和租用土地的价格在市场的价格基本相同，所以假设土地价格为 $P_H=P_{H_1}=P_{H_2}$，则投入土地的总成本为 $P_H \cdot (H_1+H_2)$。根据利润即总收入与总成本的差额，则农业经营的利润为总收入剔除各生产要素的成本和自己使用的农产品价格外的余额，假设利润用 π 表示，则利润最大化可得如下方程组：

（1）$\text{Max}\pi = Y(Q) - C(Q) = P_Q \cdot Q(L_1, L_2, K_1, K_2, H_1, H_2) -$

$P_L \cdot (L_1 + L_2) - P_{K_1} \cdot K_1 - P_{K_2} \cdot K_2 - P_H(H_1 + H_2) - P_Q \cdot Q_1$

（2）$\text{s.t.} \, C(Q) = P_L \cdot (L_1 + L_2) + P_{K_1} \cdot K_1 + P_{K_2} \cdot K_2 + P_H \cdot (H_1 + H_2)$

（3）$Q(L_1, L_2, K_1, K_2, H_1, H_2) = AL_1^{\alpha_1} L_2^{\alpha_2} K_1^{\beta_1} K_2^{\beta_2} H_1^{\gamma_1} H_2^{\gamma_2}$

（4）$Y = P_Q \cdot Q(L_1, L_2, K_1, K_2, H_1, H_2)$

对方程组中的第一个方程（1），分别求 L_1，L_2，K_1，K_2，H_1，H_2 的偏导数，并令其为导数等于零，可得以下方程组：

$$\frac{\partial \pi}{\partial L_1} = P_Q \alpha_1 Q / L_1 - P_L = 0$$

$$\frac{\partial \pi}{\partial L_2} = P_Q \alpha_2 Q / L_2 - P_L = 0$$

$$\frac{\partial \pi}{\partial K_1} = P_Q \beta_1 Q / K_1 - P_{K_1} = 0$$

$$\frac{\partial \pi}{\partial K_2} = P_Q \beta_2 Q / K_2 - P_{K_2} = 0$$

$$\frac{\partial \pi}{\partial H_1} = P_Q \gamma_1 Q / H_1 - P_H = 0$$

$$\frac{\partial \pi}{\partial H_2} = P_Q \gamma_2 Q / H_2 - P_H = 0$$

对一阶偏导为零的上述方程求解得：

$$L_1^* = \frac{P_Q \alpha_1 Q}{P_L}$$

$$L_2^* = \frac{P_Q \alpha_2 Q}{P_L}$$

$$K_1^* = \frac{P_Q \beta_1 Q}{P_{K_1}}$$

$$K_2^* = \frac{P_Q \beta_2 Q}{P_{K_2}}$$

$$H_1^* = \frac{P_Q \gamma_1 Q}{P_H}$$

$$H_2^* = \frac{P_Q \gamma_2 Q}{P_H}$$

$$H^* = H_1^* + H_2^* =$$

$$\frac{P_Q AL_1^{*\alpha_1} L_2^{*\alpha_2} K_1^{*\beta_1} K_2^{*\beta_2} H_1^{*\gamma_1} H_2^{*\gamma_2}}{P_H}(\gamma_1 + \gamma_2)$$

根据极值定理，一阶微分方程为零的点即为利润最大化的点，因此，上式中 L_1^* 为最优的自有劳动力规模，L_2^* 为最优的雇佣劳动力规模，K_1^* 为最优的固定资本规模，K_2^* 为最优的流动资本规模，H_1^* 为最优的自有土地规模，H_2^* 为最优的流入土地规模，H^* 为最优的土地经营规模。由最优土地经营规模 H^* 的求解式可知，经营土地的规模与农地价格负相关，与劳动力投入、资本投入和农产品价格正相关；当实际经营规模小于最优土地经营规模时，可通过适当增加劳动力、资本、土地的投入，调整配置比例得以实现；当实际经营规模大于最优土地经营规模时，可通过减少劳动力、资本、土地的投入，并调整配置比例得以实现。这种收益最优规模的测度，可以用于宏观层面的国家整体、中观层面的地方区域和微观层面的经营主体，具有普遍的适用性。但是由于资本、劳动力、土地的投入弹性较难计算，再加上区域异质性所带来的技术水平差异，本方法在测算上难度较大，限制了其实用性。因而，由于数据量庞大，计算难度大，笔者只作理论分析，但是这种理论分析的作用是不容忽视不可小觑的。

第二节　农业适度规模经营的区间最优规模

区间最优规模是利用农村剩余劳动力在城乡流动的原理，推导出使农民不会向城镇流入的最低门槛，这一门槛是由基于推拉理论得出的，推拉理论是分析城乡人口流动或迁移的重要理论之一。推拉思想最早由英国人口迁移学家雷文斯坦提出，他认为人口流动迁移的目的在于改善自己的经济状况，人口流动迁移具有显著的空间特征和性别差异。巴格纳率先提出了推拉理论，他认为，人口迁移流动的目的在于改善生活条件，流入地的那些有利于改善生活状况的因素构成了拉力，流出地那些不利于生活的条件构成了推力，[①] 在拉力和推力的相互作用下，人们选择去或留。从我国实际情况来看，我国城镇化率在 2022 年已达 65.2%，处于城镇化巩固提高期，但与发达国家 80% 左右的城镇化率相比仍有不小差距，城镇化仍将是

---

① 刘风、葛启隆：《人口流动过程中推拉理论的演变与重塑》，《社会科学动态》2019 年第 10 期，第 27 页。

较长时期内的发展动力，农村人口向城镇集中的趋势仍是常态。从推拉理论的角度分析，构成农村人口流动迁移的拉力因素主要有城镇的教育、医疗、卫生等公共基础服务较好，城镇就业机会较多、收入较高，城镇现代化程度高、生活条件好；构成农村人口流动迁移的推力因素主要有农村的生产劳动"面朝黄土背朝天"，公共基础服务质量不高，农业经营收入较低，农民思想落后，农村生活条件差。因此，要想减少农村劳动力向城镇迁移，就需要大力改善农村生活条件，努力提高农民收入，使"农业强、农村美、农民富"，让农村成为安居乐业的美好家园。

新农村建设和乡村振兴战略实施后，农村基础设施和生活条件已有了非常明显的改善。同时，第一代农民工由于怀乡等原因返回乡村，再加上"第一书记""大学生村官""大学生返乡创业""城乡统筹""城乡融合"等相关政策的鼓励和支持，农村的诸如环境优美、生态良好等拉力因素日益增长，农村的推力作用逐渐降低，农村劳动力向城镇迁移的欲望减少。此时，决定农村劳动力向城镇迁移的关键在于城乡的收入差异，若农村居民在农村通过生产经营也能获得和城市相当的收入，农村人口流动迁移到城镇的积极性就会大大降低。因此，农业经营收入是否大于城镇最低收入或者城镇平均收入成为农民选择是否进城的最低临界点，也就是农业经营的最小规模；农业经营收入等于城镇最高收入时的经营规模，则为最大规模。从理论上分析，当农业经营收入等于或大于城镇最高收入时，城镇人口就会流向农村，当然这一现象在短时期内是很难实现的，可能只是返乡创业的个别现象。本文根据国家统计局居民收入五等分将城镇居民和农村居民人均收入状况划分为低收入组、中间偏下收入组、中间收入组、中间偏上收入组和高收入组。假设 S 代表适度经营规模，M_{max} 为城镇居民高收入组人均收入，M_{avg} 为城镇居民中间收入组人均收入，M_{min} 为城镇居民低收入组人均收入，N 为农业经营总收入，H 为农业总播种面积，则单位耕地面积收入 $T = \dfrac{N}{H}$，$\dfrac{M_{min}}{T} \leqslant S \leqslant \dfrac{M_{avg}}{T}$ 或 $\dfrac{M_{min}}{T} \leqslant S \leqslant \dfrac{M_{max}}{T}$。基于这种区间测度的农业适度规模不仅可以判断当前适度规模经营的合理范围，也可为农业经营规模的调整指明方向。但是由于这种区间规模是根据宏观数据的平均值得到的，因此只能作为参考。

根据区间测度衡量农业适度规模经营的方法也是早已有之的，例如，张海亮、吴楚材较早对农业适度规模经营的理论规模界定进行了研究，并认为农业适度规模并不是具体的量，而是一个区间，在这个区间之内的规模都属于是农业适度规模。他认为农业是否适度可以用以下公式标准来衡量：$E/(P-I) \leqslant S \leqslant A/L$。其中，$S$ 代表适度规模经营，E 代表农村每年户均纯收入，P 代表单位面积产出，I 代表单位面积投入，A 代表集体组织耕地的总面积，L 代表具有熟练农业生产技术的劳动力。王佳洁、鞠军以追求生产效益最大化即取得最佳经济效益作为确实适度规模的标志，农户劳均农地适度规模 S 应该满足 $G/T \leqslant S \leqslant E/T$，其中，$G$ 代表当地城镇的最低工资，T 代表每单位农地的平均收入，S 代表农地经营的适度规模，E 代表当地城镇劳均收入。

按照以上方法，根据 2015 年《中国统计年鉴》相关数据，2012 年我国城镇居民人均总收入为 26959 元，城镇居民最低收入为 9209.5 元，农业总产值为 46940.46 亿元，农作物总播种面积为 163415670 公顷，可得单位耕地面积收入 1915 元/亩，因此，理论最小规模为 4.8 亩/人，理论最大规模为 14.1 亩/人。根据 2021 年《中国统计年鉴》相关数据，2020 年我国城镇居民人均可支配收入为 43833.8 元，城镇居民最低收入为 15598 元，农业总产值为 71748.23 亿元，农作物总播种面积为 167487140 公顷，单位耕地面积收入为 2856 元，计算可得人均适度耕地面积介于 5.5 亩与 15.3 亩之间，又由于乡村户均人口数为 2.7 人，可得户均耕地规模介于 15 亩到 41 亩之间。2021 年全国小农户数量约为 2.03 亿户，占各类农业经营户总数的 98.1%，户均耕地 10 亩以下的农户约占农户总数的 85.2%，我国户均耕地面积仅相当于韩国的 1/3、欧盟的 1/40、美国的 1/400。[①] 从理论和实践来看，我国无论是劳均耕地面积还是户均耕地面积都偏小，今后扩大劳均耕地面积和户均耕地面积是我国农业适度规模经营发展的方向，也说明现阶段土地集中型适度规模经营的效应仍未得到充分发挥，土地集中型模式仍是我国农业适度规模经营的主要模式。

---

① 乔金亮：《确保小农户在现代农业中不掉队》，《经济日报》2021 年 7 月 27 日，第 5 版。

小农户经营模式仍居于主导地位，我国"大国小农"的基本国情没有变。农业农村部副部长韩俊在 2019 年 3 月答记者问时曾提出：全国小农户数量占到农业经营主体的 98% 以上，小农户从业人员占农业从业人员的 90%，小农户经营耕地面积占总耕地面积的 70%。我国现在的农户有 2.3 亿户，户均经营规模 7.8 亩，经营耕地 10 亩以下的农户有 2.1 亿户，这是个小规模甚至超小规模的经营格局。户均经营面积，除了黑龙江、吉林、内蒙古、宁夏、新疆以外，其他省份户均经营面积都在 10 亩以下，江苏户均 3.8 亩，广东户均 2.6 亩，浙江只有 1.3 亩。① 中共中央办公厅、国务院办公厅印发的《关于引导农村土地经营权有序流转发展农业适度规模经营的意见》指出"现阶段，对土地经营规模相当于当地户均承包地面积 10 至 15 倍、务农收入相当于当地第二、三产业务工收入的，应当给予重点扶持"②。清华大学中国农村研究院副院长张红宇认为，"适度"是指从事规模经营的劳动力户均收入等于或不低于当时从事非农产业的收入，从数量上看，南方地区一年两熟，适度规模应在 100 亩左右，北方地区一年一熟，适度规模应在 200 亩左右。③

第三节　农业适度规模经营的效率最优规模

实现农业适度规模经营从一定意义上讲也就是提高农业生产要素的配置效率，其中最为重要的是土地生产率、劳动生产率、资本生产率、技术生产率，而技术生产率在农业生产中很大程度上体现于农业机械、喷灌设施、管理设备等资本生产率之中。可见，农业生产率主要有土地生产率、劳动生产率和资本生产率，其综合生产率水平表现为经营效率。因此，通过对效率高低的分析评价也可以确定适度规模。而 DEA 正是在效率的基础上，对规模

---

① 《让党的农村政策惠及广大小农户——中央农办副主任、农业农村部副部长韩俊等介绍〈关于促进小农户和现代农业发展有机衔接的意见〉并答记者问》，《农村工作通讯》2019 年第 5 期，第 11 页。

② 《关于引导农村土地经营权有序流转发展农业适度规模经营的意见》，《人民日报》2014 年 11 月 21 日，第 3 版。

③ 《经济每月谈：积极发展适度规模经营，推进农业现代化》，http://www.china.com.cn/zhibo/2015-03/18/content_35077214.htm，最后访问时间：2023 年 4 月 30 日。

调整予以测度的，故运用此方法可测度农业适度规模经营的效率规模。

DEA（Data Envelopment Analysis）的基本原理是假设决策单元的输入和输出不变，通过线性规划对偶理论得到输入与输出之间的比率，依次判断多输入多输出决策单元的资源投入产出是否有效，并根据结果有针对性地对非有效决策单元进行调整。[①] 因此，可通过 DEA 的方法测算相对效率最优规模（目标值）和调整现有规模，DEA 的目标值即最优效率规模。需要说明的是 DEA 的最优效率规模是所有决策单元的相对最优规模。农业各类经营主体即 DMU（决策单元），对于同种类经营主体而言，选择不同使其投入和产出的效率各异，因此可将相对效率最优规模作为农业适度规模经营的调整目标，把效率改进值作为农业适度规模经营的效率规模调整区间。由于农业经营主体的宏观外部环境大致相同，又考虑到松弛变量对效率的影响，故采用传统的投入导向可变规模报酬下的至前沿最远距离 SBM（Slack Based Measure）模型。由于农业经营主体的微观数据较难获得，故可采用宏观数据进行测度。

一　模型简介

在径向 DEA 模型中对无效率程度的测量只包含了所有投入（产出）等比例缩减（增加）的比例。对于无效 DMU 来说，其当前状态与强有效目标值之间的差距，除了等比例改进的部分之外，还包括松弛改进的部分，而松弛改进的部分在效率值的测量中并未得到体现。正因如此，刀根薰（Tone Kaoru）提出了 SBM 模型，该模型的优点是解决了径向模型对无效率的测量没有包含松弛变量的问题。假定有 n 个决策单元，每个单元利用 m 项投入（$i=1，2，3，\cdots，m$），生产 s 项产出（$r=1，2，3，\cdots，s$），对特定决策单元 DMU_k（$k=1，2，3，\cdots，n$），对应的投入和产出向量分别是 $x_i \in R_+^m$ 和 $y_r \in R_+^s$，投入和产出的矩阵分别为 $X=(x_1，x_2，\cdots，x_n) \in R_+^{m \times n}$ 和 $Y=(y_1，y_2，\cdots，y_n) \in R_+^{s \times n}$。为了使公式更加简洁，采用矩阵形式表示如下：

---

① 袁峰等：《基于 SBM-DEA 的保险电子商务网站效率评价》，《保险研究》2015 年第 3 期，第 37 页。

$$\min\rho = \frac{1 - \frac{1}{m}\sum_{i=1}^{m}\frac{s_i^-}{x_{ik}}}{1 + \frac{1}{q}\sum_{r=1}^{q}s_r^+/y_{rk}}$$

$$\text{s. t.} \ X\lambda + s^- = x_k$$

$$Y\lambda - s^+ = y_k$$

$$\lambda, \ s^-, \ s^+ \geqslant 0 \qquad\qquad (5-1)$$

SBM 模型采用 ρ^* 表示被评价 DMU 的效率值，它同时从投入和产出两个角度来对无效率状况进行测量，因此成为非导向 SBM 模型。在非导向 SBM 模型中，投入和产出数据均不能为空。在 SBM 模型中，投入和产出的无效率分别体现为：

$$\frac{1}{m}\sum_{i=1}^{m}s_i^-/x_{ik}, \ \frac{1}{q}\sum_{r=1}^{q}s_r^+/y_{rk}$$

如果 SBM 的效率值（ρ^*）等于 1，则说明被评价 DMU 为强有效，不存在弱有效的问题。被评价的 DMU_k 的目标值为 $x_k^* = x_k - s^-$；$y_k^* = y_k + s^+$，在 SBM 模型中，无效率用各项投入可以缩减的平均比例来衡量，也可以用各项产出可以增加的平均比例来衡量。

非导向的 SBM 模型是非线性规划，可以按照以下步骤转化为线性规划。[①]

（1）令 $t = \dfrac{1}{1 + \dfrac{1}{q}\sum_{r=1}^{q}s_r^+/y_{rk}}$，模型（5-1）转化为：

$$\min\rho = t - \frac{1}{m}\sum_{i=1}^{m}ts_i^-/x_{ik}$$

$$\text{s. t.} \ Xt\lambda + ts^- - tx_k = 0$$

$$Yt\lambda - ts^+ - ty_k = 0$$

$$t = \frac{1}{1 + \frac{1}{q}\sum_{r=1}^{q}s_r^+/y_{rk}}$$

$$\lambda, \ s^-, \ s^+ \geqslant 0 \qquad\qquad (5-2)$$

---

① 成刚：《数据包络分析方法与 MaxDEA 软件》，知识产权出版社，2014，第 62~64 页。

（2）令 $S^- = ts^-$ ；$S^+ = ts^+$ ；令 $\Lambda^- = t\lambda^-$ ，模型（5-2）进一步转换为以下线性规划：

$$\min\rho = t - \frac{1}{m}\sum_{i=1}^{m} s_i^- / x_{ik}$$

$$\text{s.t. } X\Lambda + S^- - tx_k = 0$$

$$Y\Lambda - S^+ - ty_k = 0$$

$$t + \frac{1}{q}\sum_{r=1}^{q} S_r^+ / y_{rk} = 1$$

$$\lambda, \ S^-, \ S^+ \geqslant 0 \tag{5-3}$$

在模型（5-1）的目标函数中，如果分别只取分子和分母，则分别为投入导向和产出导向的 SBM 模型。产出导向和投入导向的数据都不能为空。

投入导向的 SBM 模型为：

$$\min\rho = 1 - \frac{1}{m}\sum_{i=1}^{m} s_i^- / x_{ik}$$

$$\text{s.t. } X\lambda + s^- = x_k$$

$$Y\lambda \geqslant y_k$$

$$\lambda, \ s^- \geqslant 0 \tag{5-4}$$

产出导向的 SBM 模型为：

$$\min\rho = \frac{1}{1 + \frac{1}{q}\sum_{r=1}^{q} s_r^+ / y_{rk}}$$

$$\text{s.t. } X\lambda \leqslant x_k$$

$$Y\lambda - s^+ = y_k$$

$$\lambda, \ s^+ \geqslant 0 \tag{5-5}$$

其中，当 $\rho = 1$ 时，DMU 是完全有效率的，位于效率前沿，各投入松弛量为 0。

二　数据及指标界定

（一）数据来源与指标选取

基于数据的可获得性，本书所用指标数据主要来源于《中国统计年鉴——

2015》。由于2012年后的部分数据缺失，本书选择2005~2012年省际面板数据。农业生产主要涉及劳动力、资本、土地、技术、制度、光照时间、浇水、施肥、农药、薄膜等多种生产要素。考虑到指标的重要性和代表性，参考国内外相关文献关于农地适度规模经营效率及规模的实证分析，本书选取两个代表性的产出指标，分别是农林牧渔总产值、农林牧渔业增加值；选取四个重要的投入指标，即劳动力投入、土地投入、机械投入和化肥投入，劳动力投入用农林牧渔业从业人员表示，土地投入用农作物总播种面积表示，机械投入用农业机械总动力表示，化肥投入用化肥施用量（折纯量）表示。农作物总播种面积可反映农业的生产规模，农业机械总动力和化肥施用量可反映农业的技术水平。

（二）变量的统计描述

根据所获得的省际面板数据共248个观测值，我国各省份农业适度规模经营的投入和产出状况为：2012年劳动力投入最多的五个省份为河南、四川、山东、湖南、云南，农作物播种面积最大的五个省份为河南、黑龙江、山东、四川、安徽，农业机械总动力最大的五个省份为山东、河南、河北、安徽、湖南，农林牧渔业总产值最高的五个省份为山东、河南、江苏、四川、河北。其中，劳动力投入最大值为3127.67万人（河南），最小值为33.38万人（上海）；土地投入最大值为1426.217万公顷（河南），最小值为23.292万公顷（西藏）；机械投入量最大值为12419.87万千瓦（山东），最小值为95.32万千瓦（上海）；化肥投入最多为684.43万吨（河南），最少为4.21万吨（西藏）；农林牧渔业总产值最大值为7945.76亿元（山东），最小值为67.74亿元（西藏）；农林牧渔业增加值最大为4281.7亿元（山东），最小值为48亿元（西藏）（见表5-1）。

表5-1　决策单元投入和产出情况

指标	观测值	平均值	标准差	最小值	最大值
劳动力投入（万人）	248	913.4919	702.1787	33.38	3127.67
土地投入（万公顷）	248	509.0137	360.9341	23.292	1426.217
机械投入（万千瓦）	248	2743.025	2692.343	95.32	12419.87

指标	观测值	平均值	标准差	最小值	最大值
化肥投入（万吨）	248	171.5723	139.6916	4.21	684.43
农林牧渔业总产值（亿元）	248	1966.106	1593.713	67.74	7945.76
农林牧渔业增加值（亿元）	248	1149.439	917.3677	48	4281.7

三　效率规模测度

效率规模测度采用 Maxdea 6.4 软件对相对最优策略和相对最优规模进行测算，以 DEA-SBM 综合效率衡量我国各省份农业适度规模经营效率，以技术无效省份为分析对象，平均计算其最优效率规模及调整规模。由于 DEA 所测算的效率均为相对有效，因此，效率最优决策单元只是相对最优而不是绝对最优。

（一）相对最优效率分析

笔者将农业适度规模经营的效率分为四个层级：高效率地区（效率值＝1）、较高效率地区（效率值为 0.8～1）、中等效率地区（效率值为 0.6～0.8）、低效率地区（效率值为 0.6 以下）。2005～2012 年平均效率值为高效率的地区有 10 个，即北京、福建、广东、海南、江苏、辽宁、山东、上海、西藏、浙江；较高效率地区有 7 个，即河北、河南、湖北、湖南、青海、四川、新疆；中等效率地区有 8 个，即安徽、广西、黑龙江、吉林、江西、内蒙古、天津、重庆；低效率地区有 5 个，即甘肃、宁夏、山西、陕西、云南（见表 5-2）。

表 5-2　中国各地区农业适度规模经营综合效率值

决策单元（DMU）	效率值 ρ	Pareto 有效性	排名	决策单元（DMU）	效率值 ρ	Pareto 有效性	排名
安徽	0.612	无效	16	辽宁	1	有效	1
北京	1	有效	1	内蒙古	0.731	无效	12
福建	1	有效	1	宁夏	0.397	无效	20
甘肃	0.503	无效	19	青海	0.970	无效	3
广东	1	有效	1	山东	1	有效	1

决策单元（DMU）	效率值 ρ	Pareto 有效性	排名	决策单元（DMU）	效率值 ρ	Pareto 有效性	排名
广西	0.701	无效	13	山西	0.348	无效	21
贵州	0.542	无效	18	陕西	0.503	无效	19
海南	1	有效	1	上海	1	有效	1
河北	0.891	无效	6	四川	0.997	无效	2
河南	0.912	无效	4	天津	0.765	无效	10
黑龙江	0.765	无效	11	西藏	1	有效	1
湖北	0.864	无效	7	新疆	0.861	无效	8
湖南	0.906	无效	5	云南	0.586	无效	17
吉林	0.781	无效	9	浙江	1	有效	1
江苏	1	有效	1	重庆	0.624	无效	15
江西	0.692	无效	14				

（二）相对最优效率规模分析

DEA 方法不仅能说明各个决策单位（或农业经营主体）的相对有效状态，还能够为效率相对较低的决策单位提供具体的改进策略，给出至前沿最远距离的目标值、调整值，指导决策单元提高效率。我国农业适度规模经营除北京、福建、广东、海南、江苏、辽宁、山东、上海、西藏、浙江外，其他各省份 2005~2008 年、2009~2012 年两阶段的平均调整策略值如表 5-3 所示，两个阶段的效率均值分别为 0.71、0.69，综合技术水平处于前述划分阶段的中等阶段，这与力推农业适度规模，实现农业现代化，提高农业经营效率的目标极为相符。从表 5-3 中可以看出，我国农林牧渔业从业人员、农作物播种面积、农业机械总动力、化肥施用量（纯量）等存在较大的改进空间。因此，为提高农业经营效率，实现效率规模最优化，需要进一步促进农业劳动力转移，增加农业机械的投入，减少化肥施用量，扩大经营主体的土地经营面积。

表 5-3　技术无效省份规模调整方案

年份	决策单元个数（个）	重要项目	原始值	调整值	目标值	调整比例（%）
2005～2008 年	21	农林牧渔业从业人员（万人）	1043.78	-135.76	908.01	-13.01
		农作物播种面积（千公顷）	5716.55	-1615.17	4101.38	-28.25
		农业机械总动力（万千瓦）	2527.43	-378.69	2148.74	-14.98
		化肥施用量（纯量）（万吨）	167.49	-6.96	160.53	-4.16
		农林牧渔业总产值（亿元）	1420.64	534.10	1954.74	37.60
		农林牧渔业增加值（亿元）	844.66	275.79	1120.45	32.65
2009～2012 年	20	农林牧渔业从业人员（万人）	943.12	-120.39	822.73	-12.76
		农作物播种面积（千公顷）	5905.71	-1416.24	4489.48	-23.98
		农业机械总动力（万千瓦）	3321.87	-464.93	2856.94	-14.00
		化肥施用量（纯量）（万吨）	194.68	-15.78	178.89	-8.11
		农林牧渔业总产值（亿元）	2244.54	899.46	3144.00	40.07
		农林牧渔业增加值（亿元）	1324.40	476.45	1800.85	35.98

基于以上分析可知，在推进我国农业适度规模经营的发展过程中，我们可以用相对最优效率规模测算方法，纵向对比分析衡量不同农业经营主体的最优规模调整计划，横向对比分析衡量与其他农业适度规模经营的效率规模差异，以确定相对最优效率规模的调整策略和计划方案。

第四节　农业适度规模经营的效益评价与经典案例

一　农业适度规模经营的效益评价标准

农业适度规模经营的主要目的就是提高农民收入、促使农业增效、促进农村发展。农业适度规模经营不是规模越大越好，也不是规模越小越好，而是规模适度，而衡量规模适度的方法主要有收益最优规模、区间最优规模和效率最优规模。收益最优规模是一种纯技术的分析方法，区间最优规模则是一种宏观平均标准，效率最优规模强调的是要素之间的组合比例关系，这些方法缺乏对农村社会整体效益的说明，因此农业适度规模经营除了要分析其技术手段的规模确定以外，还要对其进行整体效益分析，才更能说明农业规模适度的有效性。从实践来看，农地流转集中型、生产合作经营型、社会化服务组织型的适度规模经营，其主要目标是追求经济效益的最大化，把分散的小农户集中起来，组建合作社、农业企业等，使小农户对接大市场，促进就业、脱贫致富，发挥了组织的社会效益。判断农业适度规模经营的整体效益应从经济效益、社会效益、生态效益三个方面进行。

农业适度规模经营是实现农业现代化的重要途径，也是其突出特征，对其整体效益的衡量，可借鉴农业现代化的指标体系。国内外关于农业现代化的指标体系构建研究的成果较多，例如，郑兴和等从投入水平和产出水平两个方面制定了农业现代化综合指标体系，并且利用评分权重测算了初步现代化、基本现代化和较高现代化的指标体系，投入水平的评价指标体系包括机电化水平（机械作业水平、每公顷实际机械总动力、人均用电量）、化学化水平（每公顷平均化肥施用量、NPK 之比、化除面积率）、水利化水平（有效灌溉面积、旱涝保收面积）、农艺技术水平（良种化程度、有机肥无机肥比例、农技人员比重）、经营管理水平（产业结构、初中以上文化劳动力比重），产出水平的评价指标体系包括劳动生产率（劳均第一产业产值、劳均农业主产品能量、农业劳动力比重）、商品经济水平（农业产品商品率、农村经济外向度）、土地产出率（农村国土产值量、耕地每公顷平均产值量、耕地粮食公顷产量）、农民生活水平（人均年收入水平、生活费中食物消费比重、食物结构水平）、环境条件（农村生态环境、农村城市化水平、森林覆盖率）、人口自然增长。[①] 2001 年中国农业大学新农村发展研究所提出了衡量我国基本实现农业现代化指标的界定值，即人均国内生产总值大于 3400 美元，第一产业从业人员与总就业人员比重低于20%，第一产业与国内生产总值的产值比重低于 10%，耕种收综合机械化程度高于 85%，农业劳动生产率大于 2600 美元，预期受教育年限 12～14

---

① 郑兴和、杨加水、崔太昌、阮怀年：《山农省农业现代化指标体系与阶段性研究》，《农业现代化研究》1997 年第 1 期，第 5 页。

年，成人文盲率低于 10%，农民人均收入大于 1200 美元，城镇人口占总人口比重大于 65%，平均预期寿命大于 70 岁。[①] 江苏师范大学王锋把我国农业现代化过程划分为起步阶段、初步实现阶段和基本实现阶段三个时期，参照国际标准构建了我国农业现代化的指标体系，如表 5-4 所示。

表 5-4　农业现代化的指标体系

指标名称	单位	起步阶段标准	初级实现阶段标准	基本实现阶段标准	1997 年全国平均	2012 年全国平均
社会人均 GDP	美元	800	1500	3000	730	6100
农村人均纯收入	元	3000	6000	10000	2090	7907
农业就业人数占社会就业比重	%	40	20	10	49.9	33.6
科技贡献进步率	%	45	60	80	40	57
农业机械化率	%	40	60	80	32.4	57
从业人员中初中以上比重	%	55	70	80	53.5	68.6
农业劳动力人均 GDP	美元	600	1000	2000	490	616
农业劳动力人均生产农产品量	吨	3	6	10	2.6	6.9
每公顷耕地农业总产值	美元	2500	5000	8000	2300	4560
森林覆盖率	%	15	20	25	13.5	18.2

资料来源：王锋《制度变迁与我国农业现代化的实现》，《经济学家》2015 年第 7 期，第 66 页。

二　农业适度规模经营的效益评价体系

随着生态文明理念深入人心和乡村振兴战略全面实施，为提高农民收入、缩小城乡差距、推动城乡融合、实现共同富裕，农业适度规模经营不仅要注重经济效益，也要注重社会效益和生态效益。为全面系统反映农业适度规模经营的整体效益，本书参考农业现代化的衡量标准，制定农业适度规模经营的经营效益衡量标准，其中经济效益、社会效益和生态效益为一级指标。经济效益的二级指标包括农业劳动力人均 GDP、农村人均年收入、农业产值占 GDP 的比重、每公顷耕地农业总产值、农业劳动生产率、

[①]　百人朴：《关于衡量基本实现农业现代化的指标探讨》，《中国农机化》2001 年第 2 期，第 33 页。

农业适度规模经营比重、农户参与各类经营主体比重、农业劳动力人均生产农产品数量;社会效益的二级指标包括农业从业人数占全部劳动力比重、城市化率水平、农村平均预期寿命、农村劳动力平均受教育年限、农机化综合作业率、科技对农业增长贡献率、农业公共服务体系健全率;生态效益的二级指标包括农村森林覆盖率、基本农田标准化比例、农业生产废弃物综合利用率、测土配方施肥覆盖率(见表5-5)。

表 5-5　农业适度规模经营效益衡量体系标准

一级指标	二级指标	单位	基本实现标准
经济效益	农业劳动力人均 GDP	美元	2000
	农村人均年收入	元/(人·年)	10000
	农业产值占 GDP 的比重	%	≤10
	每公顷耕地农业总产值	美元	8000
	农业劳动生产率	元/(人·年)	20000
	农业适度规模经营比重	%	≥80
	农户参与各类经营主体比重	%	≥80
	农业劳动力人均生产农产品数量	吨	≥10
社会效益	农业从业人数占全部劳动力比重	%	≤10
	城市化率水平	%	≥50
	农村平均预期寿命	岁	>70
	农村劳动力平均受教育年限	年	>10
	农机化综合作业率	%	≥80
	科技对农业增长贡献率	%	≥80
	农业公共服务体系健全率	%	100
生态效益	农村森林覆盖率	%	≥25
	基本农田标准化比例	%	≥80
	农业生产废弃物综合利用率	%	≥90
	测土配方施肥覆盖率	%	≥90

从宏观来看,2022 年我国农村居民人均可支配收入达到 20133 元,农业产值占国内生产总值的比重降低至 7.3%,城市化率达到 65.2%,平均预期寿命 77.93 岁,农业从业人数占全部劳动力比重降低至 24.1%,城乡

森林覆盖率为 23%，个别指标已经达到农业适度规模经营的基本要求。[①]
农业机械化总动力、农村水电设施、农药化肥使用情况等指标，区域之间
差异较大。经济较为发达的地区，农村工业化、农村城市化发展较快，土
地流转集中经营，农业合作社等农业新型经营主体发展较快，经营规模和
经营质量不断提升，辐射带动能力较强。局部适度规模经营带动整体适度
规模经营的以点带面新发展格局已然形成。

三　农业适度规模经营的案例分析

我国幅员辽阔，地理地貌和生态气候多样，经济社会发展区域差异
明显，试图制定统一的农业适度规模经营实现方式和衡量标准是徒劳无
益的。理论和实践证明，因地制宜分类施策发展多种形式多种类型的适
度规模经营是助推我国农业现代化发展的关键。我国乡村地区根据不同
的分类标准可以划分为多种类型：根据农村距离城市的远近可分为城中
村、城郊村和远离城市的远郊村，根据地理地貌特征可分为山区农村、
丘陵农村、平原农村，根据经济发展程度可分为产业强村、富裕村、一
般村和贫困村等。为探讨不同区域农业适度规模经营实现的模式，本部
分通过实地调研，选取我国西部四川成都的崇州市近郊村和远郊村以及
聊城市茌平区耿店村作为案例，对其农业适度规模经营的实现和效益进
行比较分析。

崇州地处我国西部四川盆地，位于全国统筹城乡综合配套改革试验区
成都市境内，改革和发展步伐较快，开展过形式多样的农业适度规模经营
改革试验，逐渐探索出了"农业共营制"适度规模经营模式，有效破解了
现代农业发展中普遍存在的诸多难题，产生了广泛影响。耿店村地处华北
平原，位于山东省聊城市茌平区贾寨镇，距离城市较远，资源匮乏，在村
党支部书记耿遵珠的带领下，通过流转土地、集体多股和技术指导，大力
发展大棚蔬菜产业，探索出了"党支部+合作社+农户"的适度规模经营模
式，成为习近平总书记点赞的乡村振兴"样板村"。

---

① 根据国家统计局数据整理获得，https://data.stats.gov.cn/easyquery.htm? cn=C01，最后访
问时间：2023 年 7 月 26 日。

（一）"崇州模式"

1. 崇州简介

崇州是四川省成都市代管县级市，地处川西平原，总面积 1090 平方公里，平原占 52%，山区占 43%，丘陵占 5%，耕地面积 52.14 万亩。全市常住人口 67 万人，农村劳动力 37 万人，外出务工人口占 73.4%。农业发展是崇州发展工作的重中之重，已成为全国产粮大县，粮食年产量达千亿斤，是新型职业农民培育示范县、土地产权改革推动农业适度规模经营试点县、国家现代农业示范区。自 1998 年以来，崇州开始逐步推进农地流转集中，发展农业适度规模经营。1998 年鼓励生产大户进行农地流转，通过引进农业龙头企业租赁农地与农户签订订单，进行粮食规模化经营；2003 年开始探索农民专业合作社，但由于利益联结机制不够健全，组织化程度较低；2008 年以来，崇州围绕"归属清晰、权责明确、保护严格、流转顺畅"的改革思路，扎实推进农村产权改革，确权颁证工作顺利开展，共颁发各类权证 78.4 万本，包括集体土地所有权证、集体土地使用证、土地承包经营权证、农村房屋所有权证和林权证，农村确权颁证工作基本完成；2010 年，引导农民以土地承包经营权入股的方式发展土地股份合作社；2011 年已有 25 个乡镇实行了土地股份合作社；2014 年形成了"土地股份合作社+农业职业经理人+现代农业服务"三位一体的农业共营制适度规模经营方式。农业共营制最早起源于崇州，是在家庭联产承包责任制基础上，充分尊重农民意愿，遵循"入社自愿、退社自由"和"利益共享、风险共担"的原则，引导农民配合农村产权制度改革，推动联合组建土地股份合作社，以农户为核心主体，农业职业经理人、土地股份合作社等多元主体共同参与的经营模式。[①] 如今，崇州在职业农民教育、农业经营主体培育、农业社会化服务体系建构、农业金融服务、农业财政支持、农业保险服务等方面建立了较为系统完善的制度支撑体系，以推动农业适度规模经营的发展。

---

① 申云、贾晋：《土地股份合作社的作用及其内部利益联结机制研究——以崇州"农业共营制"为例》，《上海经济研究》2016 年第 8 期，第 58 页。

2. 发展动因

崇州距成都市中心 25 公里，在成都工业化、城市化快速发展的影响下，崇州农民选择弃农从工、弃农从商、弃农进城，直接从事农业劳动的人数大大减少，农业劳动力绝大部分通过外出务工获得收入。自 2008 年土地确权颁证工作基本实现后，农民外出务工人员积极流转土地，务农人员在政府政策支持下劳动积极性提高，土地股份合作社不断壮大，农业职业经理人备受推崇。面对"地碎、人少、钱散、缺服务"的制约和"谁来种地""谁来经营""谁来服务"的难题，政府从土地产权改革入手，一是推进土地股份合作经营，破解"谁来经营"；二是完善农业职业经理人制度，破解"谁来种地"；三是提高农业社会化服务水平，破解"谁来服务"。土地股份合作社、农业职业经理人、农民之间的利益联结机制较为紧密，三者均获得较为合理的收益，经济人的思维方式使各主体之间紧密配合、激励相容。土地股份合作社的收入，除生产成本外，纯收益按 1∶2∶7 分红，即合作社占 10%，农业职业经理人占 20%，70% 归农民。[①] 对于入社农户统一按照"500 元+二次分红"的方式分配，如果土地股份合作社是示范社，其超额收益除了按照 7∶2∶1 的比例分成外，还要按照 5∶3∶2 的比例对国家给予的种粮等财政补贴进行分配，即农业职业经理人占 50%，农户占 30%，合作社占 20%。[②] 这种利益分配机制，极大地调动了农民土地流转的积极性和农业职业经理人专心工作的积极性，同时也有利于合作社的可持续发展。

3. 实现方式

崇州积极探索"农业共营制"，形成了"土地股份合作社+农业职业经理人+现代农业服务"三位一体的农业共营制适度规模经营模式。土地股份合作社是以农民承包地入股形成的集中规模化农业经营合作组织，农民按股分配土地经营收益。土地股份合作社由农业职业经理人、理事会和监事会构成，通过"利益共享、风险共担"的利益联结机制保障农民权益、

[①]　江宜航：《"农业共营制"促进了崇州现代农业发展——访四川省崇州市委书记赵浩宇》，《中国经济时报》2015 年 2 月 6 日，第 7 版。

[②]　申云、贾晋：《土地股份合作社的作用及其内部利益联结机制研究——以崇州"农业共营制"为例》，《上海经济研究》2016 年第 8 期，第 63 页。

巩固合作基础、提高经营效率。农业职业经理人由土地股份合作社选拔和聘请，职业经理人需有长期务农经验，且经营能力强、整体素质高、带头作用好，负责农业生产经营、农民技能培训、农业经营指导、生产效率提高。现代农业服务主要是以"农业服务超市"为载体，为农业经营提供种植服务、劳动服务、金融服务等各种生产性服务。这种"农业共营制"利益联结机制，既保证了农民土地经营的决策权、收益权，也保证了农业职业经理人的自主权、收益权和合作社的监督权、管理权，有效地实现了农地的组织化和规模化经营，提高了农业生产效率。

崇州农业适度规模经营模式的形成和发展，一方面有赖于"农业共营制"的构建，另一方面有赖于农业人才体系的培养、社会化服务体系的建立和生产经营主体结构体系的完善。首先，建立了现代职业农民和职业经理人培训体系。一是建立了职业经理人培训对象资格审查制度。二是建立了教育、科研、推广团队组织，以四川农业大学、四川省农业科学院、成都市农林科学院即"一校两院"为依托，建立培训管理中心、实训基地等推广机构。三是建立了多样化的培训方式，形成了生产经营型、专业技能型与社会服务型相结合，农业实践、农业专家与农业职业经理人相结合的培训方式。四是建立了培训认定管理制度，对职业经理人施行初级、中级、高级证书等级认证，建设了职业经理人信息服务系统，完善了职业经理人进入和退出机制。五是构建了"双培训"机制，合理利用师资对职业农民和农业职业经理人进行双向培训，形成了"农业职业经理人＋职业农民"的新型农业劳动力队伍。六是对人才培训给予政策支持，设置专项培训经费，给予职业经理人贷款补贴和税收优惠，鼓励大学生向职业经理人转化。其次，建立了新型农业社会化服务体系。农业科技服务、农业专业化服务、农业品牌服务、农村金融服务共同构成了社会化服务体系。在农业科技服务方面，以"一校两院"为依托，以市、县农业推广专家服务为重点，采取"专家＋农技人员＋粮食规模经营主体"的技术服务模式。在专业化服务方面，坚持主体多元化、服务专业化、运行市场化的原则，建立农业服务超市，搭建"一站式"服务平台，为农业产前、产中、产后提供各项服务，目前该地区综合服务超市超过 10 个，服务全市 231 个行政村。

在农业品牌方面，一是不断强化农产品质量安全保障，提高农产品认定等级；二是搭建品牌合作平台，推动农产品品牌化，培育特色品牌；三是积极发展"互联网+农业"，形成"O2O"电商销售服务模式。在金融方面，积极引导发展各类融资担保平台，开展农村产权抵押融资，建立农业风险化解机制。最后，形成了多种经营主体。发展土地股份合作社、农机合作社、"粮食银行"、农业服务超市等。土地股份合作社的兴起，使越来越多的以单个家庭为单位的分散小规模经营转向适度规模的合作社经营，提高了农业劳动生产力和农业规模化、集约化、商品化和专业化水平。

4. 发展成效

目前崇州已经形成"土地股份合作社+农业职业经理人+现代农业服务"三位一体的农业共营制适度规模经营方式。崇州农业共营制经过十余年改革发展，取得了显著成效。一是粮食生产地位不断巩固。2021年，崇州土地股份合作社259个，入社土地面积31万亩，土地规模经营率达到76%，粮食规模经营率92%，农业标准化覆盖率达90%，有效遏制了耕地"非农化"和非粮化。二是农业组织化水平显著提高。崇州实施"区域品牌+企业品牌+电商品牌"战略，已建成粮食烘储、农机、植保等专业化服务组织160个，全市农机化率达92.9%，建成中化农业西南总部，可辐射川渝地区14个市147万亩粮油基地，绿色有机农产品认证面积达45.2万亩。三是新产业新业态蓬勃发展。崇州以大农业为本体，以合作社为载体，以小农户为细胞，推动农商文旅体融合发展，2021年旅游收入突破50亿元，建成国家全域旅游示范区，带动18.5万名农民受益。四是农民收入持续增长。2021年崇州农村居民人均可支配收入达28322元，自2010年以来年均增长12.9%。[①]

（二）耿店模式

1. 耿店简介

耿店村位于山东省茌平县贾寨镇腹地，距聊城、茌平较远，是典型的农区村庄，现有人口180户784人，集体土地总面积1968亩，其中农用地

---

① 刘波、李唯：《深化"农业共营制"改革助力建设新时代更高水平"天府粮仓"》，《决策咨询》2023年第1期，第33页。

1671 亩、建设用地 297 亩。[①] 种植结构以玉米、小麦、棉花等传统作物为主，既没有产业优势、区位优势，也没有资源优势。20 世纪八九十年代，村民依然靠天吃饭，收入微薄，交通不便，村民被迫背井离乡外出谋生，剩下老人和妇女守家务农。自 2002 年以来，耿店村党支部带领村民盘活土地资源，大力发展蔬菜大棚产业，成立专业合作社，走出了"支部+合作社"的蔬菜产业崛起之路。耿店村村民自力更生、艰苦创业，把蔬菜大棚作为村民为之奋斗的产业和"摇钱树"，经过 20 多年的创新发展实现了脱贫致富，走向了高水平小康，创造了"耿店模式"。耿店村被习近平总书记称赞为"鲁西小寿光"，成为远近闻名的乡村振兴"齐鲁样板"。

2. 发展动因

耿店村距离县城 35 公里，在 20 世纪 90 年代，传统的粮棉种植模式在经过改革开放初期的快速发展后，进入缓慢发展阶段，农民收入难以提高。耿店村除土地以外几乎没有任何其他优势资源，加之土地种植效益低的现实情况，一个只有 780 多人的小村庄，竟有 200 多人进城务工，留下的几乎都是老人、妇女和儿童，农村发展亟待转型。耿店村早期的发展具有强制性特征，为了增加农民收入，贾寨镇在全镇范围推广蔬菜种植和大棚产业，这一时期耿店村在产业发展上进行了多次尝试和选择，但始终未形成支柱产业。1993 年，耿店村响应镇政府号召开始种植大蒜，但是由于没有销路、市场价格低，这一产业很快就夭折了。1996 年，耿店村在村集体土地上建棚 26 个鼓励发展大棚芸豆产业，1996～1999 年芸豆产业经济效益较高，村民种植积极性高涨，大棚数量增长到 216 个，获"江北芸豆之乡"称号。然而，2000 年之后，全乡蔬菜产业遭遇寒冬，经济效益严重下滑，再加上芸豆重茬病害严重，约有半数的大棚出现死秧烂苗现象，2002 年的产量不足 1996 年的 1/3，此时外出务工机会激增使一些农民放弃了大棚种植，芸豆产业也走向了末路。2002 年耿遵珠当选村支部书记，蔬菜大棚产业进入自主发展的新阶段，他以改变村庄面貌为己任，组织村两委深入调研、全面研究、充分论证后，明确了继续发展蔬菜大棚的产业发展目

---

① 赵鲲、王刚：《坚持共同富裕方向发展新型集体经济——山东省茌平县耿店村发展集体经济启示》，《农村经营管理》2019 年第 7 期，第 30 页。

标和发展壮大集体经济的村庄发展目标。

3. 实现方式

首先，耿店模式的产生与发展是从"打造一支好班子"开始的。2002年，耿遵珠弃商从政当选村支书，团结两委班子，充分发扬民主，搞好民主协商，始终把群众利益放在最前面，调动群众的积极性和主动性。面临缺乏主导产业、缺乏人才、缺乏资金和技术的农村发展困境，他带领村两委班子学习调研，"求医问药"寻求好产业，发挥党员的先锋模范作用，群众不敢做、不愿做的事党员带头做，形成了"党员带头群众赞，群众跟着党员干"的干事创业氛围。其次，"选准一个好产业"是农村长期发展的关键。耿店村在耿遵珠的带领下，认清农村发展实际，结合自身土地优势，选择好、培育好主导产业，发展壮大农村集体经济，做强"产业"的同时做大"家业"。2004年，为充分利用好土地资源，征得村民同意，耿店村置换整合分散的地块1400多亩，为规模化、集约化种植奠定了基础。面临芸豆产业发展困境，班子成员组织群众到寿光多次考察学习，并聘请专家进行蔬菜技术指导，培育黄瓜、圆椒、西红柿等新品种，使单个大棚的收入超过了14000元。2006年村集体开始鼓励改建高标准大棚，2022年的耿店村已建有高标准蔬菜大棚700余个，户均3.8个，村民年人均纯收入4.6万余元，村集体积累资金超过3000万元。再次，"建设一个好机制"是农村产业兴旺的根本动力。为改变农业生产"各自为战"的局面，耿店村兴起了党支部领办合作社，形成了"党支部+合作社+农户"的利益联结机制和集资入股按股分红的利益分享机制。早在2003年面临蔬菜销路难的困境时，耿遵珠就带领村民开始探索股份合作制，他带头入股1万元，并鼓励35户村民入股，以100元为一股，筹资15万元，建起了村级蔬菜批发市场，不仅为蔬菜打开了销路，也使入股村民当年得到了40%的股金分红。为培育增强主导产业，2008年耿遵珠牵头鼓励92户农民筹资32万元，创建了茌平县绿冠果蔬农民专业合作社，村集体参股51%，逐渐把蔬菜产业链延长到产前、产中、产后全环节，形成了集育苗、种植、加工、销售、服务、农技于一体的完整蔬菜产业链。为解决农户"贷款难，融资贵"的难题，2012年绿冠果蔬农民专业合作社成立了资金互助会，为合作社成员提供储蓄存款和小额信贷业务，增强了社内资金的利用率。2018 年全村销售收入超过 4000 万元，合作社社员年底分红达 40 万元，社员年人均分红收入超过 3500 元。[①] 以上举措吸引了大批外出务工的"棚二代"返乡创业，成为耿店村蔬菜产业的"主力军"。最后，"建设一支强队伍"是推动农业农村现代化的持久动力。乡村要振兴，人才必先振兴，人才是乡村振兴的重中之重。耿遵珠非常重视农业经营技能人才的培养，按照规模化、集约化、现代化的经营理念，着力培养 70 后、80 后、90 后梯次农业经营人才队伍，引导各类人才向农村流动，2020 年整合投资 5000 万元，建设了聊城市乡村实用人才培训学院，着力培养乡土优秀人才，建设了一支爱农业、懂技术、善经营的新型职业农民队伍。

4. 发展成效

耿店村以盘活农村土地、发展主导产业、壮大集体经济、创新组织模式为主线，完善利益联结机制和收益分享机制，使"资源变资产、资金变股金、农民变股东"，走出了一条"党支部+合作社+农户"的农业适度规模经营之路。一是产业的吸引力增强。2015 年以来，该政策吸引了大批青年返乡建大棚，外地青年也开始扎根耿店，蔬菜产业后继有人。二是合作社的带动能力强。实行农业适度规模经营以来，合作社土地流转面积占比达 42.6%，发展社员 300 多户，带动周边农民 500 多户，村民人均纯收入 4.6 万余元，村集体积累资金超过 3000 万元。三是公共服务体系日臻完善。耿店村已建成三期住宅楼，180 户村民全部搬进了新楼房，建起了全县第一个村级养老院、第一个村级婚宴大厅、第一个能现场报销的村级卫生室、第一个村级殡仪馆、第一个温泉地热并实现"村级供暖"。四是辐射效应增强。耿店村打破村庄壁垒，改变条块分割的小户经营模式，联合周边村庄 10 多个，流转土地 800 多亩，整合扶贫资金 1000 多万元，优化资源配置，打造了耿店社区乡村振兴党建联合体，建设"脱贫大棚"160 多个，带动周边 20 多个村庄增收达 5 万元以上，带动周边贫困人口人均年增收 3000 元以上。

---

① 淳悦峻：《"耿店模式"探析》，《北方经贸》2020 年第 4 期，第 35 页。

第六章

助推实现中国农业适度规模经营的政策建议

党的十九届五中全会通过的《中共中央关于制定国民经济和社会发展第十四个五年规划和二〇三五年远景目标的建议》指出，"到二〇三五年基本实现农业现代化"，"十四五"时期，要"坚持把解决好'三农'问题作为全党工作重中之重，走中国特色社会主义乡村振兴道路，全面实施乡村振兴战略，强化以工补农、以城带乡，推动形成工农互促、城乡互补、协调发展、共同繁荣的新型工农城乡关系，加快农业农村现代化"。"深化农村改革，落实第二轮土地承包到期后再延长三十年政策，加快培育农民合作社、家庭农场等新型农业经营主体，健全农业专业化社会化服务体系，发展多种形式适度规模经营，实现小农户和现代农业有机衔接。"① 因此，加快实现农业农村现代化、发展多种形式的适度规模经营是当务之急。应从农业适度规模经营的实现条件、实现动因、实现方式、实现保障等方面进行优化调整，创造有利于推动农业适度规模经营实现的政治环境、经济环境和社会环境，创新农业适度规模经营的形式和内容，推动农业适度规模经营高质量发展。

第一节 关于优化农业适度规模经营实现
条件的对策思考

前文对农业适度规模经营的条件从自然条件和社会经济条件两个方面

---

① 《中共中央关于制定国民经济和社会发展第十四个五年规划和二〇三五年远景目标的建议》，《人民日报》2020 年 11 月 4 日，第 1 版。

进行了论述，自然条件和社会经济条件决定了农业适度规模经营的类型和农业适度规模经营的实现方式。但是，自然条件和社会经济条件是随着经济的发展动态变化的，这也直接决定了农业适度规模经营也应是动态变化的。鉴于自然条件和社会经济条件对农业适度规模经营的确定和实现具有决定性作用，本书提出如下对策思考。

一　严格实施耕地保护制度

党的十九届五中全会提出，要坚持最严格的耕地保护制度，深入实施藏粮于地、藏粮于技战略。粮食安全是国家安全的重要基础，保护耕地就是保护我们的生命线。"十分珍惜和合理利用土地，切实保护耕地"是必须长期坚持的一项基本国策。一要切实执行土地用途管制制度。各地区要统筹做好山水林田湖草综合治理，按照 2019 年修订的《中华人民共和国土地管理法》第四条中"农用地、建设用地和未用地"的分类要求，摸清各类土地底数，分类建立土地使用台账，加强耕地保护制度供给，合理编制土地利用总体规划，明确基本农田保护区和城市建设用地范围，严格管理、保护、开发土地资源，坚决遏制耕地"非农化"，防止耕地"非粮化"。规范土地使用性质的变更程序，严控城镇无序扩张、乱占耕地的现象，守好 18 亿亩耕地红线。二要加强基本农田保护制度。各地区要明确划定基本农田保护区，对基本农田保护区的保有数量、耕地质量、产出情况等方面进行跟踪检测，提升制度执行力，强化耕地保护意识。各乡镇和村必须依法依规，全方位保护耕地资源，将基本农田保护任务落实到承包地块、承包人和土地流转经营者，建立耕地保护图册和信息数据库。坚持数量和质量并重，明确保护职责，强化监督监管，实施依法监管、科学监管和动态监管。三要严格耕地占补平衡制度。坚决防止耕地占补平衡中出现占多补少、以次充好、占优补劣等现象，健全耕地保护补偿和利益调节机制，支持鼓励群众保护耕地，提高群众保护耕地的利益。着力健全党委领导、政府负责、部门协同、公众参与、上下联动的共同责任机制，坚决守住土地公有制性质不改变、耕地红线不突破、农民利益不受损三条底线。

二　加强土地流转立法规范

在市场经济条件下，明确界定产权是市场交易的前提和基础。著名新制度经济学家罗纳德·哈里·科斯认为，制度安排、制度使用、制度变革、市场运行都是有成本的，但是只要初始产权界定清晰，就可以把交易成本降至最低甚至为零，使资源配置达到帕累托最优，市场均衡有效。在我国施行家庭联产承包责任制之初，农民终于获得可以自主经营的土地，劳动积极性高涨，促进了20世纪80年代初期我国农地连年增产增收的实现。然而随着土地承包经营相关的税费负担加重和农地集体所有的产权属性，农民的种地积极性大大降低，进城务工经商的积极性提高，土地流转给亲朋好友和左邻右舍，甚至出现了"土地撂荒"。不过，在农村税费改革完成以后，政府不仅全面取消了农业税，而且每年投入大量资金对农业生产予以补贴和支持，农地的经济机会增多，经济利益凸显，农民又开始重视自身的土地权利，收回承包地的现象增多。由于承包经营权归属农户的农地产权性质，以及分散化、碎片化的土地经营现状，农地流转范围并不能有效扩张，在农地集体所有的基础上进行边际改进和模式创新，坚持土地所有制、稳定承包权和放活经营权，实行"三权分置"的改革成为理性选择。

目前土地所有权属集体、承包权和经营权归农户，再加上土地流转使承包权和经营权的权属关系错综复杂，因此，对承包经营权进行立法规范尤为必要。一是在"明确所有权、稳定承包权、放活经营权"的基础上分阶段放活承包经营权。在现阶段我国二元结构依然明显、农民视土地为生活保障、农民非农收入不稳、农业收入不高的情况下，明确所有权、稳定承包权是极其必要的，但是在稳定承包权之时应放活经营权，使土地能够按市场要求流转集中；政府在土地规模化问题上也应加大力度给予支持和鼓励，并出台法规予以规范，提高政策的稳定性和有效性。当农业生产力水平达到较高水平，农民收入水平接近城市收入，越来越多的具有承包权的农民非农长期就业并转移到城镇，导致城镇居民达到一定比例时，承包权也应被放活。但是承包权获取的条件是农户需取得相应的职业农民教育资格认证，并且要有从事农业生产的经验。二是完善土地流转服务，创新土地流转模式。各地区应建立土地流转统计数据库，搭建土地流转服务平台，公开土地流转信息，规范土地价格、经营范围、流转渠道、流转面积、流转对象等。在流转方式上形成权属价格，以权作价、以权入股、以权分配。三是对土地流转的成效定期或不定期评估检查，确保土地流转使农民获益、农业增效、实现可持续发展。

三 加快推进农业农村现代化

"当前我国最大的发展不平衡是城乡发展不平衡，最大的发展不充分是农村发展不充分。"[①] 长期以来，受户籍制度、土地制度、工农价格"剪刀差"的影响，我国城乡发展的"二元结构"矛盾较为突出，农村"空心化"、农业不强、农民分流等现实问题严重制约了我国农业农村现代化的发展。因此，应以全面推进乡村振兴为契机，加快推进农业农村现代化。一是要品牌兴农。因村制宜制定村级产业发展规划，找准产业发展方向，提倡"一镇一业、一村一品"，大力发展"镇域经济"和"县域经济"，把"镇域经济"或"县域经济"作为推动农业现代化的着力点和带动中心，打造独具地方特色的农产品品牌，实施农业品牌建设工程。二是要质量兴农。围绕主导产业发展配套产业和衍生产业，提升农业发展质量，延长产业链、提升价值链、完善供应链，充分利用国际国内两个市场两种资源，以构建"国际国内双循环新发展格局"为目标，提高农产品附加值，实施农业高质量发展建设工程。三是要绿色兴农。坚持"绿水青山就是金山银山"的生态文明发展理念，合理规划和使用土地，避免土壤污染和闲置浪费，推行化肥、农药减量化、有机化，大力发展休闲农业、旅游农业、观光农业、体验农业等，推动农村第一、二、三、产业融合发展，实施生态农业建设工程。

四 构建职业农民培养制度

近几年来，我国逐渐形成了政府主导、农业部门牵头、高校配合、社

---

① 韩长赋：《认真学习宣传贯彻党的十九大精神大力实施乡村振兴战略》，《中国农业会计》2017 年第 12 期，第 54 页。

会参与的职业农民培养工作格局。根据农业农村部的统计数据，截至 2020 年我国新型职业农民总量已超过 2000 万人，职业农民教育培训市场规模达 1000 亿元。[①] 因此，为规范职业农民教育，应加强职业农民教育的立法工作，提高各级政府和相关部门的职责意识，把职业农民教育纳入监督考核体系。一是要规范教育平台建设。整合农业院校、农业科研院所和农技推广服务机构的农民教育培训资源，建设定点培训机构和职业农民教育平台，围绕职业农民需求制定多层次、宽领域、多形式、制度化的培训体系。二是要完善教育经费保障。教育经费适当向职业农民教育倾斜，依托企业和社会公益组织拓宽多元融资渠道，保障公益性农民教育，实施农村实用性人才培养工程。三是优化职业农民教育模式。按照农民自身的差异，制定高等、中等、初等职业农民培养培训体系，因人施教，根据教育情况制定职业农民职业资格认证制度。以农业院校、农业科研院所和农技推广服务机构为组织载体进行理论教育，以农业现代产业园、农业企业、农民专业合作社、乡村振兴示范区、田园综合体、特色小镇等为基地进行实践教育。明确教育对象，优化教育内容，创新教育形式，采取课堂讲授与实践培训相结合、集中学习与分类指导相结合、系统学习和专项学习相结合、专家面授和网络培训相结合等方式，从政治、经济、社会、文化、治理等方面进行综合教育。四是实施职业农民执业资格认证制度。根据农业经营特点设定农业经营等级制和证书等级制，对职业农民经营范围、经营业务等予以法律规范，使职业农民持证上岗。

第二节　关于促进农业适度规模经营
实现动因的对策思考

经过改革开放 40 多年的高速发展，我国工业化和城市化都取得了举世瞩目的伟大成就，工业化已经入工业化后期后半段，城市化也将进入成熟阶段，农业产值降低到国内生产总值的 7%，农业加工转化率到 2025 年将

---

① 《"新型职业农民"递增　农民职业教育培训市场规模超千亿》，http://edu.china.com.cn/2021-05/21/content_77515533.htm，最后访问时间：2023 年 7 月 26 日。

达75%，自主创新能力基本接近中等发达国家水平。然而，我国工业大而不强、户籍城市化率与常住人口城市化率相比仍有较大差距，农业以家庭小规模经营为主等问题依然比较突出，"我国仍处于并将长期处于社会主义初级阶段的基本国情没有变，我国是世界最大发展中国家的国际地位没有变"。在乡村振兴新时代，应加强农业农村现代化与城乡融合、乡村振兴、区域协调的战略协同作用，在工业化和城市化高质量发展中，持续推动农业适度规模经营的实现。

一 持续推动农业工业化进程

一个国家的工业化不仅包括城市的工业化，也包括农村的工业化；一国的工业化不仅是指工业的机械化和现代化，也指农业的机械化和现代化。从三大产业占国内生产总值的比重结构来看，我国第一产业比重低于10%，第二产业比重低于第三产业比重，人均国民收入超过1万美元，城市化率超过了60%，由此判断我国整体已经进入工业化后期后半段。但我国的工业现代化程度仍不够高，产业结构和产业发展存在不少短板，进入世界产业价值链高端的制造业发展不足，不少关键技术和核心部件仍依赖进口，"卡脖子"问题依然突出。因此，产业优化升级、做优做强、提质增效是我国工业现代化的主要任务。在我国工业现代化的过程中，农业现代化一直是"四化"短板，农村工业化程度较低。20世纪80年代兴起的乡镇企业，开创了农村就近就业的新路，有些地方利用农副产品资源优势，以加工企业为龙头，大力发展农副产品加工业，促进了农业增效增利，使我国走出了一条城市工业与农村工业相互依托、相互融合、相互促进的中国特色工业化道路，加快了我国工业化进程，推进了农村城镇化，涌现了"苏南模式""珠江模式""温州模式"等。这种乡镇企业发展模式仅在我国东部发达地区较为兴盛，且以农副产品加工、资源开发、劳动密集型、轻型加工企业为主，产业链条短、价值低，并未在全国遍地开花，中西部地区乡镇企业发展不足。因此，一是应抓住我国东部地区产业转型升级的契机，加大中西部产业转移对接力度，持续推动中西部乡镇企业崛起，大力发展镇域经济和县域经济，使其成为农村劳动力转移的稳定地。二是深化农村改革，以供给侧结构性改革为抓手，推动农村工业化与城市工业化的衔接配套和互补互促。三是应深入推进农业工业化、农村城镇化战略，延长农业产业链，提升农业价值链，发展农业"新六产"，发展农业加工业和农村服务业，加快推进农村第一、二、三产业融合发展。四是应把工业化与农业现代化有效衔接，以工业化促进农村城镇化和农业现代化，形成农业工业化、农村城镇化、农业现代化互为促进彼此影响的良性发展格局。

二　构建双轮驱动的城乡融合

我国农村分布具有以县域为中心和以镇域为中心的圈层分布特征，县域或镇域是周边农村的经济、政治、文化中心，农村的产业发展以县域和镇域经济为主导，县域和镇域是推动农村经济社会发展的"双轮"。受计划经济体制和城市偏向发展战略的影响，新中国成立以来我国城乡关系发展历经城乡分割、城乡分离、城乡统筹、城乡一体和城乡融合等发展阶段。2021 年我国人口城市化率达到 64.72%，2020 年户籍城市化率达到 45.4%，我国仍处于高速城市化阶段。发达国家的城市化率普遍在 80% 左右，根据联合国的预测，到 2050 年世界发达国家的城市化率将稳定在 86%。由此可见，我国距发达国家城市化率还有很大差距，加快城市化建设，促进农村人口城市转移依然是当前我国城市化发展的重要任务。一是要以县域为中心畅通城乡经济循环。既要让农村的劳动力、土地等要素资源流向城市，也要让城市的文化、教育、资本、技术等资源流入乡村，既要让农村商品在城市适销对路，也要让城市商品与农村需求吻合，完善城乡商品流通体系和城乡融合的要素市场。二是要加快城乡公共基础设施一体化建设。巩固和加强农村基础设施建设，完善农村非生产性服务，特别是道路交通、医疗卫生、集体文化、社会保障等方面；构建和完善城乡统一的卫生医疗制度、教育制度、社会保障制度，缩小城乡非生产性服务差距，使农民有选择乡村生活的动力。三是要以县域和镇域为中心大力发展县域经济和镇域经济，推动农民就近就业、就地转移。农村的产业选择要与镇域或县域的产业发展相衔接，构建"一县一龙头、一镇一产业、一村一品牌"的"一二三产业融合"的发展模式。

三 全面提升城镇化质量

城镇化是现代化的必由之路，是解决"三农"问题的重要途径，是经济发展的重要动力，是推动区域发展的有力支撑，是扩大内需和促进产业升级的重要抓手。改革开放以来，我国经历了世界上规模最大、速度最快的城镇化进程，取得了举世瞩目的伟大成就。但是由于我国人口众多，在发展中积累了不少矛盾和问题，例如，转移人口难以融入城市、城市资源环境承载力弱、城市规模粗放扩张等。因此，必须走出一条中国特色新型城镇化道路。2013 年 12 月召开的中央城镇化工作会议指出，走中国特色、科学发展的新型城镇化道路，核心是以人为本，关键是提升质量。2014 年中共中央国务院印发《国家新型城镇化规划（2014—2020 年）》，提出了按照走中国特色新型城镇化道路、全面提高城镇化质量的新要求，明确了城镇化的发展路径、主要目标和战略任务，是指导我国城镇化健康发展的宏观性、战略性和基础性规划。城镇化是人类社会现代化发展的客观规律，顺应发展规律，提升城镇化发展质量，对实现第二个百年奋斗目标具有重要意义。因此，全面提升城镇化质量是今后城镇化发展的重点任务。首先，应强化顶层设计。着力抓好城市群和都市圈建设，因地制宜编制城市群、都市圈和小城镇发展规划，促进大中小城市和小城镇协调发展，发挥好城市群和都市圈的带动作用和扩散效应。其次，应做强城镇经济。发挥资源禀赋优势、地理区位优势和比较优势，大力发展实体经济，加快特色小镇建设，提高产业集聚、配套、融合的综合实力。注重城乡统筹融合，既要以城带乡、以工促农，也要全面推进乡村振兴，实现城乡双轮驱动、互促并进。最后，应提高农业转移人口市民化质量。健全农业转移人口市民化政策配套体系，放开小城镇落户限制，简化户口迁移手续，着力推动农业转移人口市民化，引导农村人口就近城镇化，提高农业转移人口融入城市水平。通过对公共基础设施、生态环境、社区治理等科学规划和务实行动，提高城镇居民生活质量，提升人民群众的获得感、幸福感和安全感。

第三节　关于创新农业适度规模经营
实现方式的对策思考

农业适度规模经营的实现方式包括农业适度规模经营的实现方法、实现形式和主要模式等内容。就方法而言，我国农业适度规模经营主要通过培育壮大各类农业新型经营主体实现，在实现形式上主要是以家庭承包制为基础深化土地制度改革促进土地流转集中扩大经营规模，主要模式有土地集中型、合作经营型和社会服务型。通过现实考察发现，我国当前农业经营主体数量不够多、实力不够强、规模不够大、与农民的利益联结不够紧、组织带动作用不足、管理水平不高等问题比较突出。土地流转的范围多数仅在村民之间，工商资本难以与村民建立长期契约，土地流转的随意性较大，农地非粮化现象严重。土地集中型农业适度规模经营仍是我国农业适度规模经营的主要形式，且土地集中的难度较大、效益不高、机制不稳等问题比较突出，合作经营型和社会服务型适度规模经营模式有待进一步完善。因此，为促进农业适度规模经营在全国范围内的推广和完善，应不断培育壮大农业新型经营主体，完善土地流转体制机制，创新适度规模经营实现模式，发展相互补充相互叠加的农业适度规模经营。

一　培育壮大农业新型经营主体

在家庭联产承包责任制下，"人均一亩三分，户均不足十亩"的家户经营难以在市场竞争中维护自身利益，为使小农户与大市场有机衔接，家庭农场、专业大户、农民专业合作社和农业企业等新型经营主体便应运而生。农业新型经营主体是农业适度规模经营的核心主体，直接影响着农业适度规模经营的实现。由于我国幅员辽阔，东部与西部、南方与北方的自然资源禀赋状况和社会经济发展条件差异较大，因此，各地区应因地制宜发展多种形式的农业新型经营主体，依托农业新型经营主体进行适度规模经营的形式创新和模式选择。一是支持鼓励农业新型经营主体发展。创新投融资模式，发展以政府财政资金为引导、以经营主体资金为主导、社会资金支持和农民资金参与的投融资模式，壮大新型经营主体经济实力，形成投资多元化、产权多元化和利益多元化的收益分配机制。二是构建规范化的农业新型经营主体制度体系。以维护农民利益、发展农业为目的对农业经营主体的经营范围、土地用途、土地流转途径和方式、规模扩张、财政税收制度、财务公开制度、利润分配制度等进行严格规范和审批，鼓励支持监督农业规模经营主体运营在农、服务在农、发展在农、利益在农。三是提高农民对适度规模经营的认识。鼓励农民进行土地流转和适度规模经营，提高农民对农业适度规模经营的认识，特别是提高农民对家庭农场、专业大户、农民专业合作社、农业企业等国内外经营主体的认知，既让农民熟悉土地流转的益处，又让农民了解可能存在的问题及风险。四是拓展农业新型经营主体的职能作用。把农业经营主体纳入职业农民教育培训、农业科技创新、农业科研推广、农业科研应用及反馈的组织系统中，形成正向激励和反向反馈相结合的有效机制。

二　完善农地流转体制机制

近年来，国家大力推动开展农村土地"三权分置"改革工作，加快落实"确权颁证"，农地流转面积不断增多。截至 2016 年底，全国家庭承包耕地流转面积达到 4.79 亿亩，占家庭承包经营耕地总面积的 35.1%，全国经营规模 50 亩以上的农户数达到 376.2 万户。[1] 截至 2021 年底，全国农村土地流转面积达 5.57 亿亩，占承包地总面积的 35.4%。[2] 根据农业农村部公布数据，截至 2017 年 6 月底，全国家庭承包经营耕地流转入农户的面积占 56.8%，流转入农民专业合作社的面积占 21.52%，流转入企业的面积占 10.44%，流转入其他经营主体的占 10.3%。[3] 在家庭经营仍占主导的情况下，农地流转主要以农户流转为主，新型经营主体流转土地面积仍然较

---

[1]　《对十二届全国人大五次会议第 8742 号建议的答复》，http://www.moa.gov.cn/gk/jyta/201710/t20171017_5842400.htm，最后访问时间：2023 年 3 月 10 日。

[2]　《对十四届全国人大一次会议第 0453 号建议的答复》，http://www.moa.gov.cn/govpublic/zcggs/202307/t20230727_6433042.htm，最后访问时间：2023 年 3 月 10 日。

[3]　《当前农村经营管理基本情况》，http://www.hzjjs.moa.gov.cn/nyshhfw/201904/t20190418_6182626.htm，最后访问时间：2023 年 3 月 10 日。

少。按照农业农村部的分类，农地流转主要有转包、转让、互换、出租和股份合作五种形式，其中转包、出租和股份合作的土地承包权不变，转让和互换的土地承包权发生转移。近年来，随着工商资本向农村流动，农地流转范围逐渐突破本村，但因订立、履行、变更、解除和终止农村土地承包合同或因收回、调整承包地而发生的土地承包纠纷呈增长趋势。在农地流转过程中，流转契约不规范，流转前缺乏必要的引导，流转中缺乏合理的介入，流转后缺乏应有的监管，农户流转效益偏低，农地流入方无法使农地经营权资源转化为市场要素而导致资源浪费等现象时有发生。为完善农地流转市场，其一，要持续深化农地"三权分置"改革。在落实集体所有权、稳定农户承包权、放活农地经营权的基础上，加快构建以农户家庭经营为基础、合作与联合为纽带、社会化服务为支撑的现代农业产业体系、生产体系和经营体系。其二，要积极推进农地流转市场化。在农地确权颁证完成后，要做好农地资源价值评估，根据农地的区域位置、肥沃程度、基础设施等条件，合理确定农地经营权价格，通过价格指导，把握农地流转市场规律，培育农地流转的中介组织，规范农地交易程序，强化农地流转市场监管。其三，要加强农地流转的立法建设。为避免土地流转的不规范和无序性，国家应加强农地流转的立法建设。对农地流转的基本原则、必备条件、流转形式、流转程序、产权转移、监管机制、法律责任等方面进行规范，将农地流转纳入法治化轨道，做到农地流转有法可依、有法必依、执法必严。

三　创新农业适度规模经营的实现形式

农业适度规模经营的实现形式有通过集中土地以优化土地、劳动力、资本等要素配置的土地集中型适度规模经营，也有通过产业链分工合作而形成的合作型适度规模经营，也有通过把各种经营主体连接起来提供统一服务而形成的服务型适度规模经营。但是这三种适度规模经营对农业生产力水平的要求不尽相同，土地集中型、合作经营型、社会服务型一般随生产力的提高而依次实现，但是由于各地区生产力水平不同，在不同地区形成了不同适度规模经营模式。因此，应根据各地区生产力发展特点、耕地条件的自然特征，阶段性地推进农业适度规模经营形式，以初级为主，发展中级，兼顾高级推动农业适度规模经营的实现。也就是说，大力发展土地集中型适度规模经营，同时促进合作经营型和社会服务型农业适度度规模的发展。另外，还需要探索多种产权形式，使农地资源变资产、农业资金变股金、农民变合作经营的股东，探索由国有产权、集体产权、私人产权、混合产权构成的多元产权经营形式，发展壮大农村集体经济。

第四节 关于健全农业适度规模经营实现保障的对策思考

农业社会化服务体系的构建和完善长期以来备受国家重视，早在人民公社时期，就开始建立农田水利等基本设施，种子等生产物资统一分发分配。家庭联产承包责任制施行后，在市场经济条件下，农业基础设施建设在工业偏向城市优先发展策略影响下投资不足，生产性服务国家供给减少，市场供给不足，因此，出现了生产性服务和非生产性服务供给严重不足的局面。社会化服务体系是农业适度规模经营得以实现的重要保障，因此提高生产性服务和非生产性服务水平尤为必要。

一 加快推进农业生产性服务业创新发展

加快农业生产性服务业创新发展是摆在我们面前的重要时代命题。党的十九大报告首次提出乡村振兴战略以来，我国农业农村发展进入新的历史阶段，特别是面临当前农业劳动力减少、老龄化日益严重、兼业化日益普遍的现状，对农业生产性服务的需求越来越高。然而，农业生产性服务业的规模化和专业化程度不高、对农户的服务供给不足、带动能力不强等问题较为突出，因此，要推进乡村振兴和新型城镇化发展、拓宽增收渠道、促进农业提质增效，必须加快发展农业生产性服务业。一是要满足农业农村现代化发展需求。发展农业生产性服务业，要立足我国当前农业农村发展实际，以乡村振兴战略和城乡融合发展为契机，以服务"三农"为目标，以农业供给侧结构性改革为主线，以破解各类经营主体在生产中遇到的各种突出困难和问题为根本任务，培育农业生产性服务产业，推动多种形式的农业适度规模经营。二是要积极拓展服务领域。从全国范围看，东部地区生产性服务业相对发达，而中西部地区相对落后。因此，要尽快把农业生产性服务覆盖农业生产全过程，从产前的良种繁育、农资供应、农机耕种、资金投入，到产中的绿色生产、植保养护、灌溉施肥、农技集成，到产后的农机收割、产品加工、营销储运、市场信息收集等，处理好一家一户办不了、办不好、办起来不合算的事情。三是完善生产性服务立法规范。完善农地流转制度立法、职业农民教育立法、农业生产促进法、农业经营主体培育法、农业生产经营组织法、财政支农法、农业金融保险法等法规，为加快农业生产性服务业发展营造良好的法治环境。四是大力培育多元化生产性服务组织。加快推进农业生产性服务业创新发展，关键在于建设一支懂技术、擅服务、会经营的专业化队伍。因此，必须牵住培育生产性服务组织的"牛鼻子"，按照"政府引导、市场主导、社会参与"的原则，加快培育各种类型的生产性服务组织，把公益性和营利性农业生产服务组织有机结合起来，充分发挥农业龙头企业、农民专业合作社、农村能人、专业大户等主体的农业生产性服务功能，加快形成主体多元、功能互补、融合发展的现代农业生产服务格局。五是要不断创新服务方式。要始终把服务方式创新作为发展农业生产性服务业的动力，牢固树立创新发展理念，鼓励各类生产性服务组织积极创新完善服务机制和方式，不断提升农业生产性服务的质量和水平。

二　加快完善农业非生产性服务

农业非生产性服务是农业生产性服务的重要补充，也是农村公共福利水平的重要衡量指标，只有农业非生产性服务与农业生产性服务协调发展，才有利于更好促进农业农村现代化发展。长期以来，我国农村的基础设施建设和公共福利水平远远落后于城市，因此，缩小城乡发展差距，加快发展农业非生产性服务迫在眉睫。一方面，加快推进城乡公共基础设施一体化发展。农业农村公共基础设施建设关系到农业农村发展的长远利益和全局效益，公共基础设施落后会严重制约农业的生产能力和抗风险能力。因此，要充分认识到公共基础设施建设的重要性，把公共基础设施建设作为一项重要任务抓紧抓好，落实落细。坚持农业农村优先发展的原则，破除城乡融合发展的体制机制弊病，逐步在道路、供水、供电、供暖、垃圾污水处理等方面，建立城乡普惠共享的一体化基础设施体系，促进乡村经济转型升级，推进农业农村现代化进程。另一方面，建立健全城乡基本公共服务普惠共享体制机制。众所周知，由于我国长期采取工业化和城市化优先策略，各种社会资源向城市和工业倾斜，广大农村地区相对边缘化，城乡之间经济发展和公共服务配套体系不均衡，二元结构显著。这种长期存在的二元结构，使城乡之间在生活环境、生活条件和生活质量等方面差异较大。因此，应把改善民生放在工作首位，深入贯彻以人民为中心的发展理念，畅通城乡经济循环，促进城乡要素资源产品自由流通。在医疗、教育、文化、社会保险、社会救助、社会治理等方面，推进基本公共服务标准统一、制度并轨、城乡一体，推动公共服务优先向农村基层延伸、社会事业优先向农村基层覆盖，提升农村公共福利水平，让农村居民与城市居民享受同等的公共服务。

三　营造良好的农业农村发展环境

乡村发展环境建设包括基层组织建设、生态环境建设、市场发展环境、基层治理建设等。当前，大量青壮年劳动力外出务工经商，农村市场发育不足、基层治理能力不强等问题依然存在，因此，只有从政治、经济、社会、文化、生态等方面营造良好的农业农村发展环境，才能吸引更多的青年人才到乡村基层创业就业，推动乡村振兴和农业农村现代化。一是筑牢基层战斗堡垒。"农村富不富关键看支部，支部强不强关键看领头羊"，要选优配强村支书书记，把能干事、会干事、敢干事的有志青年重用起来，打造千千万万个坚强的农村基层党组织，培养千千万万名优秀的农村基层党组织书记，充分发挥农村基层党组织的战斗堡垒作用。二是建设农村"宜居、宜业、宜养、宜游"的美好生态环境。我国农村生态环境污染形势严峻，大气污染、生产污染、生活污染、水体污染、畜禽污染、土壤污染等问题依旧突出，因此，应给予生态环境保护以特殊的关注。明确农村生态环境整治的重点和任务，制定相应的原则方针和政策措施；实行农村生活垃圾"户集、村收、镇运输、县处理"的模式，降低处理成本，实现可持续发展；做好乡镇污水处理规划，加强水源保护，取缔非法排污，预防和处理水污染事故；全面禁用高毒高残留农药，减少化肥施用量，搞好畜禽粪便和作物秸秆综合利用；开展道路清理整治工程，改善村容村貌，建设"宜居、宜业、宜养、宜游"的美丽乡村。三是因地制宜促进乡村产业发展。选准乡村优势产业，确定产业发展方向，制定产业发展规划，建立健全流转顺畅、运营高效的村级要素和产品市场，推动农村一二三产业融合发展，提高农产品附加值和农民收入，发展壮大农村集体经济。四是建设现代善治乡村。乡村善治不仅可为农业农村现代化提供稳定有序的发展环境，也是建设社会主义现代化强国最广泛最深厚的基础。因此，应加强基层党组织的领导，完善乡村治理体系，实现"自治、法治、德治"相结合，形成良好家风、文明乡风和淳朴民风。

理论和实践表明，适度规模经营是适合我国国情农情的农业生产经营组织方式。改革开放以来，随着工业化、城镇化、信息化和农业现代化的深入推进，我国农业生产力、生产关系和生产方式均发生了深刻变革，农业适度规模经营不断被赋予新的时代内涵。农业适度规模经营是随着农业分工的深化、农业生产力水平的提高以及农业生产关系的优化调整，在工业化和城市化的推动下，在市场经济的影响下，在政府政策引导和支持下而形成的农业现代化经营模式。农业适度规模经营不是规模越大越好，也不是规模越小越好，而是与工业化、城市化、农业现代化的步伐相协调，与农业生产力和生产关系的发展相适应，与农业经营主体发展和职业农民培养相匹配的动态发展过程。农业适度规模经营主要有土地集中型、合作经营型和社会服务型三种主要模式，这三种模式具有一定的阶段性特征，即土地集中型为主的初级阶段、合作经营型为主的中级阶段、社会服务型为主的高级阶段，并且这三种形式具有叠加性和递进性的发展特征。我国幅员辽阔，气候多样，东部和西部、南方和北方的经济差距和生态自然差异较大，山川、丘陵、平原、湿地等地理地貌不同、生态气候多样，这决定了我国农业适度规模经营的实现形式多种多样，实现规模大小不一，实现方式因地而异，实现模式递进并存。从目前情况看，我国无论是劳均耕地面积还是户均耕地面积都过于狭小，今后扩大劳均耕地面积和户均耕地面积仍是我国农业适度规模经营发展的方向，土地集中型模式仍是我国农业适度规模经营的主流模式。在推进土地集中型适度规模经营的同时，也要以家庭农场、专业大户、农民专业合作社和农业企业等新型农业经营主体为主导，以基层组织带动为引导，吸引社会广泛参与，兼顾发展合作经营型和社会服务型适度规模经营。总而言之，积极引导土地经营权有序流转，鼓励发展多种形式的农业适度规模经营，不仅有利于培育乡村新产业、新业态、新模式，持续推进农村第一、二、三产业融合发展，而且有利于数字乡村建设、发展智慧农业。未来，中国将继续走中国特色农业强国之路，为农业大国向农业强国转变提供更多中国智慧和中国方案。

参考文献

一 经典文献类

《邓小平文选》（第3卷），人民出版社，1993。

《马克思恩格斯全集》（第23卷），人民出版社，1972。

《马克思恩格斯全集》（第25卷），人民出版社，1974。

《马克思恩格斯全集》（第27卷），人民出版社，1972。

《马克思恩格斯全集》（第46卷）（上册），人民出版社，1979。

《马克思恩格斯文集》（第1卷），人民出版社，2009。

《马克思恩格斯文集》（第7卷），人民出版社，2009。

《马克思恩格斯选集》（第1卷），人民出版社，1972。

《马克思恩格斯选集》（第1卷）（第2版），人民出版社，1995。

《马克思恩格斯选集》（第2卷），人民出版社，1972。

《马克思恩格斯选集》（第4卷），人民出版社，1972。

《资本论》（第1卷），人民出版社，1975。

《资本论》（第2卷），人民出版社，1975。

《资本论》（第3卷），人民出版社，1975。

习近平：《把乡村振兴战略作为新时代"三农"工作总抓手 促进农业全面
　　升级农村全面进步农民全面发展》，《光明日报》2018年9月23日。

习近平：《关于〈中共中央关于全面深化改革若干重大问题的决定〉的说
　　明》，《人民日报》2013年11月16日。

习近平：《决胜全面建成小康社会　夺取新时代中国特色社会主义伟大胜

利——在中国共产党第十九次全国代表大会上的报告》，人民出版社，2017。

习近平：《高举中国特色社会主义伟大旗帜　为全面建设社会主义现代化国家而团结奋斗——在中国共产党第二十次全国代表大会上的报告》，《人民日报》2022 年 10 月 26 日。

《中共中央关于制定国民经济和社会发展第十四个五年规划和二〇三五年远景目标的建议》，《人民日报》2020 年 11 月 4 日。

习近平：《论农村改革发展进程中的市场化建设》，《中共福建省委党校学报》1999 年第 7 期。

《中共中央关于全面深化改革若干重大问题的决定》，人民出版社，2013。

《中共中央关于完善社会主义市场经济体制若干问题的决定》，人民出版社，2003。

二　著作类

〔俄〕A. 恰亚诺夫：《农民经济组织》，萧正洪译，中央编译出版社，1996。

〔德〕阿尔弗雷德·韦伯：《工业区位论》，李刚剑、陈志人、张英保译，商务印书馆，2010。

〔美〕阿尔文·托夫勒：《第三次浪潮》，朱志焱、潘琪、张焱译，新华出版社，1996。

〔法〕安·罗伯特·雅克·杜尔哥：《关于财富的形成和分配的考察》，唐日松译，华夏出版社，2007。

〔美〕巴泽尔：《产权的经济分析》，费方域、段毅才译，上海三联书店、上海人民出版社，1997。

〔古希腊〕柏拉图：《理想国》，郭斌和、张竹明译，商务印书馆，2002。

《不列颠百科全书》（国际中文版），中国大百科全书出版社不列颠百科全书编辑部编译，中国大百科全书出版社，1999。

成刚：《数据包络分析方法与 MaxDEA 软件》，知识产权出版社，2014。

〔英〕戴维·M. 沃克：《牛津法律大辞典》，北京社会与科技发展研究所组织翻译，光明日报出版社，1988。

丁宝骏主编《现代政治经济学教程》，高等教育出版社，2012。

《魁奈〈经济表〉及著作选》，晏智杰译，华夏出版社，2006。

〔美〕赫希曼：《经济发展战略》，潘照东、曹征海译，经济科学出版社，1991。

侯征主编《农业适度规模经营探索》，天则出版社，1990。

〔美〕康芒斯：《制度经济学》，于树生译，商务印书馆，1962。

〔德〕柯武刚、史漫飞：《制度经济学——社会秩序与公共政策》，韩朝华译，商务印书馆，2000。

〔美〕库兹涅茨：《各国的经济增长》，常勋等译，商务印书馆，1999。

雷海章主编《现代农业经济学》，中国农业出版社，2003。

〔英〕李嘉图：《政治经济学及赋税原理》，郭大力、王亚南译，商务印书馆，1976。

刘秀珍主编《农业自然资源》，中国农业科学技术出版社，2006。

刘志扬：《美国农业新经济》，青岛出版社，2003。

卢现祥、朱巧玲主编《新制度经济学》（第二版），北京大学出版社，2012。

〔法〕罗兰·巴特：《叙事作品结构分析导论》，张寅德译，载张寅德编选《叙述学研究》，中国社会科学出版社，1989。

〔英〕马歇尔：《经济学原理》，朱志泰、陈良璧译，商务印书馆，2019。

〔苏〕麦德维杰夫主编《政治经济学》，周新城等译，中国人民大学出版社，1989。

牛若峰编著《中国农业的变革与发展》，中国统计出版社，1997。

农业部课题组：《现代农业发展战略研究》，中国农业出版社，2008。

逄锦聚、洪银兴、林岗、刘伟主编《政治经济学》，高等教育出版社，2003。

秦兴方、田珍、季丹虎、陈玉平：《农村劳动力转移的次序：以江苏省为例》，社会科学文献出版社，2009。

〔美〕R. 科斯、A. 阿尔钦、D. 诺斯等：《财产权利与制度变迁——产权学派与新制度学派译文集》，陈昕等译，上海三联书店、上海人民出版社，1991。

〔古希腊〕色诺芬：《经济论雅典的收入》，张伯健、陆大年译，商务印书馆，1983。

史美兰：《农业现代化：发展的国际比较》，民族出版社，2006。

单吉堃：《有机农业发展的制度分析》，中国农业大学出版社，2008。

〔美〕威廉·阿瑟·刘易斯：《二元经济论》，施炜、谢兵、苏玉宏译，北京经济学院出版社，1989。

〔德〕威廉·罗雪尔：《历史方法的国民经济学讲义大纲》，朱绍文译，商务印书馆，1981。

〔英〕威廉·配第：《政治算术》，陈冬野译，商务印书馆，1960。

温铁军：《"三农"问题与制度变迁》，中国经济出版社，2009。

吴树青、卫兴华、洪文达主编《政治经济学（资本主义部分）》，中国经济出版社，1993。

〔美〕西奥多·W. 舒尔茨：《报酬递增的源泉》，姚志勇、刘群艺译，北京大学出版社，2001。

〔美〕西奥多·舒尔茨：《改造传统农业》，梁小民译，商务印书馆，2006。

〔英〕亚当·斯密：《国民财富的性质和原因的研究》（上卷），郭大力、王亚南译，商务印书馆，1983。

〔英〕亚当·斯密：《国民财富的性质和原因的研究》（下卷），郭大力、王亚南译，商务印书馆，1983。

袁庆明：《新制度经济学教程》，中国发展出版社，2011。

〔德〕约翰·冯·杜能：《孤立国同农业和国民经济的关系》，吴衡康译，商务印书馆，1997。

〔英〕约翰·伊特韦尔、〔美〕默里·米尔盖特、〔美〕彼得·纽曼编《新帕尔格雷夫经济学大辞典》（第三卷：K—P），经济科学出版社，1992。

〔英〕约翰·伊特韦尔、〔美〕默里·米尔盖特、〔美〕彼得·纽曼编《新帕尔格雷夫经济学大辞典》（第四卷：O—Z），经济科学出版社，1992。

〔英〕约翰·伊特韦尔、〔美〕默里·米尔盖特、〔美〕彼得·纽曼：《新帕尔格雷夫经济学大辞典》（第二卷：E—J），经济科学出版社，1992。

曾福生：《农业适度规模经营与中国农业发展》，湖南出版社，1996。

张路雄：《耕者有其田——中国耕地制度的现实与逻辑》，中国政法大学出版社，2012。

张培刚：《农业与工业化（上卷）——农业国工业化问题初探》，华中科技大学出版社，2002。

郑景骥主编《农业经济学》，西南财经大学出版社，1995。

钟秀明、武雪萍：《城市化之动力》，中国经济出版社，2006。

三　期刊类

安虎森：《增长极理论述评》，《南开经济研究》1997年第1期。

白永秀、王颂吉：《马克思主义城乡关系理论与中国城乡发展一体化探索》，《当代经济研究》2014年第2期。

百人朴：《关于衡量基本实现农业现代化的指标探讨》，《中国农机化》2001年第2期。

陈俊梁：《农业适度规模经营的再思考》，《山西高等学校社会科学学报》2005年第5期。

陈柳钦：《日本农协的发展历程、组织、功能及经验》，《郑州航空工业管理学院学报》2010年第1期。

陈绍芳：《论理性的三维结构——对马克斯·韦伯理性"二维结构"的补充》，《中共浙江省委党校学报》2005年第6期。

陈翔云、包林梅：《当代西方交易费用理论述评》，《教学与研究》1996年第6期。

程大中：《中国生产性服务业的水平、结构及影响——基于投入—产出发的国际比较研究》，《经济研究》2008年第1期。

邓大才：《社会化小农：动机与行为》，《华中师范大学学报》（人文社会科学版）2006年第3期。

邓启明、王景辉：《现阶段推进农业适度规模经营的动力、模式与对策》，《农业系统科学与综合研究》2000第4期。

董杰：《农业产业化与农业适度规模经营》，《农业经济》2000年第10期。

杜人准：《论政府与市场关系及其作用的边界》，《现代经济探讨》2006年第4期。

房加帅：《美国家庭农场的政策支持体系及经验借鉴》，《改革与战略》2015年第 11 期。

费方域：《契约人假定和交易成本的决定因素》，《外国经济与管理》1996年第 5 期。

冯海发、李溦：《我国农业为工业化提供资金积累的数量研究》，《经济研究》1993 年第 9 期。

高峰、赵密霞：《美国、日本、法国农业社会化服务体系的比较》，《世界农业》2014 年第 4 期。

耿红莉：《国内外农民专业合作社发展概况》，《北京农业职业学院学报》2007 年第 6 期。

龚见新：《在家庭承包制基础上实现适度规模经营——海门市推进农业适度规模经营的实践与思考》，《上海农村经济》2009 年第 7 期。

郭剑雄、王学真：《城市化与农业结构调整的相关性分析》，《财经问题研究》2002 年第 3 期。

国家农业综合开发办公室：《农业综合开发"四轮驱动"力推适度规模经营》，《中国财政》2015 年第 19 期。

韩长赋：《认真学习宣传贯彻党的十九大精神大力实施乡村振兴战略》，《中国农业会计》2017 年第 12 期。

韩喜平：《实现适度规模经营的路径选择》，《税务与经济》2009 年第 2 期。

郝爱民：《农业生产性服务对农业技术进步的影响》，《华南农业大学学报》（社会科学版）2015 年第 1 期。

郝寿义、王家庭、张换兆：《日本工业化、城市化与农地制度演进的历史考察》，《日本学刊》2007 年第 1 期。

何自力、顾惠民：《土地制度改革、农业生产方式创新与农村集体经济发展》，《上海经济研究》2022 年第 1 期。

贺书霞：《外出务工、土地流转与农业适度规模经营》，《江西社会科学》2014 年第 2 期。

胡宗山、付强：《国外农村合作社：历史、经验与借鉴》，《社会主义研究》

2006 年第 5 期。

黄焕忠：《农业是国民经济的基础是一个普遍规律吗?》，《中国农村经济》
　　1991 年第 11 期。

黄前明：《重农学派理论中的 18 世纪法国大农场制——理论与历史的考
　　察》，《贵州社会科学》2008 年第 9 期。

纪永茂、陈永贵：《专业大户应该成为建设现代化农业的主力军》，《中国
　　农村经济》2007 年第 12 期。

江苏农村经济编辑部：《第七批农业产业化国家重点龙头企业名单公布》，
　　《江苏农村经济》2022 年第 1 期。

蒋和平、蒋辉：《农业适度规模经营的实现路径研究》，《农业经济与管理》
　　2014 年第 1 期。

蒋和平：《适度规模经营是农业现代化的重要途径》，《农经》2013 年第
　　2 期。

孔祥智、刘同山：《论我国农村基本经营制度：历史、挑战与选择》，《政
　　治经济学评论》2013 年第 4 期。

孔祥智、楼栋、何安华：《建立新型农业社会化服务体系：必要性、模式
　　选择和对策建议》，《教学与研究》2012 年第 1 期。

匡远配、陆钰凤：《日本发展农业适度规模经营的经验》，《世界农业》
　　2016 年第 10 期。

旷红梅：《适度规模经营：农业现代化的必由之路》，《传承》2008 年第
　　10 期。

李春海、沈丽萍：《农业社会化服务体系的主要模式、特点和启示》，《改
　　革与战略》2011 年第 12 期。

李芳红：《美国农业教育体系概况》，《中国职业技术教育》2015 年第 10 期。

李海荣：《二战后日本农业现代化发展的特点论析》，《农业考古》2015 年
　　第 3 期。

李海涛、傅琳琳、黄祖辉、朋文欢：《农业适度规模经营的多种形式与展
　　望》，《浙江农业学报》2021 年第 1 期。

李萍、盘宇章：《中国马克思主义经济学主流地位的嬗变：比较的视角》，

《学术月刊》2011 年第 1 期。

李仁卿：《建国初期党的工业化思想是马克思主义工业化思想的创造性发展》，《理论月刊》2010 年第 6 期。

李锐：《农村公共基础设施投资效益的数量分析》，《农业技术经济》2003年第 2 期。

李亚丽：《英国城市化进程的阶段性借鉴》，《城市发展研究》2013 年第8 期。

李震、张萌：《英国农业科技人员管理的特点及其启示》，《古今农业》2014 年第 1 期。

李忠国：《农业适度规模经营实现形式若干问题的思考》，《农村经营管理》2005 年第 11 期。

廖媛红、宋默西：《小农户生产与农业现代化发展：日本现代农业政策的演变与启示》，《经济社会体制比较》2020 年第 1 期。

林岗、张宇：《生产力概念的深化与马克思主义经济学的发展》，《教学与研究》2003 年第 9 期。

林涛：《大力发展农业企业，推进农业产业化经营》，《广西农业科学》2003年第 2 期。

蔺治阳：《浅谈实体性要素与非实体性要素的矛盾在推动生产力发展中的动力作用》，《榆林高专学报》1997 年第 1 期。

刘风、葛启隆：《人口流动过程中推拉理论的演变与重塑》，《社会科学动态》2019 年第 10 期。

刘丽、陈松柏、李杰、方立魁：《日本农业经营主体发展对我国山区农业适度规模经营的启示》，《贵州农业科学》2016 年第 7 期。

刘妮娜、孙裴佩：《我国农业劳动力老龄化现状、原因及地区差异研究》，《老龄科学研究》2015 年第 10 期。

刘倩：《农业适度规模经营的必然性及实现路径》，《农业经济》2020 年第2 期。

刘威、程国平：《面向小农户的农业生产性服务演进脉络及供需复衡路径》，《中州学刊》2021 年第 11 期。

楼栋、孔祥智：《新型农业经营主体的多维发展形式和现实观照》，《改革》2013年第2期。

罗必良：《论农业分工的有限性及其政策含义》，《贵州社会科学》2008年第1期。

马广奇：《马克思的产权理论与西方现代产权理论的比较分析》，《云南财贸学院学报》2001年第2期。

马良灿：《理性小农抑或生存小农——实体小农学派对形式小农学派的批判与反思》，《社会科学战线》2014年第4期。

梅付春、马开轩：《农业适度规模经营路径之争：土地规模还是服务规模》，《经济经纬》2022年第2期。

倪志远：《论我国农业适度规模经营的主要约束条件和实现路径》，《数量经济技术经济研究》1999年第1期。

农业生产经营信息化培训与考察团：《信息化促进英国现代农业》，《农产品市场周刊》2013年第1期。

欧阳峣：《论后发大国的农业适度规模经营》，《人民论坛·学术前沿》2018年第12期。

屈炳祥：《从马克思对传统农业的评述看我国社会主义农业发展》，《经济学家》2009年第4期。

申长鹤、邓谨：《马克思恩格斯城乡关系思想及其当代价值》，《武汉理工大学学报》（社会科学版）2013年第2期。

申茂向：《中国农村工业化与现代化》，《中国科技论坛》2007年第9期。

沈兴兴、刘帅、尚旭东：《农业生产性服务供求关系演变趋势与功能优化研究》，《农村经济》2021年第6期。

盛秀婷、姚慧琴：《辩证看待现代化农业和小农经济的发展——基于马克思农业资本论的思想视角》，《未来与发展》2014年第1期。

史晋川、沈国兵：《论制度变迁理论与制度变迁方式划分标准》，《经济学家》2002年第1期。

宋莉莉、张瑞涛、王忠祥：《日本农业经营主体发展经验及对中国的启示》，《农业展望》2022年第6期。

宋小芬：《国内外工业化理论综述——兼论工业化的一般性与多样性》，《经济问题探索》2008 年第 4 期。

孙芳、刘立波：《日本农业组织体系协调运行的启示》，《农业经济与管理》2014 年第 5 期。

孙喜杰、曹荫全：《简论马克思的生产力系统理论》，《哲学研究》2006 年第 5 期。

涂洪波、陈烙：《新型农业经营主体形成与扶持政策创新》，《中州学刊》2017 年第 12 期。

王峰明：生产力：《"是什么"与"什么是"——从"系统论"看马克思的生产力理论》，《上海财经大学学报》2009 年第 12 期。

王凤霞：《黑龙江农业适度规模经营模式研究》，《学术交流》1996 年第 3 期。

王福成、马素洁：《浅析中国耕地和人口变化对小农经济转型升级的影响》，《农村经济与科技》2020 年第 11 期。

王国华：《日本农业规模经营的实现形式——以日本岩手县的村落营农为例》，《世界农业》2014 年第 7 期。

王佳洁、鞠军：《农村土地适度规模的确定方法与实证研究》，《国土资源科技管理》2010 年第 6 期。

王瑜、仝志辉：《中国户籍制度及改革现状》，《中国农业大学学报》2016 年第 1 期。

王悦洲：《关于农业适度规模经营的思考》，《农村经济》2003 年第 9 期。

王振、齐顾波、李凡：《我国家庭农场的缘起与发展》，《西北农林科技大学学报》（社会科学版）2017 年第 2 期。

文礼朋：《英国对近代农业革命和农业资本主义的研究》，《世界历史》2007 年第 2 期。

吴宏伟、侯为波、卓翔芝：《传统农业区农业生产性服务业现状、问题和发展思路——以安徽省为例的实证分析》，《农村经济》2011 年第 9 期。

吴晓燕：《现代小农经济的一种解释——兼评恰亚诺夫的〈农民经济组

织〉》,《生产力研究》2007 年第 6 期。

吴易风:《产权理论:马克思和科斯的比较》,《中国社会科学》2007 年第 2 期。

吴振方、李萍:《畅通城乡经济循环:生成逻辑、现实梗阻与实现路径》,《农村经济》2021 年第 10 期。

吴振方:《农业适度规模经营:缘由、路径与前景》,《农村经济》2019 年第 1 期。

吴重庆、张慧鹏:《小农与乡村振兴——现代农业产业分工体系中小农户的结构性困境与出路》,《南京农业大学学报》(社会科学版) 2019 年第 1 期。

伍崇利:《论农业适度规模经营之模式选择》, 《特区经济》2011 年第 3 期。

夏显力、赵凯、王劲荣:《美国农业发展对加快我国现代化农业建设的启示与借鉴》,《农业现代化研究》2007 年第 4 期。

夏益国、宫春生:《粮食安全视阈下农业适度规模经营与新型职业农民——耦合机制、国际经验与启示》,《农业经济问题》2015 年第 5 期。

向荣:《敞田制与英国的传统农业》,《中国社会科学》2014 年第 1 期。

肖卫东:《美国日本财政支持乡村振兴的基本经验与有益启示》,《理论学刊》2019 年第 5 期。

徐勇、邓大才:《社会化小农:解释当今农户的一种视角》,《学术月刊》2006 年第 7 期。

徐正林、郭豫庆:《近代英国"大农业"体制新论》,《历史研究》1995 年第 3 期。

许庆、刘进、杨青:《农业生产方式、交易成本与中国乡村治理》,《农业经济问题》2022 年第 10 期。

许庆、尹荣梁、章辉:《规模经济、规模报酬与农业适度规模经营——基于我国粮食生产的实证研究》,《经济研究》2011 年第 3 期。

严瑞珍、龚道广、周志祥、毕宝德:《中国工农业产品价格"剪刀差"的现状、发展趋势及对策》,《经济研究》1990 年第 2 期。

杨佳利：《我国农地流转运行现状分析》，《行政事业资产与财务》2022 年第 6 期。

杨印生、陈旭：《日本农业机械化经验分析》，《现代日本经济》2018 年第 2 期。

杨万江：《现代农业发展阶段及中国农业发展的国际比较》，《中国农村经济》2001 年第 1 期。

叶明勇：《英国议会圈地后农场经营问题的讨论——以埃伦〈圈地和纽曼〉为例》，《武汉大学学报》（人文科学版）2004 年第 2 期。

于传岗：《政府主导性农地流转模式特征与演化趋势》，《商业研究》2012 年第 12 期。

于民：《圈地运动与英国农业资本主义发展的典型性问题新论》，《安徽史学》2009 年第 2 期。

于洋：《中国农业合作经营模式研究》，《农村经济》2005 年第 9 期。

余惕君：《经营与管理我见》，《经营与管理》1983 年第 4 期。

袁峰等：《基于 SBM-DEA 的保险电子商务网站效率评价》，《保险研究》2015 年第 3 期。

曾福生、匡远配、陈代双：《农业工业化进程的评价指标体系构建与实证分析》，《农业技术经济》2008 年第 2 期。

曾福生：《农业发展与农业适度规模经营》，《农业技术经济》1995 年第 6 期。

曾福生：《推进土地流转发展农业适度规模经营的对策》，《湖南社会科学》2015 年第 3 期。

查明建、高健、李冠杰：《现代职业农民培养的英国经验》，《中国职业技术教育》2015 年第 10 期。

张宝民、陈胜华：《英国农业经济概括》，《中国农村经济》1992 年第 4 期。

张海亮、吴楚材：《江浙农业规模经营条件和适度规模确定》，《经济地理》1998 年第 1 期。

张怀英、蒋辉：《农业适度规模经营的政策保障体系研究》，《甘肃社会科学》2013年第5期。

张军：《农业发展的第三次浪潮》，《中国农村经济》2015年第5期。

张培增：《英国的现代农业印象》，《农业机械》2011年第6期。

张士云、江激宇、栾敬东、兰星天、方迪：《美国和日本农业规模化经营进程分析及启示》，《农业经济问题》2014年第1期。

张侠、葛向东、彭补拙：《土地经营适度规模的初步研究》，《经济地理》2002年第3期。

张小甫、赵朝忠、符金钟、杨文静：《我国农业科技发展现状及趋势研究》，《农业科技与信息》2015年第12期。

张扬：《试论我国新型农业经营主体形成的条件与路径——基于农业要素集聚的视角分析》，《当代经济科学》2014年第3期。

赵煦：《英国城市化的核心动力：工业革命与工业化》，《兰州学刊》2008年第2期。

赵颖文、吕火明、李晓：《日本农业适度规模经营推行背景、应对举措及对中国启示》，《中国农业资源与区划》2019年第4期。

赵云旗：《中国当代农民负担问题研究（1949—2006）》，《中国经济史研究》2007年第3期。

郑少峰：《土地规模经营适度的研究》，《农业经济问题》1998年第11期。

周雪松、刘颖：《传统农民向职业农民转化问题研究》，《第一资源》2013年第2期。

周志山：《从分离与对立到统筹与融合》，《哲学研究》2007年第10期。

朱长明：《信阳农业适度规模经营的动因及基本条件分析》，《信阳农林学院学报》2015年第1期。

朱希刚：《我国"九五"时期农业科技进步贡献率的测算》，《农业经济问题》2002年第5期。

朱海雄：《农业适度规模经营是破解"三农"难题的路径》，《中南民族大学学报》（人文社会科学版）2006年第S1期。

朱秀英：《生产关系范畴的解析与重构》，《齐鲁学刊》2010年第2期。

四 其他参考资料

黄汉权:《加快构建双循环相互促进的新发展格局》,《经济日报》2020 年
7 月 15 日。

《经济每月谈:积极发展适度规模经营,推进农业现代化》,http://www.
china. com. cn/zhibo/2015-03/18/content_35077214. htm,最后访问时
间:2023 年 4 月 30 日。

李宪宝:《沿海地区适度规模现代农业实现路径研究——基于农户分化的
视角》,博士学位论文,中国海洋大学,2012。

《农业农村部关于促进农业产业化龙头企业做大做强的意见》,http://www.
gov. cn/zhengce/zhengceku/2021-10/27/content_5645191. htm,最后访
问时间:2022 年 3 月 14 日。

《农业农村部关于实施新型农业经营主体提升行动的通知》,http://www.
moa. gov. cn/xw/bmdt/202203/t20220325_ 6394044. htm,最后访问时
间:2022 年 10 月 30 日。

乔金亮:《确保小农户在现代农业中不掉队》,《经济日报》2021 年 7 月
27 日。

《关于引导农村土地经营权有序流转发展农业适度规模经营的意见》,《人
民日报》2014 年 11 月 21 日。

五 外文类

Akerlof, "The Market for Lemons: Quality Uncertainty and the Market Mecha-
nism," *Quarterly Journal of Economics* 84 (1970).

Allyn Abbott Young, "Increasing Returns and Economic Progress," *The Eco-
nomic Journal* 152 (1928).

A. Young, *The Farmer's Guide in Hiring and Stocking Farms* (London: London
Press, 1970).

Avinash K. Dixit, and Gene M. Grossman, "Trade and Protection with Multi-
stage Production," *The Review of Economic Studies* 49 (1982).

David Grigg, *English Agriculture: An Historical Perspective* (New York: Basil Blackwell Press, 1989).

E. Hobsbawm, *The Peasantry in History* (Oxford: Oxford University Press, 1980).

Hendrick S. Houthakker, "Economics and Biology Specialization and Speciation," *Kyklos* 9 (1956).

Oliver E. Williamson, *The Economic Institutions of Capitalism: Firms, Markets, Relational Contracting* (New York: Free Press, 1985).

Paul Krugman, "Does Third World Growth Hurt First World Prosperity?" *Harvard Business Review* June-August (1994).

Ronald Coase, "The Nature of the Firm," *Economica* 4 (1937).

Ronald W. Jones, and Henryk Kierzkowski, *The Role of Services in Production and International Trade: A Theoretical Framework* (Oxford: Blackwell Press, 1990).

Spence, "Job Market Signaling," *Quarterly Journal of Economics* 87 (1973).

Sven W. Arndt, and Henryk Kierzkowski, *Fragmentation: New Production Patterns in the World Economy* (Oxford University Press, 2001).

Theodore W. Schultz, "Nobel Lecture: The Economics of Being Poor," *The Journal of Political Economy* 4 (1980).

Xiaokai Yang, and Jeff Borland, "A Microeconomic Mechanism for Economic Growth," *Journal of Political Economy* 99 (1991).

后　记

本书是在我的博士学位论文基础上修改而成的。博士学位论文从选题立意到框架拟定再到行文成稿，恩师李萍教授都给予了我建设性的意见与建议。恩师严谨的治学态度、深厚的学术造诣、高尚的师德风范、独特的学术气质、豁达的处世风格，是我学习的典范和毕生追求的目标。西南财经大学的三年博士求学之路，使我深受母校学术滋养，结识了一大批学术达人，建立了深厚友谊，养成了勤于读书、善于思考、功于钻研的良好习惯，锤炼了人生意志和品质，开始学会了用理论知识思考社会问题。

农业是国民经济的基础，我国自古以来就有"以农立国"的思想。随着工业化和城市化的发展，农业国日益转变为工业国，但无论从国外发达国家农业发展历程来看，还是从我国农业现代化发展进程来看，农业作为国民经济的基础地位始终没有改变，尤其是像中国这样的人口大国，"把饭碗牢牢端在自己手中"尤为重要。

农业问题历久弥新，备受社会各界关注，关于农业问题的研究成果可谓汗牛充栋。自博士毕业进入高校任教以来，我一直把"三农"问题作为研究对象，并积极参加"乡村振兴服务队"，深入基层亲身实践，摸底调研，求真悟道，终于有勇气重新拾起博士学位论文进行全面修改完善。

我国已进入乡村振兴新时代，正日益向第二个百年奋斗目标迈进。在这个伟大时代，作为一名青年教师，我深感自豪和责任之重，今后我将秉持恩师教诲，勤奋耕耘，以农为怀、以农立业、以农为术，立德立身、修业修能，上下求索，广结贤能，不断创新创造，取得有益成果。

吴振方

2023 年 11 月 6 日

图书在版编目（CIP）数据

中国农业适度规模经营实现机制研究／吴振方著
. -- 北京：社会科学文献出版社，2023.11
ISBN 978-7-5228-2793-3

Ⅰ.①中…　Ⅱ.①吴…　Ⅲ.①农业经营-规模化经营
-研究-中国　Ⅳ.①F324

中国国家版本馆 CIP 数据核字（2023）第 219613 号

中国农业适度规模经营实现机制研究

著　　者／吴振方

出 版 人／冀祥德
责任编辑／郭白歌　宋琬莹
文稿编辑／尚莉丽
责任印制／王京美

出　　版／社会科学文献出版社（010）59367078
　　　　　地址：北京市北三环中路甲 29 号院华龙大厦　邮编：100029
　　　　　网址：www.ssap.com.cn
发　　行／社会科学文献出版社（010）59367028
印　　装／三河市尚艺印装有限公司

规　　格／开　本：787mm×1092mm　1/16
　　　　　印　张：18.5　字　数：283 千字
版　　次／2023 年 11 月第 1 版　2023 年 11 月第 1 次印刷
书　　号／ISBN 978-7-5228-2793-3
定　　价／98.00 元

读者服务电话：4008918866